本书是云南师范大学校级课题（编号：02000205020503016），云南省教育厅科研基金项目（编号：2015Y112），云南省教育厅课题（编号：2015BZGB02），云南省教育科学规划教师教育联盟课题（编号：GJZ1523），全国教育科学规划教育部重点课题（编号：DJA150257）等项目的研究成果，是云南省高等职业教育研究所的2016年度研究成果。

作者简介：

王坤(1979—)，男，云南镇雄人，云南师范大学职业技术教育学院教师，职业技术教育学博士。本科就读于原西南师范大学经济政法学院，硕士就读于中南财经政法大学哲学院，博士就读于西南大学教育学部。长期从事职业教育理论和实践研究，在职业院校从事过班级管理、理论课教学、企业实习实训等工作。在中国职业教育史、民族地区职业教育扶贫和职业教育混合所有制改革等方面均有一定的研究。

中国中等职业教育课程政策研究（1949—2013）

王坤 ◎ 著

西南师范大学出版社
国家一级出版社 全国百佳图书出版单位

图书在版编目(CIP)数据

中国中等职业教育课程政策研究：1949—2013 / 王坤著. — 重庆：西南师范大学出版社，2017.1
ISBN 978-7-5621-8440-9

Ⅰ.①中… Ⅱ.①王… Ⅲ.①中等专业学校－课程建设－教学研究 Ⅳ.①G718.3

中国版本图书馆 CIP 数据核字(2016)第 308789 号

中国中等职业教育课程政策研究（1949—2013）
ZHONGGUO ZHONGDENG ZHIYE JIAOYU KECHENG ZHENGCE YANJIU（1949—2013）
王　坤　著

责任编辑：雷　刚
特约编辑：刘书宏
书籍设计：岚品视觉 CASTALY　周　娟　陈怀香
排　　版：重庆大雅数码印刷有限公司·王　兴
出版发行：西南师范大学出版社
　　　　　地址：重庆市北碚区天生路2号
　　　　　网址：http://www.xscbs.com
　　　　　邮编：400715　市场营销部电话：023－68868624
印　　刷：重庆共创印务有限公司
开　　本：720mm×1030mm　1/16
印　　张：12.5
字　　数：240千字
版　　次：2017年8月　第1版
印　　次：2017年8月　第1次印刷
书　　号：ISBN 978-7-5621-8440-9
定　　价：48.00元

序

谢长法

看到自己学生的著作出版，总是非常高兴的。王坤是我的第一个职业技术教育专业的博士，读博三年，他脱产学习，尽管期间承受了来自家庭和生活的巨大压力，但最终还是坚持了下来，顺利完成了学业，体现了他对学术的不懈追求。

这部在其博士论文基础上修改、扩充而成的著作，以职业教育课程政策为研究视域，全面系统梳理了新中国成立以来我国所颁布的与中等职业教育课程相关的重要政策，反思了我国中等职业教育课程政策的价值取向，探寻了中等职业教育课程政策的运行规律，并针对我国中等职业教育课程政策的制定、实施和评价，从生态主义的新视角，提出了解决问题的措施。概括本书，特点有二：

其一，拓展了职业教育课程研究的理论视角。从现有文献资料来看，国内学者对中等职业教育课程的研究主要集中在课程目标、课程模式、课程内容及课程实施等方面，鲜有从政策的视角对中等职业教育课程进行研究的学术成果。中等职业教育课程史亦如历史学一样强调事实。由于中等职业教育课程政策文本史料是中等职业教育课程发展客观存在物的重要形式，它从一定程度上反映了中等职业教育课程改革的客观事实，所以本书立足于翔实可信的教育史料，通过还原客观的中等职业教育课程政策的基本事实，再现了中等职业教育课程发展演变的基本过程，从而在信实的基础上，拓展了职业教育课程研究的理论。

其二，立足于教育与经济、文化之间关系的动态演变来考察中等职业教育课程政策的发展演变。为了更深刻、更准确地把握职业教育课程发展演变与经济的历史内在联系，本书在对新中国成立以来中等职业教育课程政策进行全面的总结与研究的基础上,就中等职业教育课程政策制定、实施、评价中存在的种种问题提供了新的思路和理念。近年来,党中央、国务院连续出台大力发展中等职业教育的法规、政策,中等职业教育课程政策不断完善。而本书依据教育与经济的现实关系,通过揭示中等职业教育课程政策的发展演变规律和特点,无疑可促使人们从历史的角度对中等职业教育进行反思,进而为职业教育课程政策的制定提供有益的借鉴。

中等职业教育在我国职业教育体系中具有重要地位,在今天,已经形成了良好的发展态势。《中国中等职业教育课程政策研究(1949—2013)》为我们了解和研究中等职业教育打开了一个新的视角,作为一部探索性的著作,为我们提供了有益的参考。相信王坤博士会在以后的研究中,不断吸收新的研究成果,使本书日臻完善,并会对职业教育有更多新的深刻理解和认识。

2016 年 8 月于西南大学教育学部

前言

《礼记·礼运》言："大道之行也，天下为公。"长期以来，在课程政策的研究中，学术界普遍关注的是基础教育领域，从政策的视角对职业教育课程进行研究的成果十分匮乏。本书以新中国中等职业教育课程政策为研究对象，从政策的视野探索我国中等职业教育课程政策发展变迁的内在规律。在综合利用各种方法的基础上，全面研究了我国中等职业教育课程政策的历史轨迹、价值取向、过程和动力，尝试探寻中等职业教育课程政策发展的内在规律。本书主要开展了以下研究：

一、全面梳理了新中国成立以来中央各部门颁布的与中等职业教育课程有关的政策文件。从政策文本的数量、主体、主题等方面进行了统计分析，通过研究发现，在改革开放之前，我国中等职业教育课程政策表现出更多的个体精英决策模式；改革开放之后，课程政策决策的团体协调模式明显；在中等职业教育课程政策的主题分布中，思想政治课程具有突出地位。通过中等职业教育课程政策的变迁路径可以看出，课程政策环境由封闭性向开放性转变，课程政策制定主体、课程目标由单一性向多样性转变，课程模式由简单性向复杂性转变，课程实施由急进性向渐进性转变。课程政策的领导权在集中和分散之间呈现出一种特殊的钟摆式运动，这表明中等职业教育课程改革的道路不是一帆风顺的，而是曲折性与复杂性并存的。

二、探究政治、经济、文化和科技等方面对课程政策产生的影响。在计划经济体制下，我国中等职业教育课程政策呈现出"大一统"的特征，着重培养学生的集体服从意识和大局意识，淡化和忽视学生的个体身心发展需求；在市场经济条件下，中等职业教育课程的目标、结构、内容等方面表现出了不同的特点，尤其是随着知识经济的来临和经济全球化的进一步加剧，中等职业教育课程改革朝纵深发展，要求培养的人才素质能跟得上经济转型和产业升级的步伐。在改革开放之前,我们全面借鉴苏联的文化经验,包括文学、艺术、教育等成果,我国中等职业教育受苏联模式的影响非常深远,文化呈现出单一性特征,而文化的单一性直接影响到中等职业教育课程政策的单一性,主要表现为借鉴苏联的"三段式"课程模式。在改革开放以后,我国文化总体上得到了多元化的发展,对课程教学组织方式的多元化、教材编写的多元化、课程改革借鉴对象的多元化产生了深远影响。在科技的发展过程中,我国中等职业教育课程政策从课程目标、课程模式、课程内容等方面对科技的发展做出相应调整。

三、反思了我国中等职业教育课程政策的价值取向。任何一项与政策有关的研究,都逃避不开价值取向的问题,价值取向关系到政策制定者所要达到的目标和计划。公平与效率是我国中等职业教育课程改革中无法回避的问题,但在中等职业教育的发展过程中,仅以效率或公平概括一个时代中等职业教育课程的价值取向还是有失偏颇的,尤其是新中国成立30年的这段时期,由于国内外政治、经济发展的复杂性,与课程有关的政策中,公平与效率以一种复杂混合的方式出现,不能对其进行单一的价值判断。中等职业教育课程政策的"学科本位"和"社会本位"价值取向表面上呈现出一种对立的关系,但在我国中等职业教育的发展过程中,这两者达到了一种非正常的融合,即一方面实行"三段式"课程模式,开展一种"学科本位"的课程教学活动;另一方面又强调生产实践课的重要性,强调课程教学活动的"社会本位"取向。在改革开放以前,中等职业教育课程政策呈现出"唯国家化"取向,即加强对社会和个人的控制是课程政策的重要目的,课程政策的制定、实施和评价仅属于国家活动的范畴;改革开放以后,中等职业教育课程政策的"唯国家化"取向有所减弱,但课程改革的根本权力还是控制在政府手里。在我国中等职业教育课程政策的发展过程中,其价值取向呈现出一定的路径依赖,不同的路径依赖具有不同的效应,有些路径依赖的效应是正面的,有些路径依赖的效应是负面的。路径依赖产生的原因主要有两方面:一是受到渐进决策模式和精英决策模式的约束;二是受到课程政策参与主体利益博弈的影响。

四、探寻了中等职业教育课程政策的动态运行规律。任何一项政策,都离不开制定、实施与评价的过程,中等职业教育课程政策也不例外。中等职业教育课程政策的参与主体,包括体制内主体和体制外主体,体制内主体主要包括立法机关、行政机关、执政党;体制外主体主要包括利益集团、公民个体、新闻媒介。在1949—1978年间,中等职业教育课程政策呈现出个体精英和完全理性的决策模式;从1979年至今,中等职业教育课程政策呈现出渐进、有限、团体和系统的决策模式。在课程政策的具体实施过程中,还存在许多问题亟待解决,主要有象征性的政策执行、断章取义的政策执行、观望式的政策执行、照搬照抄式的政策执行。在课程的评价中也存在许多问题,主要有评价方法单一、评价目标的模糊性与易变性、评价主体的单一性、评价结论未必能受到政府部门的重视,其本质是课程政策参与主体之间的利益博弈。

五、针对我国中等职业教育课程政策制定、实施和评价中存在的问题,本书从生态主义的视角,提出了解决问题的措施和手段,对机制进行了创新。生态主义的产生与发展,一直与民主政治理念的发展变化是紧密相连的,这是本书能够从生态主义的视角对中等职业教育课程政策进行研究的内在基点。生态主义的整体、联系、发展、和谐、协调等理念,与中等职业教育课程政策具有内在的统一性与一致性。从生态主义的立场来看,在中等职业教育课程政策的制定—实施—评价过程中,应当综合考虑政治、经济和文化等方面对课程政策的影响,中等职业教育课程政策价值取向应由单一转向多维,更多地呈现出一种综合化的取向。中等职业教育课程政策的制定应当吸收理性、渐进、精英、政治系统和团体等决策形式的优点,全面综合利用;课程政策的执行应充分考虑政策执行的适用性、范围的有限性、实施的动态性、影响的广泛性等特点;课程政策的评估应秉持全面、发展、联系和协调的理念,对中等职业教育课程政策进行科学客观的评价。

目录

导 论 ·· 1

第一章 历史之维:新中国中等职业教育课程政策历史沿革 ········ 25
第一节 中等职业教育课程政策文本统计研究 ···················· 28
第二节 改革开放以前中等职业教育课程政策(1949—1978) ········ 40
第三节 改革开放以后中等职业教育课程政策(1979年至今) ········ 52
第四节 新中国中等职业教育课程政策的历史评析 ················ 65

第二章 动力之维:新中国中等职业教育课程政策变迁动因 ········ 69
第一节 经济体制的因素 ·· 71
第二节 政治体制的因素 ·· 81
第三节 文化发展的因素 ·· 85
第四节 科技发展的因素 ·· 91

第三章 价值之维:新中国中等职业教育课程政策价值取向 ········ 93
第一节 公平与效率取向 ·· 96
第二节 学科与社会取向 ·· 103
第三节 "唯国家化"取向 ·· 110
第四节 价值取向的路径依赖 ······································ 115
第五节 路径依赖的原因探析 ······································ 119

1

第四章 过程之维：新中国中等职业教育课程政策制定、实施与评价 …… 123
第一节 中等职业教育课程政策的主体分析 …………………… 125
第二节 中等职业教育课程政策的决策 …………………………… 133
第三节 中等职业教育课程政策的实施 …………………………… 142
第四节 中等职业教育课程政策的评价 …………………………… 150

第五章 生态之维：我国未来中等职业教育课程政策机制创新 …… 157
第一节 生态主义课程政策的理论基础 …………………………… 159
第二节 中等职业教育课程政策的生态主义取向 ………………… 162
第三节 中等职业教育课程政策生态主义取向的意义 …………… 175

结　语 ……………………………………………………………………… 177
附　录 ……………………………………………………………………… 179
后　记 ……………………………………………………………………… 183

导论

"历史表明,由于一次次改革的孤立性,有太多我们曾经费尽心思制定的课程'改革'随后被轻描淡写地终止。进步取决于问题解决过程中经验的不断改进,它不是来自孤立的或短暂的事件或时尚,而是来自朝着一种建设性方向的前进。"[①]

——[美]丹尼尔·坦纳

---

① [美]丹尼尔·坦纳,劳雷尔·坦纳.学校课程史[M].崔允漷,等,译.北京:教育科学出版社,2006.

一、研究缘起与意义

（一）研究缘起

教学中发现了问题的突出性。我曾经在一所职业学校担任过五年的教师，在职业学校的课程教学管理一线，我从事过理论课的讲授，担任过全天与学生接触的班主任，带领过学生去企业顶岗实习。这所学校虽然作为国家级示范学校经常接待各地的参观者，但是在课程设置中，实践课偏少，无论是国家教材还是校本教材，难度偏大，教学方法上依然是满堂灌，与普通教育无异，学生对各种课程普遍缺乏兴趣，老师抱怨学生学习不认真，学生抱怨听不懂。该校作为国家级示范学校尚且如此，可以想象其他中等职业学校的课程实施情况。假设职业教育的课程并不能提高学生的专业技能、思维能力、社会适应能力等综合能力，毕业生不能适应社会的发展要求，社会对中等职业教育的认可度必然会继续保持在一个较低水平。

调查中验证了问题的普遍性。近年来，基于社会经济发展的客观需要，国家高度重视职业教育的发展，制定了许多与中等职业教育课程建设有关的政策。如1996年《国家教委关于中等职业学校财经、政法类专业政治课课程设置的意见》，2000年《关于全面推进素质教育、深化中等职业教育教学改革的意见》，2001年《教育部办公厅关于在部分有条件的中等职业学校做好综合课程教育试验工作的意见》，2008年《教育部关于中等职业学校德育课课程设置与教学安排的意见》。笔者于2012年4—7月进行了问卷调查（总共发放了160份，收回有效问卷145份），调查对象主要为中等职业学校的教师和管理人员。如导论图1所示，从调查结果来看，对中等职业教育课程现状满意的仅为30%，不满意的达60%，说不清的比例为10%。笔者在对西部某国家级中职示范校进行调研时，看到机电系的系主任在课程建设中期总结报告中这样写道："国家示范校课程政策的制定与实际的执行情况有一定的差距，中等职业教育课程政策的制定者不一定了解课程实施所面临的现实问题，对于资金在课程建设中的分配还缺乏一定的合理性规划，迫使中等职业示范学校在具体课程改革过程中，不得不根据自己院系的实际情况，对课程建设的目标和手段做出调整。"

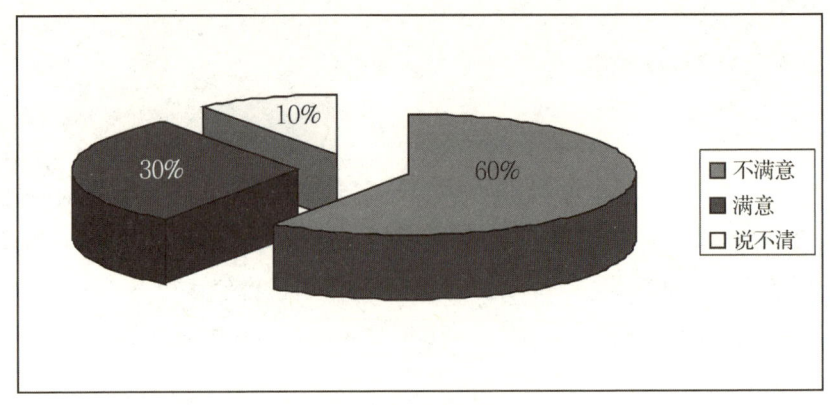

导论图 1　中等职业教育课程现状满意度分布图

如导论图 2 所示,对中等职业教育课程现存问题的原因分析,55%的教师认为课程政策本身就缺乏科学合理性,30%的教师认为课程政策执行力度不够,15%的教师认为接受中等职业教育的学生在九年义务教育阶段文化基础知识欠账太多,基础知识太薄弱。

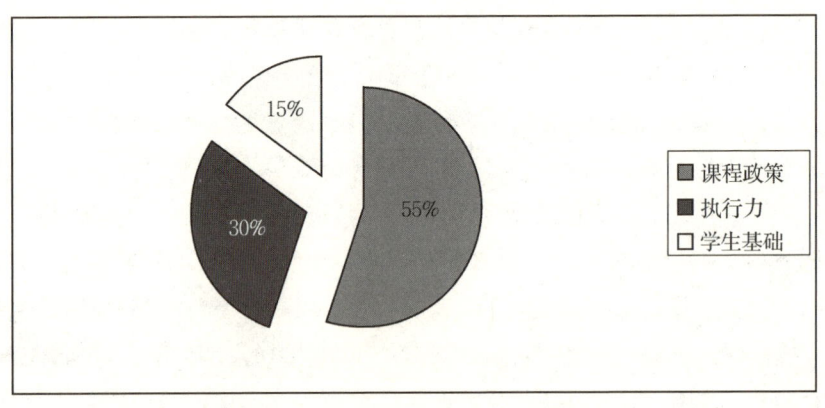

导论图 2　中等职业教育课程现状问题归因图

通过以上图表的调查数据,迫使我们不得不反思这样一个问题:为什么我们国家颁布了那么多与中等职业教育课程改革有关的政策,投入了大量人力物力进行课程改革,但是从职业教育一线的反馈来看,课程改革的效果却并不理想?目前我国职业教育迎来一个发展的春天,但职业教育发展的大好时机,不一定能带来中等职业教育质的变化,如何通过课程改革来推进中等职业教育的课程教学质量提升,已经显得更加重要。课程作为一切教育活动的基本载体和实施途径,对中等职业教育人才的培养具有至关重要的作用,"皮之不存,毛将焉附",加强职业教育课程研究已成学界的共识。回顾新中国成立后中等职业教育课程的发展历程,从"全面西化"到"以俄为师"的转化,到 20 世纪 80 年代中期对学科和实践双轨制课程体系的强调,再到 90 年代后期对能力本位模块化课程的关注,然后是21世纪初期对工作过程和项目化课程的探索,无不标志着我国职业教育的发展历程已进入内涵式发展的阶段。我国中等职业教育课程逐渐由单一转向多元,职业主体和任务对象等实践性要素纷纷进入课程改革领域,然而职业教育课程改革之路依然困难重重,还存在许多需要解决的现实问题。如能力本位导向的课程只能使学生获得一项项孤立的操作技能,无法培养学生的全面工作能力与终身持续发展能力;任务驱动导向课程培养出来的学生只是知道了岗位的工作任务内容,却无法完成岗位的具体操作,培养不出学生的核心竞争力,同时这样的课程设计给教学带来了很多问题;主题拓展导向的课程体系是由一系列经过"结构化"处理的"主题"构成的,导致其主题达成或主题确定所需要的资源、所涵盖的内容、所把握的环节等都很难设计。

对课程政策的研究,多集中在普通中小学,中等职业教育课程政策的研究依然是个思想贫瘠的领域。当我们陷入中等职业教育课程改革的沼泽难以自拔时,很有必要回头看看在中等职业教育课程发展过程中我们都曾经做过什么,因此,本研究从政策的视角,探索新中国中等职业教育课程政策发展的内部规律,以期对我国中等职业教育课程政策的制定、实施和评价提供有益的借鉴和参考。

(二)研究意义

1.理论意义

为了正确认识中等职业教育课程改革现状,科学反映现实中课程的重大问题,就不能不了解中等职业教育课程正常的发展历史。正如著名教育学家伯顿·克拉克所说的那样:"历史的研究也就是要提供种种比较,帮助理解当前,用过去大学的概念来阐明今天大学的概念,早先几个世纪大学的衰弱和复兴也许可以帮助我们了解今天的衰弱和明天大学复兴的可能性。"[①]

本研究丰富了中等职业教育课程政策研究的理论基础。以往中等职业教育的课程研究,多是从教育学理论本身出发,如课程组织理论、课程实施理论等方面,很少从公共政策的理论视角对中等职业教育课程进行研究。就中等职业教育课程政策与教育现实之间的逻辑关系而言,当代的中等职业教育课程思想不会是凭空产生的,它总会与其前面的中等职业教育政策存在渊源关系,今天的教育科学也不是哪一个人的发明创造,而是古今中外许多教育者实践和教育思想的总结。当下的中等职业教育课程政策几乎都无法与中等职业教育课程历史截然分开。中等职业教育课程的理论创新功能的发挥是以当今中国职业教育发展与改革对职业教育课程史学科的理论创

---

① [美]伯顿·克拉克.高等教育新论——多学科的研究[M].王承绪,徐辉,郑继伟,等,译.杭州:浙江教育出版社,2001.

新功能发挥提出的迫切需要为前提的。因为,"任何教育创新、教育改革都不能忽视教育的传统和文化的承接"①,历史经验表明,"人们自己在创造自己的历史,但他们并不是随心所欲地创造,并不是在他们自己选定的条件下创造,而是在直接碰到的、既定的、从过去中继承下来的条件下创造"。② 因此,中等职业教育课程政策的制定,不能忘记历史,也不能轻视历史,只能尊重历史。尊重历史就是尊重教育的客观规律,这也是科学职业教育课程发展观的关键和核心。"所有历史的积淀不仅本身构成了教育进一步改革和发展的现实基础,而且包含了我国教育发展的内在规律。"③

2.实践意义

有利于调动社会各界参与中等职业教育课程建设的积极性。对中等职业教育课程参与者来说,现代社会影响中等职业教育课程发展的不确定因素越来越多,教育本身变化越来越快,教育现象日趋复杂。职业教育课程史通过对中等职业教育课程政策发展演变的历史回顾,帮助广大职业教育工作者获得职业教育课程历史知识,从职业教育课程政策历史发展中吸取经验教训,认清个人在职业教育课程实施和评价活动中的位置和个人的社会责任,使自己的教育工作变得更加科学和完善,有助于职业教育工作者根据职业教育课程历史演进的一般规律和特殊规律,正确认识当前纷繁复杂的教育现象及其背后的本质,提升他们识别各种职业教育课程思想和模式的能力,有助于他们更好地驾驭各种中等职业教育课程模式。

二、核心概念界定

(一)课程

课程概念源于西方,课程概念的认定,在西方具有多样性和分歧性。如"拉尔夫·泰勒和塔巴认为课程是一种活动计划,或是一种书面文献,包括达到设定目标或目的的策略;盖伦·塞勒认为课程是为教育者提供一系列学习机会的计划;戴维·普拉特认为课程是正规教育和培训的一套有组织的打算、方案"。④ 我国学者王策三认为,"课程是教学内容和进程的总和,其中包括大纲和教材。课程与教学计划两种称谓,可以并行不悖,互相补充"⑤。而随着时代的发展,课程研究者不仅要回答斯宾塞提出的"什么知识最有价值"的问题,还要回答阿普尔提出的"谁的知识最有价值"的问题。

---

① 杜智萍.教育史学科的教育创新功能及其发挥[J].太原师范学院学报(社会科学版),2006,5(5).
② 中共中央马克思恩格斯列宁斯大林著作编译局.马克思恩格斯选集(第一卷)[M].北京:人民出版社,1972.
③ 谢维和.科学发展观与教育的改革[J].清华大学教育研究,2004,25(2).
④ 周兴平,凌品芳.课程概念差异叙述的归纳与分析[J].内蒙古师范大学学报(教育科学版)2011,24(6).
⑤ 王策三.教学论稿[M].北京:人民教育出版社,1985.

课程被视为"符号表征","理解"课程"符号"所负载的价值观成为课程研究的主要目的之一。课程概念被置于广泛的社会、政治、经济、文化及种族等背景上来理解。①

(二)职业教育课程

职业教育课程是指"职业教育机构设计的专业教育目标、教学内容和实践活动及其组织、教学材料、教与学的主要方式等所构成育人的一组必要因素"。② "课程的核心功能是规范课程实施中的各个要素,如教材编写、教学方法选择、实训基地设计、教师任职条件、评价方法选择、课程资源开发等。从外部来看,影响职业教育课程的因素有技术发展水平、职业教育理念、职业教育模式、企业规模、生产组织方式等。"③职业教育课程目标具有"职业导向性、直接性、兼容性"。④ 职业教育课程内容具有"职业导向性、技能主导性、内容适应性、应变性的特点。从课程运行来看,职业教育课程具有昂贵性、开放性、个性化的特点"。⑤

本书研究的中等职业教育课程特指全日制职业学校的课程,不包括成人教育和其他教育形式的职业教育课程。

(三)课程史

课程史"记录了某个时期特定社会人群对于课程定义与目标设定的看法和想象,以及决定达成目标方式的历程和影响"。课程史研究能"提供课程的过去、现在与未来之间的复杂关系;在历史背景下探究某个特殊时期的课程为何被教、是如何被教的以及是为谁的利益;理解过去的课程是如何限制目前课程发展的;为现在及未来课程的研究与实践提供借鉴;提供学科的正式结构背后的人类活动的过程与动机;帮助理解目前课程发展模式的评价,协助了解已经被界定的专业与个人生活的历史"。⑥"课程史除了是我们的集体记忆外,它还是课程领域里经验的积累,如果能通过故事的叙述使过去的经验与学识和当前问题发生联系,那么教育者将能够借鉴过去的经验教训;如果我们准确地识别和评价历史上曾经影响并继续影响着课程的主要事件和冲突事件,那么,其结果是我们对历史会有更好的理解。"⑦

---

① 王娟娟,罗祖兵.课程概念的拓展及其价值[J].教育科学研究,2007(12).
② 傅新民,柳小年.试析职业教育课程的内涵[J].成人教育,2005(8).
③ 徐国庆.课程涵义与课程思维[J].中国职业技术教育,2006(7).
④ 黄克孝.职业和技术教育课程概论[M].上海:华东师范大学出版社,2001.
⑤ 朱克忆,张柏森.职业教育课程特点研究综述[J].成人教育.2006(4).
⑥ 任平,邓兰.不能忽视和懈怠的主题:课程史研究[J].中国教育学刊,2007(5).
⑦ [美]丹尼尔·坦纳,劳雷尔·坦纳.学校课程史[M].崔允漷,等,译.北京:教育科学出版社,2006.

(四)课程政策

课程政策是"以政府和政党为代表的公共权力机构为了解决课程问题和实现一定的课程目标,通过一定的程序制定的有关课程方面的行动方针、准则以及相应的行动过程,其表现形式包括课程规划、课程纲要、课程标准、课程方案、教科书等文本形式以及相应的课程行动策略"。[1] 课程政策是"带着一定政治认识的国家立法机关和行政部门,在协调特定社会秩序的权力配置下制定的运行课程目标和方式的行动纲领与准则"。[2] 如果将公共政策的一般性定义应用到课程政策领域,"课程政策实质上是政府利用公共权力对课程资源以及与此相关的利益的分配形式,它决定了哪些主体能拥有以及在多大程度上拥有课程资源的权力,课程权力及其配置构成了课程政策的核心,这是课程政策的政治属性特征"。[3] 课程政策的载体主要是指课程计划(教学计划)、课程标准(教学大纲)以及教科书,它们是承载课程政策信息的有形文件,换言之,课程政策的主要精神和实施手段是通过它们得以传达和实现的。[4]

课程政策包括中央政府颁布的课程政策和地方政府颁布的课程政策,本书的研究范围仅限于国家层面,包括中共中央、全国人大、国务院及有关部委单独或联合制定的各类课程政策文件。这样的选择遵循了公开性、权威性、代表性的原则,其中公开性是指政策文本是由国家以报纸、电视、网络等传播方式对社会进行公布的,以刊登或出版的形式对全社会发布的包含中等职业教育课程政策相关内容的文件。

本书研究的课程政策既包括专门针对中等职业教育的课程政策,也包括与中等职业教育课程有关的宏观的教育政策。某些教育政策法规中虽然没有专门的"课程政策",但其内容与中等职业教育课程的研究有紧密联系,具备相关性特点,故亦在本书研究范畴内;不公开或无法查阅的课程改革政策文件不在本研究范围内,如与课程有关的内部政策文件。

(五)生态主义

生态主义的概念来源于西方,是新社会运动所导致的产物。在西方能源危机与生态失控的大背景下,生态主义应运而生,体现了"二战"后西方社会结构与社会矛盾变化的趋势,"是西方近代以来价值观与自然观在资本主义逻辑演绎中的直接结果"。"对西方生态主义产生的根源进行研究,给予我们最重要的启示是要求我们注重社会

---

[1] 黄忠敬.课程政策[M].上海:上海教育出版社,2010.
[2] 张男星.权力・理念・文化——俄罗斯现行课程政策研究[M].北京:教育科学出版社,2006.
[3] 孟卫青.理解课程政策:一个整合的概念框架[J].教育科学研究,2012(6).
[4] 胡东芳.课程政策研究——对"课程共有"的理念探索[D].华东师范大学,2001.

发展的新动向,及时发现矛盾,采取有效的方法和途径化解矛盾,始终站在维护社会公平正义和人类可持续发展的未来立场上,引导人民群众与自然的和谐相处,从而维护自身的最根本利益,保护环境,持续稳定地科学发展。"① 西方生态主义理念是作为一种政治理念最先提出来的,瑞典绿党在1988年的理论纲领中就说,"这个社会的特征是生态平衡、社会团结和文化多样性"②。生态主义的政治社会理想包括生态优先,即认为整个系统的和谐、稳定与持续有着超出任何某种生存权的突出意义;"生态和社会领域共属于一个不可分割的领域,自然界的组织无论如何都是与人类的组织联系在一起的"③。

三、研究综述

(一)已有研究成果

1.关于职业教育课程的历史研究

谢长法著《中国职业教育史》指出,民国"新学制"颁布后,在职业教育课程标准的讨论上,各个地方根据自己的实际情况来制定相应的课程,并指出了中华职业教育社在职业课程标准制定过程中的重大贡献。④ 这些论述对当今的职业院校专业设置、校本课程和教材的开发,都具有极其重要的参考价值。任平著《晚清民国时期职业教育课程史论》,从职业教育的课程思想、课程目标与结构、课程内容、课程实施、课程评价等几个方面,全面分析了晚清到民国时期职业教育课程的发展历程,认为教师教育是课程实施之本,课程理论是课程实施之魂,企业参与是课程实施之途。⑤ 吕达著《课程史论》,对我国近代普通中学课程发展规律和历史经验进行总结,对我国近代普通中学课程的渊源与沿革进行了列举和论述,论证近代普通中学课程统整与分化的关系,说明课程各种模式结构的关系,剖析了课程实践与课程理论的关系,对我国近代各个历史时期普通中学课程,从历史实际出发,根据当时具体的历史条件和教育实践效果进行了评估,揭示了制约普通学校课程的三大因素——知识、儿童、社会,提出普通中学的课程结构应具备:完整性、基础性、多样性。对我国近代各个历史时期的重要教育家特别是严复、张之洞、蔡元培和黄炎培的课程理论做了论述。⑥ 由丹尼尔·坦纳

---

① 金纬亘.西方生态主义基本政治理念[M].南昌:江西人民出版社,2011.
② [英]约翰·盖特.瑞典绿党:对议会挑战的回应[M].斯德哥尔摩,1991.
③ [美]弗·卡普拉,查·斯普雷纳克.绿色政治——全球的希望[M].石音,译.北京:东方出版社,1988.
④ 谢长法.中国职业教育史[M].太原:山西教育出版社,2011.
⑤ 任平.晚清民国时期职业教育课程史论[M].广州:暨南大学出版社,2009.
⑥ 吕达.课程史论[M].北京:人民教育出版社,1999.

和劳雷尔·坦纳合著的《学校课程史》,作为关于课程史的经典之作,该书作者在英文版序言中写道:"缺少历史就像缺失记忆,其结果便是当前的课程事件注定要被当作'此时'(the season)的赛事或时尚。"作者引用杜威对教育研究"丧失一种历史的洞察和轻易倒向短暂的、即时的潮流,慌乱地丢弃恒久的、宝贵的价值"的警告,来告诫我们在课程研究领域,忽视课程历史研究的明显缺陷。①

对新中国职业教育课程演变发展历史的研究,主要散见于有关教育史和职业教育史的研究。从全国层面提及的有关新中国职业教育课程发展演变的著作有:李蔺田主编的《中国职业技术教育史》,记录了从1949年到1988年间中国职业技术教育发展历程,对人才培养方式、课程目标、专业设置等做了论述②;闻友信、杨金梅著的《职业教育史》,以职业教育宏观政策的变化为主线索,论述了新中国成立50年职业教育的发展历程,其中对课程目标、教材编写等做了论述③;申家龙著的《新中国职业教育发展历程》,从职业教育学校的类别入手,记录了1949—2005年中国各类职业教育的发展历程,论述了农村职业教育办学的价值取向④;吴玉琦著的《中国职业教育史》,对新中国成立后职业教育的发展做了简略论述⑤;方展画、刘辉、傅雪凌著的《知识与技能——中国职业教育60年》,以职业教育发展的背景因素为划分依据,对职业教育政策的调整,各类职业学校的发展,新世纪职业教育在国家发展中的战略地位等做了全面论述;汤大莎著的《湖南职业教育发展史》对地方职业教育课程的演变过程有所提及;黄小文主编的《林业职业教育史》对行业专属职业教育课程有所论述;朱兴德著的《重点职业高中与我国职业教育的发展》对我国重点职业高中课程模式历程做了一定的论述;方晓东、李玉非、毕诚等著的《中华人民共和国教育史纲》,从新中国成立初期课程目标到20世纪90年代后的职业教育课程改革,做了相应的论述;何东昌主编的《中华人民共和国教育史》,全面论述了新中国教育的发展历程。

在非教育史的论著中,与职业教育课程发展历程有关的论述,散见于各种著作中。由朱德全等主编的《职业教育课程与教学论》,认为职业教育课程的起源、发生和发展与社会变革、经济转型、教育运动紧密联系;马庆发著的《当代职业教育新论》,对国外主要职业教育课程模式的发展历程有所阐释;欧阳河等著的《职业教育基本问题研究》介绍了世界职业教育思潮的影响下的国外主要课程模式及其在中国的本土化实践历程;徐家林、陈鸣鸣著的《毛泽东职业教育思想论》,全面梳理了毛泽东职业教

---

① [美]丹尼尔·坦纳,劳雷尔·坦纳.学校课程史[M].崔允漷,等,译.北京:教育科学出版社,2006.
② 李蔺田.中国职业技术教育史[M].北京:高等教育出版社,1994.
③ 闻友信,杨金梅.职业教育史[M].海口:海南出版社,2000.
④ 申家龙.新中国职业教育发展历程[M].西安:西安地图出版社,2006.
⑤ 吴玉琦.中国职业教育史[M].长春:吉林教育出版社,1991.

育思想的形成和发展过程,为读者全面理解新中国成立后职业教育课程的目标和模式,提供了理论渊源;周明星主编的《中国职业教育学科发展30年(1978—2008)》对中国职业教育课程论发展历程做了简单梳理,反思了职业教育课程论研究历程;由石伟平、徐国庆著的《职业教育课程开发技术》,概述了职业教育课程的发展历程;徐国庆著的《职业教育课程论》论述了职业教育课程理论的形成过程,并对基于能力的课程理论做了分类说明;贺祖斌等主编的《职业教育课程与教学论》,认为我国职业教育课程的发展经历了"学科系统化"—"职业分析导向"—"学习理论导向"—"工作过程导向"的模式发展过程。

中央教育科学研究所主编的《中华人民共和国教育大事记(1949—1982)》,编录了大量的职业教育的内容,其中不乏职业教育课程目标、结构、内容、模式等方面的记载;《中国教育年鉴》编辑部著"中国教育年鉴"系列,收录了各级教育部门撰写的职业教育发展材料,其中不乏职业教育学制、专业划分、课程设置等方面的内容;北京师范大学教育系资料室编写的《〈人民教育〉篇目分类索引(1950—1985)》,通过杂志目录的形式,提供了特殊历史时期职业教育课程发展的各种理论观点;《中国教育事典》编委会主编的《中国教育事典——中等教育卷》,记载了新中国成立后中等职业教育的教材出版、课程设置等方面的情况;高奇主编的《中国教育史——现代分卷》对新中国成立40年的职业教育发展做了一定的记载;中共中央文献编辑委员会编著的《刘少奇选集·下卷》收录了刘少奇关于"两种教育制度""半工半读"等与职业教育课程有关的理论。

2.关于职业教育课程自身的研究

(1)职业教育课程目标的研究

职业教育课程目标的制定与实施受很多因素的影响,徐国庆认为"职业教育课程目标是随技术的发展而不断发展的,要开发出适合当前技术水平的课程目标,就必须深入研究当前技术特征及其对职业教育课程目标的要求。同时,职业教育课程目标的确立与这个国家职业教育政策制定者所持的政治、经济、社会、教育等方面的理念也有密切关系。不同的职业教育模式、生产组织模式,也直接影响课程目标的确立"[1],该观点突出了职业教育课程目标的发展变迁与社会发展的紧密联系。

郭峰运用泰勒原理,对职业教育课程目标进行了分析与研究,他指出了职业教育课程目标价值取向的重要性,认为"明确价值取向,能增强职教课程开发者、编制者的反省意识,提高课程目标制定的自觉性、自主性"。在课程目标的设置过程中,要"以

---

[1] 徐国庆.职业教育课程目标开发的多因素分析[J].职教论坛,2004(22).

学生的职业生涯发展需要作为课程目标的基本来源,衡量职业教育课程的成功与否,通过毕业生在职业世界中的认可度来判断"。他指出接受职业教育课程培训的学生,最终要成为掌握一定职业技能的人而投入到社会化大生产中去,因此"把社会需求作为课程目标之一,应成为理所当然的事情"。[1]

邓泽民、陈庆合认为,由于生产一线技能岗位对学生的专业技术要求具有特殊性,而这一特殊性又是由职业教育的性质和任务所决定的,因此,职业教育课程目标取向不能是"普遍性目标"取向,也不能是"生成性目标"取向。在实际的生产实践中,如果将职业教育课程的"行为性目标"和"表现性目标"单独用于职业教育,亦不能满足生产实践中工作岗位对技能的要求。全盘考虑,应当把"表现性目标"和"行为性目标"结合起来,作为职业教育课程目标的取向,这样才更具有科学合理性。职业教育的"行为—表现性目标"仍然以具体、可操作的行为形式来实施课程目标,但是在具体的实施过程中,往往变成对教学性目标和表现性目标的实施。教学性目标旨在使学生掌握岗位所要求的基本技能,表现性目标旨在培养学生的创造性,激发潜力,强调个性化。[2][3]

在社会主义市场经济深入发展的过程中,职业教育课程目标的价值取向应当是学科本位、社会本位和学生本位三者有机结合。知识的发展与人的发展、社会的发展之间应相辅相成、相互促进。职业教育是服务于经济和社会发展需要的产物,通过培养高技能应用型人才推进社会发展,同时社会的发展又反过来促进职业教育的发展,这两者之间是相互统一的。以教育为载体,通过知识的传递,培养适应社会发展的高技能应用人才,坚持以学生为本,促进学生全面发展,更好地为社会的发展服务。职业教育课程价值取向的选择涉及一定的历史和社会文化背景,与学科和知识发展、职业发展、个体对社会及儿童发展等紧密相关,因此决定课程的价值取向也是多元的,应有全局和整体意识。

职业教育课程是传授相应技能知识最主要的路径,在课程的具体实施过程中,由于授课教师的理论素养和技能水平参差不齐,对具体专业的各科课程目标会产生不同的认识和见解。王典认为:"与课程目标正确定位联系最密切的是教师对职业的热爱程度,教学经验的多少,社会实践经验的多少,对课程的把握程度和掌控能力,对本学科研究的广度、深度和对学科社会功能的把握。教师的教研能力反映出学校的教育水平,关系到课程目标的正确定位。同时,学校环境是职业教育赖以生存和发展的

---

[1] 郭峰,饶异伦.基于泰勒课程原理的职业教育课程目标研究[J].职教论坛,2006(6).
[2] 邓泽民,陈庆合.论职业教育的课程目标[J].职教通讯,2005(4).
[3] 王坤,谢长法.职业教育课程目标研究综述[J].成人教育,2013(6).

物质基础,设备是构成学校物质教学环境的主要因素,也对课程目标的设置有重要影响。"①

(2)职业教育课程内容的研究

职业教育课程首先要解决的是内容取舍的问题。姜大源认为:"就业导向的职业教育课程,应该以从业中实际应用的经验和策略的习得为主、以适度够用的概念和原理的理解为辅,即以过程性知识为主、陈述性知识为辅。具体的课程内容选择应遵循三个原则:科学性原则、情境性原则和人本性原则。科学性原则强调的是,课程内容应置于专业学科体系之中,它是以获得实际存在的客观知识——陈述性知识,即理论为目标的。情境性原则强调的是,课程内容置于行动体系之中,它是以获得自我构建的主观知识——过程性知识即经验为目标的。人本性原则作为实现教育根本目标的保证,则是一种主观性原则,在课程开发中处于最高层次。"②职业教育的课程内容往往会直接影响到学生的学习方式和预期的学习效果,影响人才培养的类型和质量。职业教育课程和普通教育课程在含义上没有本质区别,但职业教育的课程内容是技术知识,"技术知识是以职业生活为中心组织教育内容,其中心目标是培养学生的职业能力,积极促进个体在特定职业领域能力的发展。职业教育课程内容的选择,很大程度上是服务于职业教育目标、社会需要以及受教育者的学习特点及需求的"③。

技术知识观的确立和缄默知识的融入,对中等职业教育课程内容的变革,带来了很大的启示。从知识观的视角来看,有学者认为,要实现课程选择的内容从单一的科学知识向不同知识类型共存的多元化状态转变,就应当积极使不同知识主体对自己所拥有的知识高度认可,让各自的知识主体认可其他类型知识。在实现这两种知识认可的前提下,才能真正确保不同类型知识的平等地位。在职业教育课程内容包含的不同知识类型中,一般呈现出科学知识—技术知识—技术实践—缄默知识的层层递进关系。职业教育课程内容的选择的复杂模糊性,往往是由于职业教育课程内容包含的知识的多样性,伴随知识本身的分化和综合性所导致的,这使得职业教育课程内容的选择主体应更加多元化,应包含教育主管部门人员、课程开发专家、教师和生产一线的技术人员。在课程内容开发过程中,要保证选择主体的多样化,使得参与者的身份都得到同样的认同。由于缄默知识在职业教育课程内容中有很重要的地位,因此应鼓励个人主动与经验丰富的专家沟通和互动,从而获得某项任务和领域的缄

---

① 王典.谈高等职业教育课程目标的正确定位和科学构建[J].现代教育科学,2010(3).
② 姜大源.学科体系的解构与行动体系的重构——职业教育课程内容序列化的教育学解读[J].中国职业技术教育,2006(7).
③ 刘喜鸽.基于需求的职业教育课程内容选择依据探析[J].职教论坛,2007(18).

默知识。① 从知识发展和变迁的价值来看,"职业教育课程内容的选择应当坚持以学生为主,以满足学生个性发展作为知识价值的最高层次,学校还应将各项文化活动的知识纳入课程体系,为职业教育课程内容需满足学生的个性发展,提供了理论基础"②。

(3)关于职业教育课程实施的研究

加拿大教育改革专家富兰(M.Fullan)认为:"课程实施是把某项改革付诸实践的过程,它不同于采用某项改革(决定使用某种新的东西),实施的焦点是实践中发生改革的程度和影响改革的那些东西。"③职业教育和普通教育在课程目标的设置、内容的制定等方面与普通教育有明显差别,有学者结合"课程创新"的相关理论,认为职业教育的课程实施应"注意强调学生从实际应用的角度在对本专业的基础理论知识全面而逐渐深入地理解和掌握的前提下,善于把理论知识与社会生产实践活动密切结合起来,课程实施更强调对学生能力的开发和应用水平的提高。高职课程实施不是对实施策略的选择,而是对实施策略的应用与发展。在大多数的课程实施中,综合采取多种策略,利用各种实施策略的优势,取长补短,往往能取得更好的效果。作为课程实施的主体,学校应发挥更大的作用,课程内容紧跟科技发展,加强产学研结合;教师应注重对教育对象、教育内容、教育方法等方面的研究,构建有效的课程实施模式。"④职业教育项目课程的实施,需要相关的管理制度,"应建立教师和学习者参与的课程开发制度;建立适应学习者自主选择课程的学习管理制度,实行学分制和弹性学制,通过信息技术为手段对课程实施进行科学管理和个性服务"⑤。

对职业教育项目课程的实施,"以小组教学为主要形式来组织实施,以便于建立弹性化的活动教学方式。然而分组并不是唯一原则,小组形式并不主张取消班级形式,并不是所有的项目课程教学都必须以小组形式进行,应根据具体教学情况来考虑是否实施小组教学"。⑥ 由于知识分配的不合理,导致在项目课程实施中,"项目设计本身涉及的知识面过宽或过窄,某些理论知识缺位"。针对以上问题,应"进一步完善职教课程开发技术,科学设置课程体系和内容,改革现行教学管理模式,加强课程之间的知识联系和教学合作,提高项目设计水平,合理分配知识结构"。⑦ 基于"体验学习理论",综合实践课的特征,在综合实践课程中程序性技术知识习得路径的选择上,体验式学习不失为一种好的路径选择,它能使学生在模拟或真实的岗位情境中,通过

---

① 王玉苗,庞世俊.职业教育课程内容的透视:知识观的视角[J].河北师范大学学报(教育科学版),2008,10(11).
② 张艺.什么知识最有价值——对职业教育课程内容选择的启示[J].长春理工大学学报,2011(9).
③ 江山野.简明国际教育百科全书(课程)[Z].北京:教育科学出版社,1991.
④ 严权.高等职业教育的课程实施[J].教育与职业,2011(23).
⑤ 马成荣.职业教育项目课程的有效实施及其推进策略[J].中国职业技术教育,2006(33).
⑥ 杨长亮.职业教育项目课程实施研究[J].职教通讯,2006(3).
⑦ 刘会丽.职教项目化课程实施中的知识分配问题及解决对策[J].职业教育研究,2010(6).

完成一个典型的工作项目或任务,经历完整的工作过程,构建程序性的技术知识。将体验学习过程作为综合实践课程实施路径,通过亲身体验典型的工作任务,使学生在实践中构建知识应用的职业意义,然后以行动应用的方式获得经验,成为下一次职业行动的基础。体验学习圈中的反思是在具体体验基础上的思维活动,是实践性的反思,把这种实践性的反思作为综合实践课程的实施过程的重要环节,是提升实践智慧,增强职业适应性的关键策略。①

石伟平认为:"知识经济时代的来临,科技的综合化,个人终身学习能力的要求,都需要对职业教育的课程模式进行及时的变化,以适应时代的发展。纵观世界职业教育课程改革,职业教育课程模式的选择主要受终身学习理念、能力本位教育和培训理念的影响。"②

(4)对于职业教育课程评价的研究

袁丽英认为,现阶段的职业教育课程评价普遍存在"课程评价意识不强,重课程开发而轻课程评价,把课程评价狭窄化为教学评价。课程评价还应包含对课程本身的评价,如课程规划、课程设计、课程方案的评价;较大的课程开发自主权、课程评价标准的缺失和专家导向的专一评价模式,又难以保证课程评价的客观性。针对这些问题,应建立明确的课程评价意识,用整体的眼光和发展的眼光来看待课程评价;形成合理的评价机制,让课程评价具有长期性、内外互动性、多元主体共同参与性;构建科学合理的课程评价指标体系,通过多元协商形成评价标准,兼顾量化与质化指标;根据我国职业教育课程发展的实际,借鉴各种模式的合理内核,在实践探索中逐步建立本土化的职业教育课程评价模式"。③ 对于职业教育课程教学评价体系的全面构建,应当积极主张"发展性原则,体现科学合理的人才观和质量观;导向性原则,引导建立与课程实施相配套的管理、监督和调控机制;可操作性原则,使评价指标可观察、可感受、可测量;将量化评价与质性评价相结合,使评价更能全面反映学校课程实施计划的全部内涵和意义"。④

为了全面了解和掌握课程评价对象的现状、存在问题以及原因,以利于选取适当方法或手段对症下药,赵沛、邓泽民认为可以采取"诊断性评价和档案袋评价方式,包括辨别不足和探寻其原因所在,也包括识别各种优点和特殊才能禀赋;而档案袋评价,是指借助已经建立的档案对评价对象进行客观、全面的评价,通过建立和查阅学生学业或个人发展档案,从而评价个体内差异和比较个体与他人之间差异的一种评

---

① 张洋洋,汤百智.基于体验学习理论的高职综合实践课程实施[J].职业技术教育,2012(2).
② 石伟平,陈霞.职教课程与教学改革的国际比较[J].职业技术教育,2001(19).
③ 袁丽英.职业教育课程评价:问题与对策[J].职业技术教育,2009(34).
④ 阎卫东,张宪立.职业教育课程评价研究[J].机电产品开发与创新,2011(4).

价方法"。① 有人基于梅特费赛尔模式,结合中国职业教育的实际情况,提出"通过社会问卷调查,对学校专业课程设置和学生课程教学进行社会满意度评价;从就业率、专业对口率、专业巩固率对专业实习课程实施效果进行评价;通过工作单位对毕业生的认可度和毕业生对自己的评价,反过来对职业教育课程的实施效果进行评价;通过对毕业生典型人才的创新能力的统计分析,反过来对职业教育课程进行评价"。②以促进发展为课程评价的价值取向,强调一个动态、反思的课程评价过程。结合职业教育的特征,"发展性评价不仅仅要注重学生的知识、技术与技能,还要注重学生的学习兴趣、创新能力、职业道德等其他能力。不仅要评价学生通过课程获得的职业技术水平,还要考虑影响学生职业能力发展的相关因素"。③

对于职业教育课程评价指标体系的构建,有学者认为:"由于课程方案评价尚未实施,缺少可测量的外在行为标准,其评价标准一般以定性为主,定量为辅。而课程实施与管理评价,需根据课程目标,确定相应的评价标准,测量学生学习课程后的职业技能掌握程度及对知识点的理解和应用程度,因此宜以定量评价为主,辅以定性分析。课程方案评价主体应以企事业单位工程技术与管理专家为主,由相关课程专任教师和课程专家参与,而课程实施中,学生是最直接的参与者、感受者,应作为课程实施效果的评价主体。"④

3.课程政策的研究

(1)关于课程政策的研究专著

黄忠敬著的《课程政策》,从课程政策的历史之维、价值之维、权力之维、内容之维、过程之维等几个维度展开论述。从历史的维度考察了新中国成立后课程政策的发展历程以及多年以来课程政策的发展脉络;从价值的维度分析了民主、平等和效益等基本的课程政策价值,指出课程政策实践中的价值冲突与协调,分析不同意识形态下课程政策的价值取向,最后强调我国当前课程政策的价值取向;从权力的维度分析了国家对课程的干预,历史传统和社会政治、文化等差异导致各国、各地区的课程政策决策体制有所不同;从内容的维度分析了当前进行的新基础教育课程改革,解读教育部颁布的义务教育阶段和高中阶段基础教育课程政策文本;从过程的维度考察课程政策制定的几个阶段,重点讨论课程政策是如何制定的,考察美、英、法、日等主要发达国家课程政策制定过程的特点,重点分析了我国课程政策的制定过程。⑤ 蒋建华

---

① 赵沛,邓泽民.职业教育"面向人人,人人成才"课程价值观下的课程评价[J].中国职业技术教育,2008(19).
② 程冬.高等职业教育课程评价的理论基础[J].湖北广播电视大学学报,2008(7).
③ 周莉.职业教育中的发展性课程评价[J].河南职业技术师范学院学报(职业教育版),2008(1).
④ 陶红林,肖仁政.高职教育课程评价指标体系构建[J].职业技术教育,2009(22).
⑤ 黄忠敬.课程政策[M].上海:上海教育出版社,2010.

著《知识·权力·课程——政策视野中的课程研究》,对国内外课程政策制定的基本情况进行了回顾,分析了课程政策的政治学基础,课程知识选择的政策定位、内涵,提出了改进课程知识选择政策的思路,课程管理改革的政策定位基础、内涵、改进思路等。① 谢少华著《权力下放与课程政策变革——澳大利亚经验与启示》主要研究考察了澳大利亚西澳大利亚州从1987年以来教育管理权力下放与8～10年级"社会与环境"课程政策之间的联系。② 张男星著的《权力·理念·文化——俄罗斯现行课程政策研究》,对当前俄罗斯的课程政策从权力、理念、文化三个彼此相连的视点上进行了全面分析,分别探讨了"制定课程政策的主体""主体制定课程政策的追求"和"主体制定课程政策的追求之文化力量"。③ 杨燕燕著的《国外课程改革政策及其价值取向》,概述了课程政策保守主义、自由主义和效率主义价值取向的起源,以及它们在20世纪80年代以前在一些国家的课程政策中的体现与发展;以美国、英国、日本、俄罗斯为例,具体阐述20世纪80年代以来三种课程政策价值取向的嬗变;重点阐述了课程政策所关注与涉及的课程平衡问题,辅以韩国、法国、加拿大等国的课程政策内容,以说明以课程平衡为核心的生态主义课程价值取向,以及在课程政策过程中的生态主义视角。④ 李召存著的《追寻课程政策背后的教育意义——基于学前课程纲要的国际比较研究》,在收集了21个国家和地区的35个课程指导框架的基础上,力图以问题为线索展开关于学前课程发展的价值取向、学前课程管理趋势、学前课程内容结构以及学前课程实施模式等方面的论述。在分析思路上,努力对课程政策背后的文化价值观等深层因素进行揭示,避免仅对政策文本做简单比较;在比较方式上,既有不同国家的横向比较,又有选择、有重点地对某些重要国家的课程政策发展历史做纵深比较。⑤ 王平安著的《职业教育课程政策研究》,对我国职业教育课程政策的历史变迁与特征、国内外职业教育课程政策的实施现状、职业教育课程政策建议等进行了理论阐述和实践性描述。⑥

(2)关于课程政策的学位论文

胡东芳的博士论文《课程政策研究——对"课程共有"的理论探索》,认为课程政策是国家教育行政主管部门在一定社会秩序和教育结构的范围内,为了调整课程权力和不同需要,调控课程运行的目标和方式而制定的行动纲领和准则。世界各国的课程政策主要可分为三种类型:中央集权型、地方分权型和学校自主决策型。它们各

---

① 蒋建华.知识·权力·课程——政策视野中的课程研究[M].北京:教育科学出版社,2010.
② 谢少华.权力下放与课程政策变革——澳大利亚经验与启示[M].广州:中山大学出版社,2002.
③ 张男星.权力·理念·文化——俄罗斯现行课程政策研究[M].北京:教育科学出版社,2006.
④ 杨燕燕.国外课程改革政策及其价值取向[M].杭州:浙江大学出版社,2010.
⑤ 李召存.追寻课程政策背后的教育意义——基于学前课程纲要的国际比较研究[M].上海:华东师范大学出版社,2012.
⑥ 王平安.职业教育课程政策研究[M].南京:南京大学出版社,2011.

有其优缺点,不同类型的课程政策决定着课程权力分配不同方式和不同需要的满足程度,并最终决定着课程改革的深度、广度和层次。[①] 王玲的博士论文《博弈视野下的课程政策研究》,认为博弈视野下理想的课程政策应该在能够实现学生主体性发展的同时,也能实现国家、地区、学校、专家、教师和家长的主体性发展,满足不同阶层利益主体的需求,这就要求发挥各政策主体的主体间性,最终实现共赢的目标。共赢博弈是博弈理论发展的一个新阶段,它是合作博弈的理想状态,指的是人们在和谐的环境中,在民主与法制的约束下,互相协作,追求社会公平与效率,达到人与社会的共同发展,从而实现人类可持续发展的目的。[②] 张红的博士论文《新中国基础教育课程政策的价值取向研究》,探讨了课程政策的实质和课程政策中的价值取向问题;对课程政策的概念和实质进行了界定与研究,指出课程政策的实质是课程利益的分配;从事实层面和价值层面首先对新中国成立以来我国基础教育课程政策进行了历史梳理和考察;分析了我国基础教育课程政策的这种社会工具性价值取向偏执所产生的原因;从规范层面对我国基础教育课程政策的应然价值取向进行理论探索。[③] 屠莉娅的博士论文《课程改革政策过程:概念化、审议、实施与评价——国际经验与本土案例》,通过理论分析和国际经验的跨文化比较确立了关于政策过程分析的一般理论框架,并运用这一阶段分析框架分析我国文化背景、政治传统和制度条件下课程改革政策运作的一般流程和运作形态。为了实质性地探究我国课程改革的政策过程,研究深入各个关键的政策过程阶段,依照事实分析、价值分析、规范分析的三条线索对课程改革政策过程的机构流程、组织形态(工作方式、权力关系等)、文化特征、潜在问题进行了深入解读,意在深刻挖掘我国课程改革政策过程的意义和内涵。[④] 亓俊国的博士论文《利益博弈:对我国职业教育政策执行的研究》认为在利益分化的社会转型期,各级地方政府作为社会的公共组织,在政策执行过程中,由于受自身利益最大化的驱动,在很多时候也会与中央政府展开博弈。双方的博弈过程往往体现为"上有政策,下有对策",由于不同的主体利益需求不一样,必然会导致主体之间产生冲突与矛盾,因此也使得职业教育政策在执行过程中遇阻,而政策执行阻滞问题根本上是源于社会"公平物品"供给制度的缺失。作者认为应当构建立足于"公平物品"理论基础之上,以"政府主体、公平优先、以人为本"为指导原则的政策执行机制。[⑤] 史晖的博士论文《转型与重构:中国近现代课程制度变迁研究》认为课程变革的过程就是课程权力和利益再分配的过程,在课程制度变迁中交织着权力的博弈与妥协。权力博弈的主体是政府

[①] 胡东芳.课程政策研究——对"课程共有"的理论探索[D].华东师范大学,2001.
[②] 王玲.博弈视野下的课程政策研究[D].山东师范大学,2008.
[③] 张红.新中国基础教育课程政策的价值取向研究[D].东北师范大学,2008.
[④] 屠莉娅.课程改革政策过程:概念化、审议、实施与评价——国际经验与本土案例[D].华东师范大学,2009.
[⑤] 亓俊国.利益博弈:对我国职业教育政策执行的研究[D].天津大学,2010.

组织、教育团体和知识精英。权力博弈的方式主要有三种：权威影响、对话协商与合作共谋。制度与文化既具有同一性，又具有冲突性。

（二）有待深入之处

从文献综述情况来看，我国目前还没有人专门对中等职业教育课程政策的史料进行全面深入的挖掘和整理，所以还无法找到现成的理论研究成果。因此，需要对新中国中等职业教育课程政策各要素的内涵与外延以及各要素的关系进行深入研究；需要对新中国中等职业教育课程政策发展变迁的历史轨迹进行更深入、更全面和更系统的研究；需要对新中国中等职业教育课程改革政策的经验和教训进行进一步的总结与反思，同时对国外课程政策的制定进行对比和考察，以做到"他山之石，可以攻玉"。

四、研究创新点

一是通过政策文本的定量分析，对我国中等职业教育课程政策做了新的解读。由于中等职业教育课程政策涉及的政府规章文本非常多，而政策文本涉及的主题、年度分布、主体构成等方面呈现出多种特征，都很难直观了解，但是通过对中等职业教育课程政策文本的定量分析，对上述问题就会有一个清晰直观的展现。因此，对政策的文本分析，为中等职业教育课程政策研究提供了一种新的解读方式。

二是揭示新中国中等职业教育课程政策的路径依赖现象。新中国成立以来，我国在不同时期都颁布了相应的课程政策，但是总体上呈现出一种路径依赖的现象，"三段式"课程模式在一些地区还广泛存在，依然没有彻底摆脱课程政策制定权的"钟摆运动"。

三是以公共政策理论为研究基础，拓展了我国中等职业教育课程政策研究的视野，夯实了中等职业教育课程政策的理论研究，从动态的视角全景分析了中等职业教育课程政策的制定—实施—评价，指出中等职业教育课程政策动态过程存在的现实问题。

四是从生态主义的视角提出了中等职业教育课程政策的机制创新。由于生态主义的理念与当代教育发展理念有许多内在的契合点，因此本书从生态主义的视角提出了中等职业教育课程政策的创新机制，在一定程度上促使中等职业教育课程政策从静态研究转向动态研究。

五、研究思路与方法

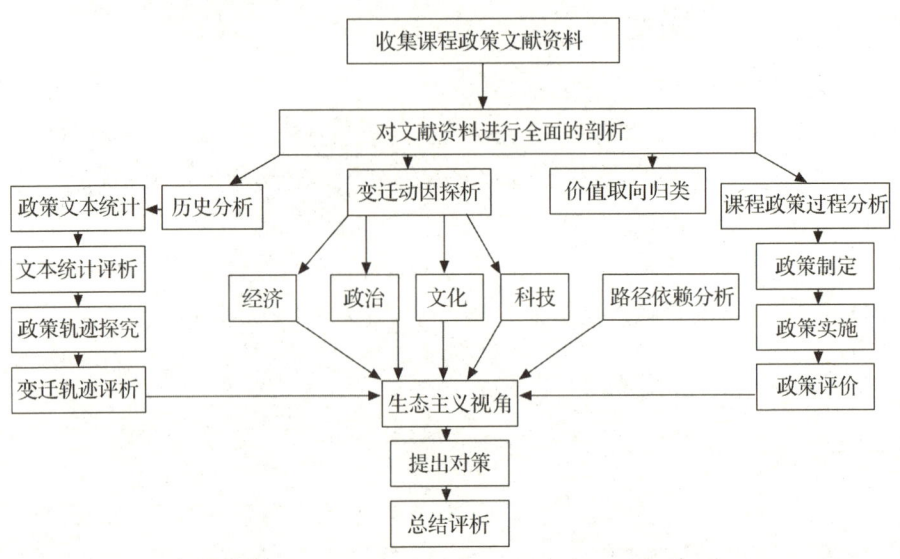

导论图 3　新中国中等职业教育课程政策研究思路

从导论图 3 可以看出,本书在研究过程中,首先收集了与新中国中等职业教育课程有关的政策文本,在对文本资料进行全面梳理的基础上,基于政策文本资料,从历史维度、动力维度、价值维度、过程维度等方面对中等职业教育课程政策进行研究,探索其中发展变迁的内在规律,最后从生态主义的维度提出了相应的对策。在研究过程中,本文采用了多种研究方法:

1.历史文献法

文献法是历史研究的基本方法,是对历史文献资料进行检索、搜集、鉴别、整理、分析,形成事实科学认识的方法。历史文献研究法所要解决的主要是如何在浩如烟海的历史文献中选取适宜于研究的资料,并对这些资料做出恰当的分析,归纳出有关问题。本研究利用校内外实体图书馆、档案馆、网络数据库等渠道,尽可能占有新中国成立以来中等职业教育课程政策的第一手资料,充分挖掘前人的研究成果,并将大量的史料进行归类和整理,然后对历史文献进行归纳,以史及论、以论带史、史论结合,通过大量课程政策的文献资料,梳理了中等职业教育课程政策历史变迁的脉络。研究重点将从我国中等职业教育课程政策的变迁历程入手,引证历史史料,从历史事实中把握我国中等职业教育课程政策各要素的丰富内涵及其发展历程,以避免抽象论述。

2.制度分析法

本研究中的制度分析法,是指以历史唯物主义为理论基础,研究中等职业教育课程政策变迁的动力、课程政策各要素之间的内在联系和价值取向等一系列问题。从生产力和生产关系,经济基础和上层建筑的互动中来探寻制度变迁的根本动因。以层层递进的结构探讨经济制度、政治制度之间的辩证关系。历史唯物主义的制度分析法,不仅仅停留在各种要素的关系层面,更是为了制度的创新,本书在对中等职业教育课程政策进行全面分析以后,从生态主义的视角提出了中等职业教育课程政策的制度创新。

3.调查研究法

通过设计调查问卷,对中等职业教育的行政管理者、课程教学一线教师等进行问卷调查,通过问卷的收集与整理,进一步了解中等职业教育课程政策的执行与评估的情况。同时,为了避免从文本到文本的纯粹研究和主观臆测式的解析,在条件允许的情况下,对参与中等职业教育课程政策的制定、实施和评价的相关人员进行访谈,他们置身于动态的课程政策中,通过与他们的直接接触,可以获得更多真实的政策信息。

六、研究的理论支撑

任何一项研究都需要相应的理论支撑,中等职业教育课程政策研究也不例外。制度学家埃利诺·奥斯特罗姆指出,理论不只是影响解释中所使用的特定假设,还影响问题的设计方式。孔子亦说"名不正则言不顺,言不顺则事不成,事不成则礼乐不兴",意思是对事物的定位至关重要。遵循这一原则,本书一方面基于职业教育学理论展开研究,另一方面利用公共政策学和复杂理论拓展研究,以求"以理格物"。

(一)职业教育学

职业教育学科本质上属于社会科学,在其建立和发展的过程中,主要沿两条脉络延伸:一是理论研究,即以构建学科体系为重点;二是应用研究,即以解决实际问题为重点。相比较普通教育而言,职业教育学科是在特有的范围、层次和平台上,对研究的对象、范围、体系的构建行为与话语体系。理论上主要指研究的学派、对象、范式、学科性质和理论体系的集合,实践上主要指学问的分类、学术研究领域和学科平台的整合。[①] 职业教育学是研究职业教育活动规律的学问,其根本目的在于科学认识和分

---

① 周明星,唐林伟.职业教育学科论初探[J].教育研究,2006(9).

析职业教育领域的各种现象,揭示其内在的活动规律。

辩证唯物主义告诉我们,规律是贯穿于事物发展过程中的客观、普遍、本质、必然的联系。由于职业教育所涉及的范围广阔而复杂,既有本质内在联系,也有非本质的外在联系。对职业教育学科不同的认识,促使学界从准学科、基础学科、支撑学科、交叉学科、元学科等不同视域对职业教育开展研究。

职业教育学科的研究对象,主要有现象论、关系论、问题论和规律论。现象论认为客观的职业技术现象就是其研究对象;关系论认为职业教育与政治、经济、文化和科技等方面的关系是其主要研究对象;问题论认为职业教育研究的对象就是其存在的问题本身;规律论认为职业教育学科研究的对象就是职业教育所固有的客观、内在、本质的规律。

(二)公共政策学

公共政策学同时具有政治学和管理学的特征,是这两门学科的重要分支,其最重要的优势是作为理论研究和实践研究之间的一个过渡性研究领域,具有重要的研究价值。公共政策主要具有阶级性、社会性、稳定性、时效性、强制性、合法性、整体性和多样性。从政策内容来划分,公共政策主要有政治、经济、文化和科技等方面的政策;从政策层次标准来划分,公共政策分为元政策、宏观政策和微观政策等方面;从政策功能标准来划分,公共政策可分为分配性、规制性、再分配和构成性政策等。

公共政策学的目的在于改善公共决策系统,提高公共政策质量。根据这一目的,公共政策学关心的主要课题是:第一,一项政策怎样才能以较小的投入获得较大的收益,实现绩效化;第二,如何对各种政策方案进行数量化、系统化的分析,实现政策的科学化;第三,如何反映不同集团、不同阶层、不同个人的利益要求,实现政策的民主化;第四,一项政策从进入议程、形成决策,到废止,怎样才能避免随意性、临时性,实现制度化和程序化。

教育政策是公共政策学的下位概念,就教育政策而言,其研究的内容主要集中为:教育性质和目标,教育发展的方针和战略,教师和学生政策,课程政策等。课程政策是教育政策的一个重要分支,基于此,研究中等职业教育课程政策,应当符合公共政策学的基本范式和语境,以公共政策学作为理论支撑。

(三)复杂理论

复杂理论通常泛指一切关于"复杂性"的理论形态,即一切通过复杂性研究而形成的理论,如复杂性的科学理论、哲学理论、技术理论和工程理论等,复杂理论、系统论和还原论代表着科学方法论依次达到的三个梯级。复杂理论把被经典科学的简化所排除的多样性、无序性、个体性因素引进科学的视野。

一是整体性和系统性。相对于传统科学领域的还原论,复杂理论揭示了复杂的课程政策执行的统一性和整体性的现象特点以及整体与部分的复杂关系。为了理解系统的整体功能和内部各组织部分之间的相互作用,我们必须要从总体上把握系统,要用整体论的方法去观察系统。

二是自组织性。在复杂理论看来,系统的平衡、有序与稳定状态是相对的,而系统的失衡、混沌与波动是绝对的。为了更好地适应不断变化的课程政策环境,课程政策执行复杂适应系统总是要自发地、适应性地发展或改变其内部结构。

三是非线性。复杂理论的非线性因果关系,是指课程政策执行主体、客体和内容之间存在一种多结构、多维度、多水平的关系,任何事物既是原因又是结果,事物的发生过程具有变量因素的影响。

四是偶然性。对复杂系统而言,结构是确定的,短期线性系统的行为可以比较精确地预测,而长期行为却变得不规则。偶然性背后隐藏着必然性,必然性总是通过大量的偶然性表现出来,由此可以为自己开辟道路,必然性和偶然性可以在一定条件下相互转化。[1]

---

[1] 蒋园园.复杂理论视阈下的教育政策执行研究[D].华东师范大学,2010.

第一章 历史之维：新中国中等职业教育课程政策历史沿革

> 历史应该提供给我们一种超越时间的前进意识和一种决定与挫折为伍的进步的本质、方向和程度的视角。[1]
>
> ——[美]丹尼尔·坦纳

---

[1] [美]丹尼尔·坦纳,劳雷尔·坦纳.学校课程史[M].崔允漷,等,译.北京:教育科学出版社,2006.

1949年新中国成立以来,中等职业教育便进行了大幅度的改革运动,全面学习苏联的课程教学经验,借鉴苏联的"三段式",学习苏联技工学校的教学方法,加强理论知识与生产实践的结合。推行两种教育制度,"两条腿走路",促使半工半读的教育形式得到了发展,探索了多种促进中等职业教育课程教学改革的方法,多层次、多渠道办学,提高了中等职业教育的普及率。仅以20世纪50年代为例,在国家对中等职业教育并无重大资金支持的情况下,从1949年至1956年,短短7年时间里,技工学校与中等专业学校的人数由"8万人激增到65万人"[①],这与改变中等职业教育的办学模式,对相应的课程教学模式进行改革有直接的关系。

　　改革开放以后,我国中等职业教育课程建设取得了较大的发展,从20世纪80年代中期开始,我国广泛借鉴了德国的"双元制"经验模式,在全国多个地方进行了试验,取得了一定的积极效果。到20世纪90年代,我国借鉴了加拿大的CBE课程模式,促进了课程教学内容与工作过程的结合。在广泛借鉴国外职业教育课程改革发展的经验后,我国学者提出了"宽基础、活模块"的课程模式,以就业为导向的课程、理论与实践一体化的项目课程等。[②] 从地方中等职业教育课程改革发展的经验来看,自1996年起,上海用了10年左右的时间实施了"10181"工程,江苏省教委在1997年实施了"小企业创业技能课程开发项目",浙江开展了"核心技能本位"的课程改革。[③] 在新中国成立以来的60多年时间里,我国中等职业教育所进行的课程改革,无不与政府制定颁布的一系列政策措施有直接关系。可以说,政策措施是我国中等职业教育课程发展的方向标,有效保障了我国中等职业教育课程改革健康有序地进行。对我国所颁布实施的与中等职业教育课程改革有关的政策进行统计分析,能更好地把握我国中等职业教育课程改革发展的规律。

---

① 闻友信,杨金梅.职业教育史[M].海口:海南出版社,2000.
② 黄尧.职业教育学——原理与应用[M].北京:高等教育出版社,2009.
③ 方展画,刘辉,傅雪凌.知识与技能——中国职业教育60年[M].杭州:浙江大学出版社,2009.

第一节　中等职业教育课程政策文本统计研究

一、概念界定与文本选择

什么是课程政策文本？教育政策是"政府或政党制定的有关教育的方针、政策，主要是某一历史时期国家或政党的总任务、总方针、总政策在教育领域内的具体体现"[①]。而课程政策是"教育领域中课程知识选择和管理的政治理念和具体措施。具体措施是课程改革政策的现象形态，政治理念是课程改革政策的本体形态"[②]。因此，本书中的中等职业教育课程政策文本指的是政策制定主体为保障和促进课程发展而以书面形式制定颁布的各种政策规章的总称。本书基于课程政策制定的权威主体、政策文本的数量发展、政策主题及年度分布、政策文本的特别说明和它们之间的相互关系进行定量分析，以弄清课程政策制定的基本特征。

近年来，我国学术界对课程政策的研究一直没有停止过，课程理论研究的专家学者在课程政策的研究方面取得了丰硕的成果。在 21 世纪初，课程教学论的部分专家学者及其研究生，就发表了一系列与课程政策有关的学术论文，出版了一系列与课程政策有关的学术著作。通过已经取得的相关学术研究成果进行统计分析后，可以发现，大部分与课程政策有关的研究成果集中于关注基础教育课程的相关政策，对于职业教育，尤其是中等职业教育课程政策的关注非常少。通过在中国知网（CNKI）输入"课程政策"进行主题搜索，可以发现从 1979 年至 2013 年间，有关课程政策方面的文章有 373 篇，大部分文章都是从基础教育的立场来探讨课程改革政策。而对于改革开放以来都颁布了多少与中等职业教育课程有关的政策，其中包含了些什么内容，政策主题呈现什么样的年度分布趋势，课程政策的制定者由哪些部门及成员组成，课程政策的制定过程呈现什么特征，这些问题在中等职业教育课程研究中还处于空白状态。在各种教育形式中，中等职业教育的发展与政策的联系是最紧密的，而课程改革与政策的指导更是息息相关的。只有从新中国成立以来已颁布的与中等职业教育

[①] 叶澜.教育概论[M].北京:人民教育出版社,1999.
[②] 蒋建华.知识·权力·课程——政策视野中的课程研究[M].北京:教育科学出版社,2010.

课程有关的政策入手,认真研究相关的政策文本,才能从根本上把握我国中等职业教育课程改革发展的趋势,从中探寻相关规律;否则,仅仅只靠借鉴国外的发展经验,不考虑我国经济政治体制的实际情况,并不能从根本上走出一条具有中国特色的中等职业教育课程改革发展之路。

二、政策文本定量分析

通过运用 SPSS16.0、EXCEL 等软件对收集的新中国成立以来中央一级政府部门颁布的中等职业教育课程政策文本进行统计分析,得出以下统计结果。

(一)中等职业教育课程政策文本的数量发展

表 1-1 新中国中等职业教育课程政策颁布数量(1949—2013)

年份	1949	1950	1951	1952	1953	1954	1955	1956	1957	1958	1959	1960	1961	1962	1963	1964
数量	2	3	2	2	2	4	3	6	1	8	3	1	3	0	3	3
年份	1965	1966	1967	1968	1969	1970	1971	1972	1973	1974	1975	1976	1977	1978	1979	1980
数量	0	4	4	1	0	1	1	0	2	0	0	0	1	5	2	2
年份	1981	1982	1983	1984	1985	1986	1987	1988	1989	1990	1991	1992	1993	1994	1995	1996
数量	1	0	3	2	3	6	1	2	1	1	3	6	5	5	1	7
年份	1997	1998	1999	2000	2001	2002	2003	2004	2005	2006	2007	2008	2009	2010	2011	2012
数量	3	2	4	1	4	2	1	6	2	2	1	4	4	7	2	5
年份	2013															
数量	3															

数据来源:根据中国政府网站、报刊、相关法规汇编和各种历史文献等资料整理统计而成。

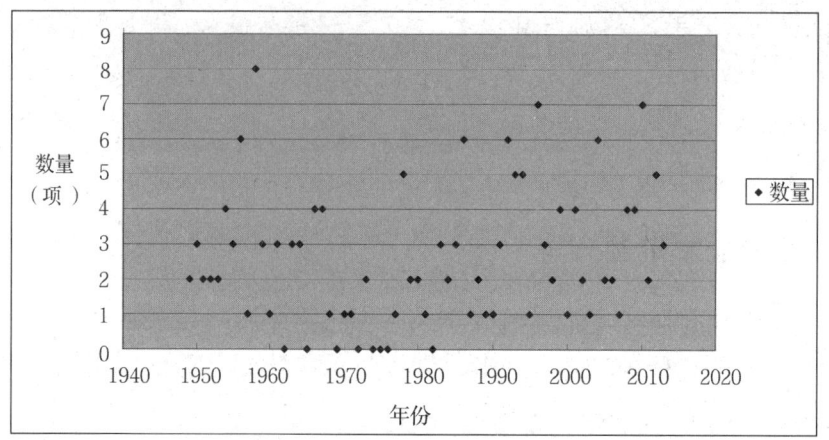

数据来源：根据中国政府网站、报刊、相关法规汇编和各种历史文献等资料整理统计而成。

图 1-1 中等职业教育课程政策文本年度数量颁布趋势

从表 1-1 和图 1-1 可以看出，我国中等职业教育课程政策的制定和颁布总体上呈绝对上升趋势，但是政策文本的年度制定情况几乎没有什么规律性，这与一定时期对中等职业教育的需要有一定关系，也与不同时期政府对中等职业教育的重视程度相关。总体上来看，随着社会经济的不断发展，政府认识到中等职业教育的不可替代性，加大了对其的引导和管理，课程政策的绝对文本数量在增加，年度颁布的相对数量具有不确定性。

好的课程政策能有效推动中等职业教育的改革与发展，为课程政策的制定与实施提供一个良好保障，而不好的课程政策很有可能会将课程改革引入歧途，阻碍中等职业教育的发展。在研究中等职业教育课程的改革与发展中，课程政策是一个极其重要的变量，而其数量及变化趋势也为这种变量的统计与研究提供了实证研究的可能性。课程政策数量的变化反映了政府课程改革的意志与方向，政府在某一段时期颁布的中等职业教育课程改革政策越多，越说明在这一时期政府很关注中等职业教育课程的改革与发展，也说明这一时期中等职业教育课程改革的复杂性，因此，对课程改革政策数量的分析，构成了课程改革研究的一个重要维度。"教育政策的数量变化还能够反映和体现一种政策资源的供求关系。"[①]不同时期的课程改革政策，反映了这一时期经济发展对中等职业教育的需求，是对其课程改革进行相应的规范与引导。

---

① 谢维和、陈超.中国教育改革发展的政策走向分析——20 世纪 80 年代中期以来中国教育政策数量变化研究[J].清华大学教育研究,2006(3).

将新中国成立 17 年以来我国中等职业教育课程的政策文本与"文化大革命"10 年间进行比较,可以发现在 1967 年至 1976 年"文化大革命"的 10 年间,我国颁布的与中等职业教育有关的课程政策数量远远低于新中国成立后 17 年间的数量,这从一个侧面也说明了新中国成立后 17 年间,我国经济处于一种在曲折中发展的态势,而在"文革"期间,我国经济受到了严重破坏。在党的十一届三中全会召开以后,全党的工作中心转移到社会主义现代化建设上来,职业教育迎来了新的历史发展机遇。1976 年至 1985 年,这一阶段职业教育发展的主要任务是整顿和恢复,同时积极配合由计划经济向市场经济的转型,仅 1978 年一年的时间内,国家发布与中等职业教育课程有关的政策文本就多达 5 项。1986 年至 1996 年,是中等职业教育的发展取得长足进步的 10 年,1992 年发布的与课程有关的政策文本就多达 6 项,而 1996 年发布的多达 7 项。到了新世纪,我国进入了全面建设小康社会,加快推进社会主义现代化建设的新阶段,中等职业教育也转入了内涵式发展阶段,年平均发布的与课程有关的政策文本有 4 项,尤其是在 2004—2005 年,国家连续推出加快职业教育发展的有关文件,加大了职业教育课程改革的力度,仅 2004 年,与课程改革有关的政策文本就达 6 项。从 1978 年至今,我国中等职业教育课程政策数量呈总体上升趋势,由于政府对职业教育发展的高度重视,课程政策文本的绝对数量是逐年增长的。但政府在不同阶段对职业教育领域的重视程度有所不同,导致与中等职业教育课程有关的政策文本数量有所起伏。

通过对改革开放以后中等职业教育课程政策的研究发现,这些年我国中等职业教育课程改革一直处于路径依赖与断裂发展的艰难选择中。从改革开放至 20 世纪 90 年代中期,由于中等专业学校和中等技术学校受惠于国家的招生分配政策,课程的改革力度并不大,其自身也希望一直维持这样的现状。但由于受 20 世纪末开始的高校扩招以及社会主义市场经济深入发展的影响,我国中等职业教育陷入了发展困境,迫使教育主管部门改变了中等专业学校培养干部、中等技术学校培养国企人才的目标,而将中等职业教育的目标定为培养基层生产一线的初中级技能人才。培养目标的改变迫使教育主管部门和各级中等职业学校在进行课程改革时必须力度更大,范围更广。

(二)中等职业教育课程政策文本的主体构成及权威性分析

表 1-2　单独制定或批(转)发课程政策的主体构成及发文数量

发文主体 \ 年份	1949—1955	1956—1965	1966—1976	1977—1990	1991—2000	2001—2013	总计
全国人大		1			1		2
全国政协	1						1
中共中央代表大会					1		1
中共中央			2	1			3
国务院	6			4	3	1	14
教育部*①	8	7	3	11	22	30	81
人力资源和社会保障部	2	4		1	3		10
中宣部		1					1
联合发文		3	2	4	4	6	19

数据来源：根据中国政府网站、报刊、相关法规汇编和各种历史文献等资料整理统计而成。

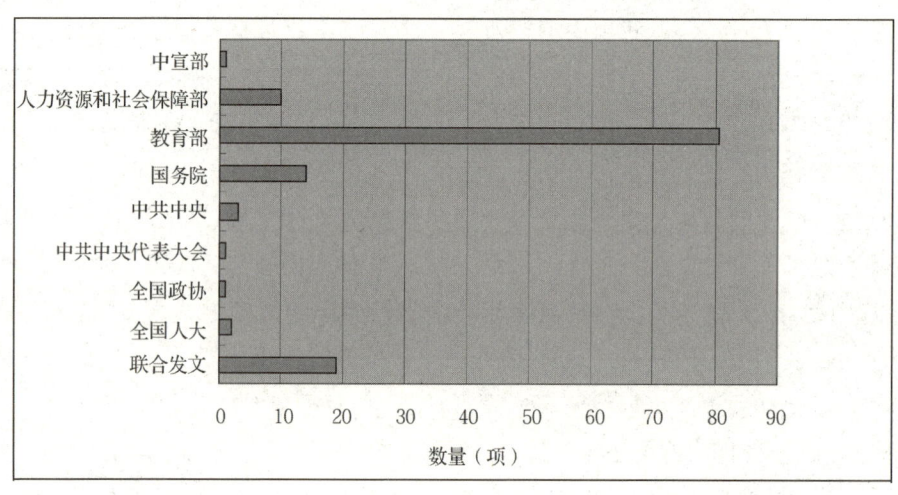

数据来源：根据政府网站、报刊、相关法规汇编和各种历史文献等资料整理统计而成。

图 1-2　单独制定或批(转)发课程政策的主体构成及发文数量

---

① 说明：*教育部是国务院主管教育工作的综合部门，在新中国的发展过程中经历了不断的变化与调整。其原为国家教育委员会。1949年10月成立文化教育委员会、教育部。1952年11月增设高等教育部、体育运动委员会、扫除文盲工作委员会。1954年扫除文盲工作委员会并入教育部。1958年2月高等教育部并入教育部。1964年7月恢复高等教育部。1966年7月高等教育部并入教育部。1970年6月中共中央决定撤销教育部，成立国务院科教组。1975年1月第四届全国人大决定恢复教育部。1985年6月18日全国人大六届十一次常委会决定撤销教育部，设立国家教育委员会。根据1998年3月10日九届全国人大一次会议通过的《关于国务院机构改革的决定》，国家教育委员会更名为教育部。基于以上历史沿革，教育部的统计数据包括了高等教育部、国家教委的相关数据。各部门的文件包括其单独制定、转发和批转的课程改革政策文件。http://www.infomall.cn/cgi-bin/mallgate/20030317/http://www.runsky.com/homepage。

从表 1-2 和图 1-2 可以看出,除了中共中央转发、国务院批(转)发、国务院办公厅转发及联合发文外,出台课程改革政策的有关部门就达 8 个,即全国人大、全国政协、中共中央代表大会、中共中央、国务院、教育部、人力资源和社会保障部、中宣部。上述八个发文主体按权威性可以分为三个层次:全国人大、全国政协、中共中央代表大会。其中,全国人大为最高层次,全国人大是最高立法机关,诸如《中华人民共和国职业教育法》之类的法律条文,须由全国人大常委会通过,而其中包含了与课程有关的内容条款。全国政协是参政议政的机构,仅以中华职教社为例,其是由教育界、经济界、科技界人士组成的群众团体,是党和政府团结、联系国内外职业教育界人士的桥梁和纽带,在中等职业教育有关课程政策的制定中亦发挥积极作用。中共中央代表大会讨论和决定重大问题,包含涉及教育发展的重大战略方针,如中国共产党第十五次全国代表大会通过的《面向 21 世纪教育振兴行动计划》,其中就包含了职业教育课程发展的有关内容。

中国共产党中央委员会是中国共产党核心权力机构,在新中国成立至改革开放之前,经常与国务院一起联合发文,对职业教育工作进行引导和管理,《关于教育事业管理权力下放问题的规定》就是由中共中央和国务院联合发文,其中涉及课程教材制定权力的下放问题。而改革开放之后,由中共中央与国务院联合发文的现象已经大大减少,更多的是中共中央单独发文或批转重大的教育政策措施,如《中共中央关于进一步加强和改进学校德育工作的若干意见》,职业学校的德育课在其改进范围之内。由于技工学校在新中国成立以来的很长一段时期内属于劳动部管理,在国家教育方针政策的指导下制定技工学校发展的规章制度,因此中等职业教育课程有关的政策文件,如《劳动部关于技工学校深化改革的意见》就是由劳动部颁发的。

(三)中等职业教育课程政策主题与权威主体的交互关系

通过中等职业教育课程政策主题可以了解其政策文本的宗旨与目的;通过研究中等职业教育课程政策主题与权威主体的交互关系,可以反映出在不同历史时期,不同的政府部门在制定中等职业教育课程政策文本方面的主要职责。我们在对新中国中等职业教育课程政策的历史文本资料的内容及其主旨进行研究分析后,总结归纳出课程政策的主题、权威主体以及两者之间的交互关系。

表 1-3　课程政策主题与权威主体的交互关系

权威主体\政策主题	综合	法律	课程制定	教材编写	思想政治课程	生产实践课程	课程实施主体	课程经费保障
全国人大		◆						
中共中央	◆				◆			
国务院批转	◆							
中宣部					◆			
教育部	◆		◆	◆	◆	◆	◆	◆
劳动部	◆		◆	◆		◆	◆	◆
财政部	◆						◆	◆
联合发文	◆		◆	◆	◆	◆	◆	◆

数据来源：根据中国政府网站、报刊、相关法规汇编和各种历史文献等资料整理统计而成。

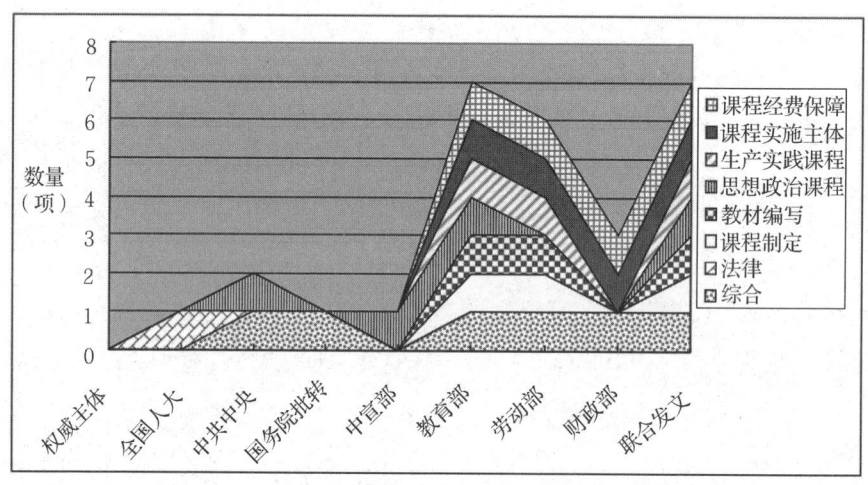

数据来源：根据中国政府网站、报刊、相关法规汇编和各种历史文献等资料整理统计而成。

图 1-3　课程政策主题与权威主体的交互关系分布图

从表 1-3 和图 1-3 可以看出，全国人大只在法律制定中会对中等职业教育课程有所涉及。中共中央除了与国务院联合颁布综合性的政策，还会专门颁布思想政治课程方面的政策，仅中共中央单独发布的与思想政治教育有关的课程文件就有 1985 年《中共中央关于改革学校思想品德和政治理论课教学的通知》，1994 年《中共中央关于进一步加强和改进学校德育工作的若干意见》。中共中央在处理纷繁复杂的国家事务时，专门出台与学生德育有关的课程改革政策，说明中共中央非常重视学生思想政治教育，注重青年学生意识形态的导向性，强化青年学生对现行政治体制的认同与遵循。国务院联合颁布或批转的与课程有关的政策文本以综合性文本居多,其中对课程、教材、生产实践课等都有所提及。而中宣部的身影也曾出现在与课程有关的政策文本中,1964年教育部与中宣部联合颁布了《中共中央宣传部、高等教育部党组、教育部临时党组关于改进高等学校和中等学校政治理论课的意见》。尽管后来中宣部再也没有直接颁发过与课程有关的文件,但中宣部的主要职责是引导社会舆论,规划和部署全局性的宣传工作,在改革开放以后长期的社会发展过程中,中宣部依然对思想政治课程的相关政策产生重要影响。教育部作为中等职业教育的直接主管和领导机构,除了不能颁布法律文件外,几乎参与了所有与课程有关的政策制定。劳动部在颁布与课程有关的政策文本中,其颁布主题数量仅次于教育部,这有两方面的原因:一是劳动部长期负责全国的人力资源职业指导,负责各种技能培训,这些与中等职业教育联系非常紧密;二是我国的技工学校长期隶属于劳动部管辖,劳动部颁发的政策文本主题中,自然会有许多与中等职业教育课程改革有关。在与课程有关的政策文本中,不时有财政部的身影出现,职业教育是一个高投入的教育领域,中等职业教育课程改革需要大量的资金支持,财政部联合制定相关课程改革政策文件,有利于资金的划拨与管理。各部门联合发文也占了很大比例,除了法律制度外,其他内容都有所涉及,这说明中等职业教育课程改革是一个复杂的过程,既需要思想意识形态方向的正确性,也需要有物质保障和多部门的密切配合。

(四)中等职业教育课程政策主题的分布情况

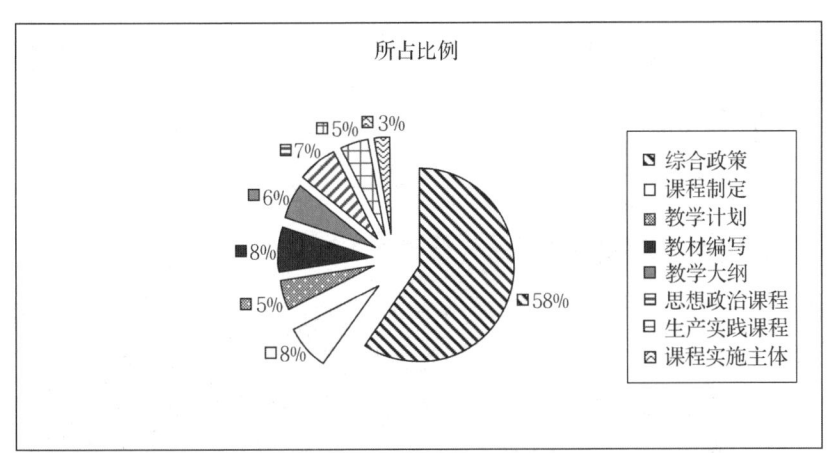

数据来源:根据中国政府网站、报刊、相关法规汇编和各种历史文献等资料整理统计而成。

图 1-4　课程政策主题分布所占比例

为了更好地分析和考察中等职业教育课程政策的主题分布情况,我们把中等职业教育课程政策的主题进行归纳,可分为8类,包括综合政策、课程制定、教学计划、教材编写、教学大纲、思想政治课程、生产实践课程以及课程实施主体等方面。

表 1-4　课程政策主题分布

政策主题	综合政策	课程制定	教学计划	教材编写	教学大纲	思想政治课程	生产实践课程	课程实施主体
所占比例	58%	8%	5%	8%	6%	7%	5%	3%

数据来源:根据中国政府网站、报刊、相关法规汇编和各种历史文献等资料整理统计而成。

从图1-4和表1-4可以看出,与中等职业教育课程有关的政策,综合政策文本所占比例最大,达58%。在综合政策文本中,课程目标、课程结构、课程实施、课程内容、课程评价等包含于其中,这说明在我国长期的中等职业教育发展过程中,政策制定者更多的是把中等职业教育课程改革作为整个职业教育发展中的一个部分。课程制定方面的政策文本占8%,教材编写方面的政策文本亦占8%,国家对课程制定与教材编写等问题所颁布的规定,仅次于综合政策方面。国家对思想政治课程所制定颁布的文件占7%,居于政策主题数量的第三位,这说明国家对青年学生政治意识形态的重视,强化青年人对现有政治体制的认同与遵从。与教学大纲有关的政策主题数占6%,而其中很大一部分是关于思想政治课程的教学大纲,每一所学校都可以拟定自己的教学大纲,但是关于思想政治课程的教学大纲,多由中共中央颁发指示文件,教育部具体制定。生产实践课程占政策文本主题的5%,远远高于其他教育类型的生产实践课的比例,这是由职业教育的特殊性所决定的。生产实践课程在中等职业教育中的重要地位,决定了国家决策机构会关注这方面课程的发展。课程实施主体占政策文本主题的3%,这里的课程实施主体仅限定于教师。随着时代的发展,国家越来越重视中等职业教育的师资培养。

三、政策文本定性分析

(一)改革开放之前个体精英模式明显

个体精英模式认为,"教育政策的创新和变革只是精英们对价值重新界定的结果,出于维护统治和既得利益的需要,以及精英们的价值认识的一致性,教育政策的科学性取决于精英们的智慧"。[1] 新中国成立以来,在有关课程政策的文本制定过程中,个体精英模式占有重要地位。毛泽东一直倡导"教育与生产劳动相结合"的教育思想,在1958年的最高国务会议上,毛泽东说:"如果学校办工厂,工厂办学校,学校办农场,人民公社办学校,勤工俭学,或者半工半读,学习和劳动就结合起来了,这是

---

[1] 石火学.教育政策制定主体的变迁与模式选择[J].广州大学学报(社会科学版),2006(7).

一大改革。"①毛泽东的教育主张,直接影响到中等职业教育课程政策的制定,当时的政务院颁布了一系列贯彻"教育与生产实践相结合"的政策文件,如《中央人民政府政务院关于加强高等学校与中等技术学校学生生产实习工作的决定》《高等学校与中等技术学校学生生产实习暂行规定》等。而刘少奇在我国率先倡导半工半读模式,他在1958年5月提出我国要有半工半读、半农半读的教育制度和劳动制度。半工半读模式对中等职业教育产生了深远影响,亦直接影响到与课程有关的政策文本的制定,1966年1月,中共中央还转发了化工部《关于贯彻执行中央有关半工半读问题指示的报告》。虽然政治领袖和各界精英通常拥有更好的洞察力和决策力,但是个体精英模式忽视了人民群众对中等职业教育的真实愿望和需求,导致了在政策执行过程中严重走样。毛泽东的"教育与生产劳动相结合"与刘少奇的"半工半读"思想,在今天依然有现实意义,但由于忽视了当时政治经济发展的实际情况,在全国不切实际地强行推广,成为导致"知识青年上山下乡"运动的一个重要诱因,对我国教育活动的有序开展造成了巨大破坏。

(二)改革开放之后团体协调模式明显

团体协调模式是运用政治学中的团体理论做出的解释,团体理论是指"各个利益团体为了本团体的利益相互作用、相互影响,这种互动的结果表现为各利益团体的妥协,政府最后根据妥协结果做出决策"②。王沪宁认为:"利益集团要在政治共同体中实现自己的特殊利益,便不能摆脱政治体系,它必须通过政治体系的决策来使自己的利益得到保障。"③在我国有关中等职业教育课程改革政策的决策中,多部门联合制定颁布的文件占了不少比例。1983年《关于改革城市中等教育结构,发展职业技术教育的意见》对教材的编写提出了相应的要求,而这项政策文件由教育部、劳动人事部、财政部、国家计委四个部门联合颁布。2004年《教育部等七部门关于进一步加强职业教育工作的若干意见》对职业教育生产实训课程的基地建设和师资培训提出了相应要求,而这项规定由教育部、国家发展改革委、财政部、劳动部、农业部、国务院扶贫办联合颁布。仔细分析这项规定可以发现,教育部是职业教育政策的主要发布机构和具体政策执行者,而国家发改委的职责包含了参与拟定教育政策,推进社会事业发展;中等职业教育课程改革能促进社会的就业,提高劳动者的技能水平,增强劳动者的整体素质,这与劳动部的职能有关系;广大农村中等职业教育的发展,直接关系到

---

① 中共中央文献研究室.建国以来毛泽东文稿(第七册)[M].北京:中央文献出版社,1992.
② 王立新.团体理论[J].社科信息,1990(5).
③ 王沪宁.比较政治分析[M].上海:上海人民出版社,1987.

农业的可持续发展,这与农业部的工作职责又有联系;而对于弱势群体、贫困人口来说,接受职业技能培训,掌握一门技能,是由"输血式扶贫"转为"造血式扶贫"比较有效的方式,这又与扶贫机构的职责有关系。

(三)思想政治课程具有突出地位

在中等职业教育课程政策的主题分布中,思想政治课程占所有课程改革政策的比例为7%,且是作为单独政策主题发布的,相比所有中等职业教育课程政策,思想政治课程所占的比例并不小。中共中央往往对事关国家发展的总方针和政策提出建议,提出的方针具有总领性和大局性。教育工作属于社会建设事业的一个分支,课程设置属于教育事业的一个分支,而思想政治课程又属于课程设置中的一个分支。

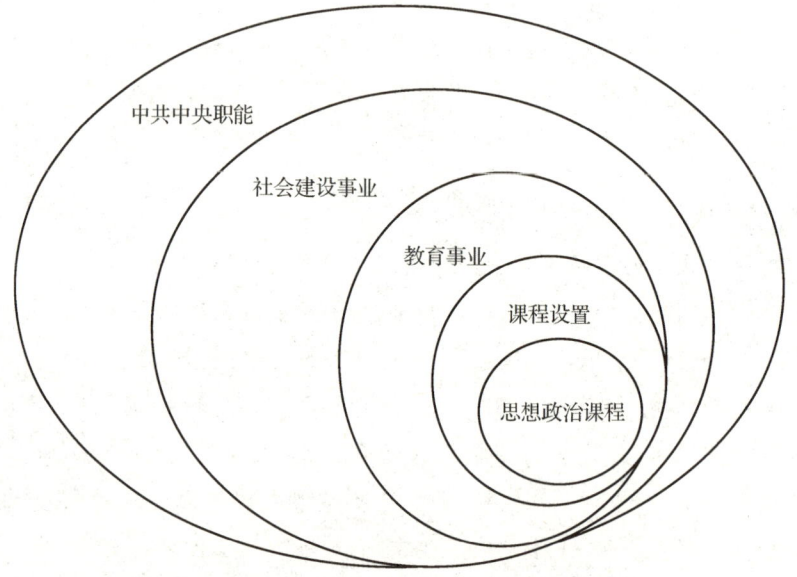

图1-5 思想政治课程的管理权属

从图1-5可以看出,中共中央跳过三个层级,直接制定并发布有关思想政治课程的政策文件,足以见其对思想政治课程的重视。葛兰西指出:"每个国家都是伦理国家,因为它们最重要的职能就是把广大国民的道德文化提高到一定的水平,与生产力的发展要求相适应。学校具有正面的教育功能,法院具有镇压和反面的教育功能,因此是最重要的国家活动。"[1]通过道德方面的引导,让被统治者认可并遵从统治阶级的道德规范等,葛兰西称之为"文化霸权"。课程作为"文化霸权",主要指"课程的法理化、教化机制"。[2]在中等职业教育课程设置中,就是加强思想政治课程的领导权,将

---

[1] [意]安东尼奥·葛兰西.狱中札记[M].曹雷雨,姜丽,张跣,译.北京:中国社会科学出版社,2000.
[2] 徐卫,范会敏.课程内容的意识形态诠释[J].教学与管理,2009(21).

思想政治课程作为意识形态灌输的渠道,将国家意志转化为青年学生个人的要求。福柯认为:"任何教育制度都是维护或修改话语占有以及话语知识和权力的政治方式,教育用它掌握中的知识和权力,无非是在形成有思想原则的群体,无非是在散布和占有话语。"[1]与课程有关的政策本质上是一种非常重要的教育资源,它能够在课程设置与实施的过程中,给予某些课程活动以更高的地位,如思想政治课程从新中国成立一直到现在,都具有很高的地位,而让某些课程处于更加次要的地位,这种国家权力赋予的合法性能够使不同种类的中等职业教育课程在获取教育资源的支持上形成不同的地位。

(四)渐进性与曲折性特征明显

新中国成立之初,为了使中等职业教育课程改革在全国得到有效开展,许多政策都要求进一步集中课程设置权,如1952年发布的《中央人民政府政务院关于整顿和发展中等技术教育的指示》,1954年发布的《中央人民政府政务院关于改进中等专业教育的决定》《中等专业学校章程》,1955年发布的《关于发布中等技术学校课程设计规程的指示》。但课程设置权过度集中又容易限制不同地区中等职业学校的办学动力,使各地不能根据实际开展课程教学工作。国家有关教育主管部门也意识到这一点,在20世纪50年代末,曾尝试下放课程设置权,颁布了《关于教育事业管理权力下放问题的规定》,各地职业学校获得了一定的课程设置权。但由于受到当时"大跃进"政治运动的影响,课程权限的下放并没有带来中等职业教育的发展,反而造成各地课程教学工作的混乱,1959年颁布的《中共中央、国务院关于试验改革学制的规定》,重新集中了课程设置权。1985年《中共中央关于教育体制改革的决定》公布以后,地方获得了一定的课程设置权。一直到20世纪90年代末,我国高度集中的课程管理体制有了一定的改变,虽然还是以国家管理为主导,但是地方的课程设置权进一步增大。1999年,有关部门发布了《中共中央国务院关于深化教育改革全面推进素质教育的决定》。该政策虽然是针对基础教育而提出的,但对中等职业教育课程设置产生了很大影响,尤其是所倡导的国家、地方、学校三级课程管理体制,促使各地中等职业学校根据实际情况,纷纷进行校本课程的开发,中等职业教育课程教学焕发出新的生命力。通过对我国中等职业教育课程改革的相关文本政策的统计分析可以看出,我国中等职业教育课程改革政策呈现出渐进性与曲折性相互交错的态势。

---

[1] M.Foucaut.The Order of Discourse,in R.Young(ed) Untying the Text[M].London:RKP,1981.

第二节 改革开放以前中等职业教育课程政策(1949—1978)

要想更好地把握当前中等职业教育课程发展的规律,需要对新中国成立以来的中等职业教育课程政策进行总体的把握。回顾已发布的中等职业教育课程改革政策,大致可以分为两类:一类是直接相关的课程政策,其名称就是关于中等职业教育课程与教学的,如《关于制定全日制中等专业学校教学计划的规定(草案)》;一类是间接相关的,名称虽然不包含"课程"与"教学"的字样,但内容与中职的课程与教学有关,如《关于教育事业管理权力下放问题的规定》。总体而言,与中职课程有关的政策文件,包含了课程目标、课程结构、课程内容、课程实施和课程评价等。与课程改革直接相关的政策文件,一般由教育主管部门直接发布,而与课程改革间接相关的政策文件,发布部门涉及较为广泛。

从政治体制来看,中等职业教育的课程改革,在改革开放之前,是在高度的中央集权体制下进行的,尽管其间有短暂的权力下放,但效果不好。而在改革开放之后,尤其是 1999 年发布《中共中央国务院关于深化教育改革全面推进素质教育的决定》,要求实施中央、地方、学校的三级课程管理,尽管这项要求主要针对基础教育领域,但对中等职业教育领域也产生了一定影响,地方政府和中职学校获得了一定的课程管理权。在我国,"课程计划的制订与修订主要集中在政府部门"[1],地方及学校在这方面的发言权有限。因此本书主要对国家相关部门发布的与课程改革有关的政策进行分析研究,对地方课程改革与学校课程改革的有关政策涉及较少。从经济体制来看,改革开放之前实施的是计划经济体制,而改革开放之后实施的是社会主义市场经济体制。职业教育是经济发展的晴雨表,不同的经济体制对中等职业教育的课程目标、课程结构和内容等要素产生不同的影响。从教育的价值取向来看,改革开放之前注重中等职业教育对国家发展和社会建设的价值;改革开放之后,尤其是进入 21 世纪以来,学生个体需求受到更多的关注。

对于新中国中等职业教育课程政策演变的划分,本书以中共十一届三中全会的

---

[1] 胡东芳.课程政策研究——对"课程共有"的理论探索[D].华东师范大学,2001.

召开作为节点,将中等职业教育的课程政策划分为改革开放之前和改革开放之后两个时期。改革开放之前的课程政策变化主要划分为三个阶段,即国民经济恢复和社会主义改造时期、社会主义全面建设时期、"文化大革命"时期。

一、国民经济恢复和社会主义改造时期的中等职业教育课程政策(1949—1956)

从 1949 年到 1956 年的 7 年中,我国先是彻底完成了民主革命未完成的任务,进行了各项新民主主义改革,恢复国民经济,后来的工作重点是在过渡时期总路线的指导下,基本完成了生产资料私有制的社会主义改造,完成了从新民主主义到社会主义的过渡。

中共七届二中全会制定了国民经济发展的战略方针,从政策上为经济的发展提供了保障。由推翻旧政权引起的,连同经济制度、政治制度在内的全局范围的根本性变迁,势必会引起中等职业教育课程政策的变化。经济是一切社会发展的基础,经济基础随着政权的更迭而发生本质的变化后,属于上层建筑组成部分的教育制度、课程体系肯定会发生相应的变化,新中国的成立,需要构建有别于旧政权的教育体制和课程体系。改变旧课程政策的半殖民地半封建属性,建立并完善社会主义课程政策体系的诉求就成为这一时期课程改革的主要动力。全国的教育政策随着政权的更迭也发生了重大变化,主要任务是制定新中国的教育政策,逐步将办学权力集中,建设富有新民主主义特色的教育体系,国民经济发展的第一个五年计划在 1953 年开始实施,中等职业教育根据经济发展需要有序展开。由于我国经历了长期的战争,民生凋敝,经济基础薄弱,工业发展水平低下,各行各业生产实践一线急需技能人才。面对我国经济社会发展对人才的需求,提出改造旧教育的方针和步骤,各级教育机构领会会议精神,以老解放区教育经验为基础,借助苏联经验,建设新民主主义教育。这一时期的中等职业教育课程政策主要如表 1-5 所示。

表 1-5　中等职业教育课程的相关政策列表(一)

1949 年 9 月 29 日	《中国人民政治协商会议共同纲领》(第四十六、四十七条)
1949 年 12 月 23 日	《马叙伦在第一次全国教育工作会议上的开幕词(节录)》
1950 年 2 月 20 日	《改革旧教育,建设新教育》

续表

1950 年 5 月 1 日	《当前教育建设的方针》
1950 年 8 月 1 日	《中华人民共和国教育部颁发中学暂行教学计划(草案)及中等学校暂行校历(草案)令》
1951 年 6 月 12 日	《积极整顿和发展中等技术教育》
1951 年 10 月 1 日	《关于改革学制的决定》
1952 年 3 月 31 日	《关于整顿和发展中等技术教育的指示》
1952 年 8 月 29 日	《中等技术学校暂行实施办法》
1953 年 7 月 31 日	《关于加强高等学校与中等技术学校学生生产实习工作的决定》
1954 年 4 月 25 日	《劳动部关于技工学校暂行办法(草案)》
1954 年 5 月 15 日	《高等学校与中等技术学校学生实习暂行规程》
1954 年 7 月 9 日	《中等专业学校章程》
1954 年 9 月 26 日	《关于改进中等专业教育的决定》
1955 年 9 月 15 日	《关于提高教学工作质量的决议》

数据来源：根据中国政府网站、报刊、相关法规汇编和各种历史文献等资料整理统计而成。

(一)中等职业教育课程政策的主要内容

1.建立了相应的课程管理体系

从新中国成立开始，我国就重视职业教育的发展，在 1949 年 9 月 29 日《中国人民政治协商会议共同纲领》中提出："要有计划有步骤地实行普及教育，加强中等教育和高等教育，注重技术教育。"而作为党和国家的领导人，毛泽东在第一次全国中等技术教育会议上指出，培养技术人员是我们国家的根本之途。在中央领导层对职业教育的高度重视下，对中等职业教育课程的管理权限也做了横向和纵向的划分。

从横向上看，厘清了中央和地方在课程改革中的权力，这点从 1952 年 3 月 31 日政务院颁布的《关于整顿和发展中等技术教育的指示》中就可以看出来："中等技术学校的教育方针、制度、普通课程教学计划、全国总的设置计划和招生计划以及其他有关教育原则方面的问题，应由中央人民政府教育部决定(军事系统的技术学校除外)，各地方人民政府的教育部门应根据中央人民政府教育部的决定，领导该地区的中等技术学校予以贯彻实施。"该文件厘清了中等技术学校课程改革的管辖权，确立了中央对课程改革的领导机制，在一定程度上反映了计划经济体制下教育权力的高度集中与统一。

从纵向上看,中央政府对中专和技校的管理部门进行了归类。1954年4月25日,由劳动部制定、中央财经委员会批转的《劳动部关于技工学校暂行办法(草案)》,对技工学校的管理权属进行了划分,要求"技工学校按产业管理部门分别设置,各产业管理部门应根据各部门对于技工的需要设立技工学校,并按照国家批准的技工培养计划,培养其所需工种的技工"。这一规定极大地促进了行业办学,冶金、机电、纺织、加工等行业纷纷开办了自己的技工学校,缓解了各行业发展对技能人才的需求。1954年9月26日,中央人民政府、政务院颁布了《关于改进中等专业教育的决定》,"要求各个省(市)的政府,应设置教育科室,负责相应的管理工作。中央各有关业务部门应由部长或一位副部长负责领导其所属中等专业学校的工作,教育部全面负责中等专业学校的管理工作"。这一规定有利于课程管理工作的执行和落实,也为中等职业教育最终取得与其他教育形式平等的管理权奠定了一定的基础。

2.合理调整了各科课程之间的关系

新中国成立初期,教育部针对职业教育课程推出了一系列的政策文件,各科课程的关系得到逐步调整与完善。1952年8月29日,教育部颁布了《中等技术学校暂行实施办法》,对课程进行了分类,即应当包括"普通课、技术课与实验、实习课程",对于普通课与专业课之间的关系也做了规定,即"普通课应有重点配合技术课的需要,同时也应照顾本课的科学系统性以及各课相互间的必要联系,并适当照顾学生进修的需要"。这一规定从学生的实际需求出发,既强调了专业技能课程的重要性,也保持了其他课程的独立性,在今天看来依然具有一定的积极意义。该规定还要求"中等技术学校的普通课授课时数占授课总时数(不包括校内教学实习和校外生产实习)的百分比一般应以不少于25%,不多于45%为原则",总体上保障了专业技能课授课时数占较大的比例,当然,在今天看来,这样的专业技能课时所占比例是远远不够的。在实践性教学方面,1954年5月发布的《高等学校与中等技术学校学生实习暂行规程》和1954年7月发布的《中等工业学校在教学实习工厂内进行教学实习的办法的通知》,对生产实习课程设置的目的、实践性教学的实施方式、生产实训场地的硬件标准、教学实习的课程计划等内容做了相应要求。这些规定和要求有利于迅速提高生产实训的水平,使得实践性教学具有更强的规范性。

在新中国成立以后,党和政府为了更好地突出社会主义的特色,对西方的中等职业教育形式进行了批判,全面学习苏联的职业教育课程模式。1954年9月26日,政务院颁布的《关于改进中等专业教育的决定》,就提倡学习苏联的先进经验。我国移植了苏联"三段式"课程教学模式,先讲授文化基础课,然后是专业理论课,最后再开展实践性教学,即教学实习、生产实习、毕业设计。同时还采用了苏联的专才教育模式,要求普通文化课方面有重点地配合技术课的需要,专业课程应密切结合业务部门的需要,教学大纲的内容必须完全与专业的业务范围相适应,在教学计划中包括足以决定该专业培养目标的重点课程。

加强师资队伍的建设。任何一项课程改革,如果没有任课教师的广泛参与,教师队伍的素质没有得到相应提高,课程改革政策执行的力度无疑会大打折扣,甚至使整个课程改革失败。从新中国成立开始,国家就一直关注教师队伍的建设,1954年由劳动部制定,中央财经委员会批转试行的《劳动部关于技工学校暂行办法(草案)》,对教师的任职标准提出了相应要求,即"技术理论教师,应由相当于中等技术学校毕业以上程度的技术人员担任;技术实习教师,应选拔具有高小以上文化程度及有一般技术理论常识的优秀技工担任"。在今天看来,这些对中职教师的任职要求似乎有些偏低,但在文盲率极高的历史条件下,这些要求不亚于今天对中等职业学校教师的要求。在1955年《关于提高教学工作质量的决议》中,对教师的工作职责提出了明确要求,即"教师应认真备课,切实做好学期授课计划和课时授课计划,以求正确地系统地授课。在教学过程中,教师必须注意理论教学与生产实习的密切结合,并采用各种方法,培养学生独立思考和将理论知识运用于实际工作的能力"。理论联系实际的教学理念,符合毛泽东的实用主义思想,对于中等职业教育的课程改革具有积极意义。

(二)中等职业教育课程政策实施效果

依据中等职业教育的课程政策,各职业学校纷纷对相应课程进行规划,吸收革命根据地的职业教育课程观,课程精简实用,教学方法采取启发式教学。革命根据地的职业教育适应战争需要、农村需要,重视针对性和实用性的课程设置理念,对新中国的职业教育课程设置带来很大的启发。

在新中国成立初期,政治制度和经济制度发生了全局性的变化,职业教育的课程和教学必须要按照无产阶级的意识形态来重构,一方面,要与国民党统治时期的意识形态决裂,另一方面在短时期内又难以形成具有新中国社会主义特色的中等职业教育课程教学体系。在这种情况下,学习苏联教育经验,课程设置实行专业化与单一化,大量翻译出版苏联教材,聘请苏联专家进行课程教学指导,就成为一种必然选择。学习苏联课程教学模式,极大程度上摆脱了旧政权意识形态在课程教学中的各种残余,对提高新政权对课程教学的控制能力,提高教育教学质量,打造具有社会主义特色的职业教育课程教学体系,具有十分积极的意义。通过这一时期的中等职业教育课程改革,我国职业教育的课程教学秩序得以恢复,中等职业教育的课程目标得以初步确定,课程结构和内容更加规范,逐渐形成了一套具有社会主义特色的中等职业教育课程教学体系,更加符合教育事业是为人民服务的要求。

当然,我们也要看到这一时期对苏联职业教育课程模式的全盘借鉴,也产生了一些消极影响,使我们在新中国成立到改革开放之后的很长一段时期,中等职业教育课程改革都受制于苏联的"三段式"课程模式,基础课、专业课和实践课之间的分离,致使学生的动手实践能力在短时期内难以得到提高,中等职业教育的学生毕业后还需要社会耗费大量的人力物力对其进行再培训。

二、社会主义全面建设时期的中等职业教育课程政策(1956—1966)

到了1956年,我国第一个五年计划继续进行,各项生产指标基本能顺利完成,对农业、手工业、资本主义工商业的社会主义改造即将提前完成。1956年4月25日,毛泽东发表了《论十大关系》的讲话,明确要求"既反对保守,又反对冒进,调动国内外一切积极因素,为社会主义事业服务"。该讲话是毛泽东对社会主义建设问题的阐释,它反思了苏联社会主义发展模式的弊端,总结了我国前一阶段的经验和教训,认为应当在实践中探索社会主义建设的道路,在发展中坚持一种平衡的理念。

全国各地把工作重心转移到全面建设社会主义上来,职业教育往往被认为是社会经济发展的"晴雨表",其课程教学自然体现了国家经济建设对职业教育的需求。到了1958年5月,中共八大二次会议在北京召开,会议认为国内矛盾仍然是无产阶级与资产阶级的矛盾,社会主义道路与资本主义道路的矛盾,要求多快好省地建设社会主义。这一时期通过大办农业中学,开展半工半读,初等与中等职业教育的办学规模得到迅速扩张,但又带来就业困难等一系列问题。从1961年开始,连续三年对办学规模进行调整,对招生人数和办学规模进行了缩减。从1964年开始,中等职业教育又迎来持续三年的发展,与1963年相比,1965年职业中学学生招生规模又呈增长态势。①

从国际关系上,从苏共二十大开始,中共和苏共两党之间在意识形态领域就不断出现严重冲突,导致两党结束了新中国初期的亲密关系。毛泽东相继发表了《关于正确处理人民内部矛盾的问题》等讲话,要求大家注意"斯大林模式"的弊端,提出鉴于苏联的教训经验,"要引以为戒,少走弯路,走自己的路,建设社会主义",逐渐开始探索摆脱对苏联模式的依赖,走一条更加符合中国特殊国情的社会主义道路。

从1956年中国共产党的第八次全国代表大会召开到1966年5月"文化大革命"的爆发,是中华人民共和国历史上非常重要的时期,在这一段时间里,国家在完成了对生产资料的社会主义改造后,标志着社会主义制度在中国已经建立起来了,党和国

---

① 刘英杰.中国教育大事典(1949—1990)[Z].杭州:浙江教育出版社,1993.

家也面临着社会主义政治、经济、文化和科技等方面的全新任务。在积极探索中国社会主义道路建设的过程中,既积累了许多非常有益的经验,也遭遇了严重的挫折。这是中国共产党领导的中国社会主义建设事业在探索中曲折发展的十年。[1] 如表1-6所示,这一时期的中等职业教育课程政策主要有:

表1-6　中等职业教育课程相关的政策列表(二)

时间	政策名称
1958年3月19日	《关于中等专业学校组织部分学生下放劳动以解决1956年招生过多问题的意见》
1958年3月20日	《勤俭办学、勤工俭学,为培养思想好、技术好、身体好的新工人而努力》
1958年4月4日	《关于高等学校和中等技术学校下放问题的意见》
1958年4月7日	《办教育一要普及二要提高》
1958年5月29日	《举办半工半读的工人学校》
1958年8月4日	《中国共产党中央委员会、国务院关于教育事业管理权力下放问题的规定》
1958年8月16日	《教育必须与生产劳动相结合》
1958年9月19日	《关于教育工作的指示》
1959年3月22日	《关于全日制学校的教学、劳动和生活安排的规定》
1959年4月6日	《关于技工学校工作中几个主要问题的意见》
1959年5月24日	《关于试验改革学制的规定》
1959年6月9日	《学校必须以教学为主》
1961年2月18日	《解决高等学校和中等专业学校理、工、农、医各科教材的具体分工办法》
1961年5月15日	《技工学校通则》《关于技工学校学生的学习、劳动、休息时间的暂行规定》
1963年6月5日	《关于制定全日制中等专业学校教学计划的规定(草案)》
1963年7月10日	《关于调整初级中学和加强农业、工业技术教育的初步意见(草稿)》
1964年4月2日	《关于技工学校综合管理工作由劳动部划归教育部的通知》
1964年4月15日	《关于举办职业学校若干问题的意见》

数据来源:根据中国政府网站、报刊、相关法规汇编和各种历史文献等资料整理统计而成。

(一)中等职业教育课程政策的主要内容

由于1956年的招生人数过多,学校的课程资源根本无法满足学生的需求,以至于不得不采取半工半读方式,以缓解学校课程教学资源紧缺的压力。1958年,中共中央、国务院发布《中国共产党中央委员会、国务院关于教育事业管理权力下放问题

---

[1] 刘国新.中华人民共和国史长编(第二卷)[M].天津:天津人民出版社,2010.

的规定》,要求"各个地方根据因地制宜、因校制宜的原则,可以对教育部和中央部门颁发的各级各类学校指导性教学计划、教学大纲和通用的教材、教科书,领导学校进行修订和补充,也可以自编教材和教科书"。这一规定下放了一定的课程改革权力,有利于全国各地根据当地经济社会发展的实际情况来进行中职课程改革。在当下中等职业教育地方课程和校本课程建设蔚然成风的情况下,回头看半个多世纪以前的中职课程改革政策,依然可以看出其中的积极意义。

当然,由于在当时已经出现了冒进的苗头,在批判"右倾保守"和"提前实现工业化"的方针激励下,一方面是短时间招生过多带来了课程教育资源无法满足学生需求的问题,另一方面解决这些问题的方法也是冒进而不科学的。正如时任教育部部长的杨秀峰所说,"去年有些学校耽误了一些课,今年就赶课,赶课结果是完成了教学计划,但学生并未学好。在课程内容上重复、累赘、陈腐、不必要的还不少,要研究解决"。然而由于受当时政治大环境的影响,中等职业教育课程改革的冒进思想不但没有得到遏制,反而越演越烈。到了 1958 年 5 月,中共八大二次会议通过了"鼓足干劲,力争上游,多快好省地建设社会主义"的总路线,全国各行各业都纷纷进行大跃进,中等职业教育领域也不例外。《中国共产党中央委员会、国务院关于教育事业管理权力下放问题的规定》提出"允许各地自编教材,教育部不颁发教学用书表,全国各地纷纷采取增、删、补的办法,对通用教科书进行修改"。而当时各地进行的本地课程和教材的开发,毫无科学合理性可言,没有经过严谨的论证和规划,主观随意性太强,以致中等职业教育课程改革陷入混乱状态,课程教学质量出现了严重的滑坡。

而这种糟糕情况也引起了中央领导的关注,邓小平同志在《办教育一要普及二要提高》讲话中指出:"任何时候都不要忽略职业中学的教学质量问题。职业中学如果只有现在这几门课,是不可能提高的。"从这段话中可以看出,邓小平同志对当时中等职业教育的教学质量是不满意的,但这种教学质量的滑坡与当时课程改革的冒进紧密相连,任何批判的措施都往往被视为对当时社会建设的反冒进言论,因此,邓小平同志的话并没有引起积极的关注。与此同时,毛泽东多次批判反冒进的言论,他说:"反冒进首先没有弄清九个指头与一个指头的关系,是攻其一点不及其余。"[1]由于对冒进主义的坚持,我国中等职业教育课程改革的混乱局面并没有得到好转。

中职课程改革权力下放以后,所造成的混乱是显性的,但这只是表面现象,在本质上来说,始终有一根隐性的线从根本上控制着课程改革权力的调配,那就是共产党对一切工作的核心领导权,从下面颁布的政策文件中就可以看出这一点。

---

[1] 王向清,李美华.毛泽东的"九个指头"和"一个指头"论[J].湘潭大学学报(哲学社会科学版),2009(6).

1958年9月19日中共中央、国务院《关于教育工作的指示》要求"制订学校教育计划，制定教学大纲的时候，应当采取党委领导之下教师与学生结合的方法。教授课程必须贯彻执行理论与实际联系的原则，应当在党委领导之下，尽可能采取聘请有实际经验的人（干部、模范工作者、劳动英雄、[土]专家）同专业教师共同授课的方法"。课程政策的本质其实就是关于课程控制权力分配的问题，尽管各地和各学校在短暂的时期内获得了一定的中职课程改革自主权，但是其课程改革都是在党的领导下进行的，所制定的课程和教材内容都要符合中国共产党意识形态的要求。

（二）中等职业教育课程政策实施效果

通过这段时期中等职业教育的课程改革，确立了中等职业教育为政治、经济和文化服务的宗旨，符合特定历史时期社会发展的理念，而"教育与生产相结合"的课程改革方针，生产实训课程的课时比例占总课时的一半以上，这在一定程度上弥补了借鉴苏联"三段式"课程模式带来的理论与实践相分裂的缺陷，使得课程内容和教学手段与现实的联系更加紧密，产生了一定的经济效益与社会效应。就这段时期而言，应该是中等职业教育课程体系快速形成时期，结合本国实际情况来规划职业教育课程，专业设置更加规范化，课程设置权限更加明晰。在教材建设方面，逐渐摆脱了对苏联课程教材的依赖，开始对教材进行统一规划，"仅全国中等专业学校340多个专业中，采用统一编写教材的专业就达300个，占88%"[①]。课程教材编写的权力下放到地方，使得各地政府与中等职业学校，可以根据自己的发展情况与实际需求来制定课程教材，各地的组织和个人分工合作，极大地激发了地方政府与学校参与中职课程教学改革的积极性与主动性。而半工半读教育制度的推广，提高了中职学生的生产实践操作技能，促进了中等职业教育的课程改革，极大减少了课程改革的经费投入，符合当时我国生产力水平低下、经费匮乏的客观情况。

在这一段时期，我国中等职业教育的课程改革取得显著成果，但同时也存在许多不足。由于过度地强调"教育与生产劳动相结合"，使得学生生产劳动的时间过多，影响到学校的正常教学秩序，亦对中职学生的身心健康造成了一定的消极影响。而中等职业教育课程改革权限的下放，造成了各地随意调整课程结构和教学计划，教材的编写没有经过科学合理的论证而匆忙上马，以致教材质量差，教材内容并不能很好反映当时的生产技术水平。而将"两种教育制度"的推广作为一项政治任务来抓，造成了部分地方为了政绩，不切实际地实施半工半读教育形式，打乱了正常的课程教学秩序，使得这样一项很有生命力的教育形式受到许多老百姓的诟病。

---

① 闻友信,杨金梅.职业教育史[M].海口:海南出版社,2000.

三、"文革"十年中等职业教育课程政策(1966—1976)

历史学界普遍认为,毛泽东发动"文化大革命"的原因主要有两个:一个是在当时的国际共产主义运动中出现了修正主义,给共产主义事业造成了严重挫折,在这个过程中,毛泽东发现,培养和选拔具有共产主义信念的接班人就显得异常重要,要防止中国出现修正主义与"和平演变",就得随时保持共产党的纯洁性;二是毛泽东认为在"文革"前夕,中共党内存在一大批持资产阶级执政理念的领导干部,在中央形成了资产阶级的当权派,在各级政府组织中都有其"代理人"。毛泽东认为,只有进行"文化大革命",通过自下而上、全面公开地发动群众运动,才能从资产阶级当权派手中将权力重新夺回来。[①] 毛泽东对国内外形式的判断和决策,集中体现在《中国共产党中央委员会通知》(简称《五一六通知》)中,该通知由中央政治局扩大会议1966年5月16日通过。《五一六通知》错误地估计国内外局势,认为无产阶级并没有掌握学术界、教育界、新闻界等文化领域的领导权,其领导权是掌握在一批反党反社会主义的资产阶级代表人物手里。《五一六通知》要求全党高举无产阶级文化革命的大旗,夺取在这些领域的领导权和控制权。同年8月1日至12日,中共八届十一中全会在北京召开,通过了《中国共产党中央委员会关于无产阶级文化大革命的决定》,该决定认为在我国的政权体系中存在着走资本主义道路的当权派,开展运动的目的就是要斗垮他们,持资产阶级立场和观点的学术权威是反动的,要批判具有资产阶级和剥削阶级特征的意识形态,对教育和文艺进行全面改革,清除一切不适应社会主义经济发展的上层建筑,便于更好地巩固和发展社会主义制度。

表1-7 中等职业教育课程相关的政策列表(三)

1966年5月16日	《中国共产党中央委员会通知》
1966年7月13日	《中小学招生、考试、放假、毕业等问题的通知》
1966年8月8日	《中国共产党中央委员会关于无产阶级文化大革命的决定》
1967年5月14日	《关于半工半读学校复课闹革命和毕业生分配问题的通知》
1967年7月18日	《打倒修正主义教育路线的总后台》
1967年12月7日	《毛主席论教育革命》
1968年7月21日	《从上海机床厂看培养工程技术人员的道路》
1970年7月17日	《关于教育革命的情况的报告》

---

① 方晓东,李玉非,毕诚,等.中华人民共和国教育史纲[M].海口:海南出版社,2002.

续表

1971年7月27日	《全国教育工作会议纪要》〔1971〕44号
1973年7月3日	《关于中等专业学校、技工学校办学中几个问题的意见》

数据来源:根据中国政府网站、报刊、相关法规汇编和各种历史文献等资料整理统计而成。

(一)中等职业教育课程政策主要内容

早在1939年7月,毛泽东在为中央军委写的《中共中央军委关于整理抗大问题的指示》中提到,"学校的一切工作都是为了转变学生的思想"。"文化大革命"时期,这句话被视为20世纪60年代至70年代所有大中小学的工作方针。"大鸣、大放、大字报、大辩论"是"文革"最初的表现形式,而到了后来逐渐发展为"大批判",这种极具迷惑性的"全民民主"形式,是造成"文革"十年思想和社会极度混乱的重要推手,而在教育领域的革命大批判,形成了"以阶级斗争为主课"的主旋律。[①] 任何专业的学生都把"阶级斗争"作为必修主课,这门主课不仅仅是在课堂学政治理论,更重要的是参加群众政治运动。

在"文化大革命"的过程中,各级学校一直非常突出生产实践课的地位,批判从苏联学来的三段式教学法是"关门打基础,脱离实际,从理论到理论,认为所有的理论都是由一大堆破烂书组成的空洞无用的大杂烩,是在构建资产阶级的烦琐哲学"。[②] 将"教学—课堂组织形式为主,以传授书本知识为主,以教师为主导的教学基本原则,视作脱离社会、脱离实际的'三中心'。主张以社会大课堂取代小课堂,以在实践中学本领取代学习书本知识"。[③] 应当要全面进行实践—实践—再实践,采取各种方式来开展生产实践课,如工厂、学校和人民公社共同联合,开办学习工业生产知识和学习农业生产知识的基地。[④] 过分强调教师的劳动生产实践经验,邀请工农兵讲师和其他的兼职教师上政治课、文化课,另外还请老工人、老贫农做政治报告和上实践课,有意削弱应当学习的基础文化课。当然,邀请其他领域的人来上课所占的课时不多,那些兼职教师讲述自己的亲身实践经历,也确实能给学生带来一定的启发,增强了课程教学的生动性与说服性,但是由于当时对课程教学政治性的极度强调,导致把数学、物理和化学等自然科学课程上成政治课的现象经常发生。

在"文化大革命"的十年间,由于不同的年份政治主题和口号有所不同,导致课程的设置与教材的编写也是混乱不堪。如将物理与数学课程进行大量的删减,然后纳入工业基础知识的课程体系中,而工业基础知识主要讲柴油机、拖拉机、电动机和水

[①] 方晓东,李玉非,毕诚,等.中华人民共和国教育史纲[M].海口:海南出版社,2002.
[②] 周全华."文化大革命"中的"教育革命"[M].广州:广东教育出版社,1999.
[③] 陈的非."文革"期间中、小学课程与教学改革研究[D].湖南师范大学硕士学位论文,2005.
[④] 中央教育科学研究所.中华人民共和国教育大事记(1949—1982)[M].北京:教育科学出版社,1984.

泵的原理构造与实际应用;将生物与化学的相关知识进行大量删减后,纳入农业基础知识课中,主要讲粮、棉、油、麻四大作物的栽培种植等知识;就文科而言,普遍将历史、政治等课程纳入毛泽东思想课程的范畴,将音乐和美术等课程纳入革命文艺课程的范畴,将体育课改为军事体育训练课,用军训来代替体育课程的内容。

(二)中等职业教育课程政策实施效果

我国的中等职业教育被卷入到了这场暴风骤雨的政治运动之中,遭受了毁灭性的打击,课程教学秩序陷入了一片混乱之中,新中国成立前期的中等职业教育成果,在短时间就毁于一旦。大批中职学校被停办和撤销,校舍被纷纷挪作他用,在校生人数和毕业生人数大幅减少,"教育革命"中形成单一的中等教育结构,普通中学极度膨胀,而职业学校纷纷停办。"在1965年底,全国高中段在校生273.1万人,其中普通高中在校生130.8万人,仅占47.9%;而中专54.7万人,技工学校10.1万人,农业高中、职业高中77.5万人,合计142.3万人,占52.1%。到了1976年,普通中学在校生为5836.6万人,其中高中段1483.6万人,而中专、技工、农中、职中等学校在校生与普通高中学生之比仅为1.16%。"①

而中等职业教师的减少数量更是惊人,在1966年,中等技术学校的任课教师有4.8万,到了1971年减少了一半之多。② 在全国各地停课闹革命的大背景下,中职学校普遍停课,学生不安心学习,课堂教学秩序混乱,校园管理陷入瘫痪,教师丧失了对学生进行管理教育的社会支持体系。在这样的教育大背景下,中等职业教育的相关理论知识根本没有办法通过正常渠道进行传授,大部分学生自然也无法掌握,由于学生连最基本的理论知识都没有掌握,就仓促进行生产实践,在生产实践中加强对理论知识的掌握自然就会流于形式。

当然,其中的一些理论对现在中等职业教育的发展也具有一定的积极意义,如"开门办学",即"请进来"和"走出去"。"请进来"是指聘请那些来自社会各生产领域,具有生产实践经验的各种社会人员,或者是政治觉悟高的人来授课,其中聘请那些专业技术人员进校授课的做法,对于今天中职学校聘请企业技术人员来学校上课,开展广泛的校企合作,具有一定的启发意义;而"走出去"主要是指学生深入社会生产一线进行社会实践,其实这也符合中等职业教育的办学理念,即理论与实践相结合,对于今天的中等职业教育课程改革仍然具有一定的借鉴意义。但如何保证科学的理论能够得到正确有效的贯彻执行,是过去、现在和将来都必须要面对和思考的问题。

---

① 《中国教育年鉴》编辑部.中国教育年鉴(1949—1981)[M].北京:中国大百科全书出版社,1984.
② 闻友信,杨金梅.职业教育史[M].海口:海南出版社,2000.

第三节 改革开放以后中等职业教育课程政策(1979年至今)

在1976至1985的10年时间里,整个中国的经济面临着既要恢复秩序,又要根据市场经济发展规律调整发展模式的双重任务。这个阶段既要对中等职业教育课程教学秩序进行整顿和恢复,又要根据社会主义经济体制的转轨,逐渐转变课程教学的理念和模式。在一个国家的政治经济步入正常轨道的时候,自然会重视教育的发展,而中等职业教育亦是其中受到重视的一部分。中共十一届三中全会以来,国家的发展重点转移到经济发展上来,不仅需要大批的科学家、高端技能人才,而且也需要大量接受过中等职业教育训练的一线技能人才,而在改革开放之后的很长一段时间里,我国的第一产业、第二产业依然占非常大的比重,所需生产一线技术人员很多,而我国的高等教育又无法满足经济发展对各种级别人才的需求,这时大力发展中等职业教育,对其课程与教学进行全面改革与提升的重要性就显示出来了。改革开放之后的中等职业教育课程政策变迁可分为恢复与重建阶段、深入发展阶段、世纪之交的调整与变革阶段、新世纪的全面发展阶段。

一、恢复与重建阶段的中等职业教育课程政策(1976—1985)

由于受到"文化大革命"的影响,中等教育结构在"文革"中发生了巨大变化,高中阶段的普通教育比例过高,而职业教育的比例过低。由于当时的高考录取率非常低,大部分普通高中毕业生既不能升入大学,又没有掌握一定的技能,造成当时各行各业急需的技能人才极度匮乏,而普通高中毕业生又严重冗余。对中等教育结构的改革势在必行,在扩大中等职业教育比例的过程中,对中等职业教育课程的改革是其中的一个重要方面,通过这段时期颁布的课程改革政策,可以清晰地看出这段时期中等职业教育课程改革的轨迹(见表1-8)。

表1-8 中等职业教育课程相关的政策列表(四)

1978年2月15日	《关于高等学校教材编审出版工作若干问题的暂行规定》
1978年4月22日	《邓小平在全国教育工作会议上的讲话》
1978年11月11日	《关于改革部分中等专业学校领导体制的报告》

续表

1979年6月8日	《全日制中等专业学校工作条例》(征求意见稿)
1979年8月13日	《关于中等专业学校工科专业二年制教学计划安排的几点意见》
1980年10月7日	《关于中等教育结构改革的报告》
1980年11月5日	《关于确定和办好全国重点中等专业学校的意见》
1981年6月27日	《关于制定中等专业学校普通课及技术基础课教学大纲的几项原则》
1983年5月6日	《中共中央、国务院关于加强和改革农村学校教育若干问题的通知》
1983年5月9日	《关于改革城市中等教育结构、发展职业技术教育的意见》
1983年5月11日	《关于编报1983—1985年培养职业学校专业课师资计划的通知》
1984年1月18日	《中专、中师、政治理论课课程设置方案》(试行方案)
1984年9月22日	《改进和加强中专、中师政治理论课的意见》
1985年5月27日	《中共中央关于教育体制改革的决定》
1985年8月1日	《关于改革学校思想品德和政治理论课教学的通知》

数据来源:根据中国政府网站、报刊、相关法规汇编和各种历史文献等资料整理统计而成。

(一)中等职业教育课程政策主要内容

1978年4月,全国教育工作会议在北京召开,邓小平同志要求中等教育应当适应国民经济的发展,要求扩大中等专业学校、中等技术学校的比例,为恢复我国中等职业教育的发展做了准备。1980年10月,《关于中等教育结构改革的报告》出炉,该报告指出我国中等教育的结构过于单一,中等职业教育与社会经济的发展相脱节,要求改革高中阶段的教育结构。

1.积极调整课程结构

1979年6月8日,教育部发布了《全日制中等专业学校工作条例》(征求意见稿),规定为了保证教学质量,平均每学年的理论教学时间不少于七个月,工科、农科、医科各专业的实习时间不少于一个半月,学工、学农、学军时间每年半个月,根据不同专业有不同侧重。这一规定实际上是对"文化大革命"中理论课教学几乎被取消的一种调整,加大了理论课的比重,减少了生产实践教学的比重。随着社会主义经济的发展,公共基础理论课与职业技术课的比重也发生了不同的变化,1983年5月6日《中共中央、国务院关于加强和改革农村学校教育若干问题的通知》,要求农业高中和各类职业学校,办学应当不拘一格,职业技术课的比重不少于30%,也可以更大一些。这一规定充分考虑到了农村经济发展的实际情况,有力地满足了农村经济发展对职业教育的需求。

2.全面组织教材编写

在中等职业教育课程改革的过程中,教材的编写和出版是其中的一个重要环节,教材编写质量的高低,直接影响到中等职业教育课程改革的质量,因此党和政府高度重视教材的编写。1978年2月15日,国务院批转教育部的《关于高等学校教材编审出版工作的请示报告》和《关于高等学校教材编审出版工作若干问题的暂行规定》,提出"高等学校教材编审出版的规定原则上也适用于中等专业学校的教材编审出版工作"。1977年,除根据需要组织重版或修订再版约15种中专普通课、技术基础课教材外,同时委托有关部委新编教材。

表1-9 相关部委新编教材列表

教材名称	《工程力学》	《制图》	《金属工艺》	《机械设计基础》	《公差配合与技术测量》	《电工基础》	《金属学及热处理》
适用专业	矿冶专业用	适用矿冶地质、化工工艺专业	化工机械专业用	适用矿冶专业、土建专业2种	机械专业用	适用于电力类以及工企、电机制造专业2种	热加工专业用

教材名称	《电工学》	《工业电子学》	《电子技术基础》	《化工机械基础》	《机构与机械零件》	《机械制造基础》	
适用专业	适用化工、矿冶地质专业2种	机械专业用	工企自动化专业用	化工工艺专业用	机械专业用	机械专业用	

(备注:上述教材从1978年秋开始陆续发行)

据统计,国务院有关部委继1979年出版247种教材之后,1980年新出版了195种,再版了120种。人民教育出版社1980年出版了新编中专普通课和工科基础课教材16种,教学参考书5种。通过教材的积极编写和出版,逐步扭转了"文革"十年中职教材编写的混乱局面,教材的条理更加清晰,学科性更强,有利于中等职业教育学科的健康发展。

(二)中等职业教育课程政策实施效果

1976年至1985年,是新中国成立以来中等职业教育课程改革与发展最为特殊的几年,既要恢复中等职业教育的课程教学秩序,又要积极进行课程改革,以适应社会主义经济体制由计划经济向市场经济的变化。通过这几年的恢复与调整,我国中等职业教育课程体系得以重新建立,教学秩序步入正常轨道,及时编写出了相关的公共基础教材与专业教材,满足了中等职业教育教学的需求。"文革"时期近乎溃散的师资队伍得到了重建,相应的教师资格认证体系得到了初步确立,进入中职教师队伍的人员水平不断提高,增强了课程实施的有效性。作为课程实施的对象,学生的基础知识理论水平逐渐提高,尤其是中等专业学校和中等技术学校的学生,在初中阶段往往是成绩拔尖者,当然,这些优秀的学生愿意接受中等职业教育,很大程度上是受到了当时就业分配政策的诱导,但至少这些基础理论水平较好的学生的加入,有利于中等职业教育的课程实施的顺畅性和有效性。

在借鉴国外职业教育办学模式方面亦进行了一定的尝试,1983年创建的南京市城建中等专业学校和1985年创建的上海电子工业学校,都借鉴了德国的双元制,中国与德国双方在课程设置、师资配备等方面进行了广泛的合作,取得了一定的成果,积累了一定的合作经验,标志着我国中等职业教育课程建设朝对外开放迈出了一大步。

二、课程改革深入发展阶段的中等职业教育课程政策(1986—1995)

进入 20 世纪 80 年代中期以后,我国的经济体制由计划经济向市场经济进一步转轨。其中,1986 年至 1990 年是我国社会主义现代化建设的第七个五年计划时期,是我国经济发展战略和经济体制进一步由旧模式向新模式转换的关键时期。在这一时期,我国的经济、文化和科技等方面得到了全面发展。1992 年,中国共产党明确提出了"社会主义市场经济体制"概念,正式将其确定为我国经济体制改革的目标。在经济发展过程中,全国各地的基层生产一线对中级技能人才的需求日益迫切,而职业教育与经济发展的联系最为密切。产业结构的合理与否,直接影响到经济发展的健康程度,改革开放后迅速发展的第三产业也急需大量中级技能人才。中央领导层去西方发达国家访问,发现职业教育对经济发展可以做出重要贡献,对比国内外职业教育发展的现状后,也意识到大力发展职业教育对国家经济建设的重要意义。改革开放以后的第一次全国职业教育工作会议于 1986 年在北京召开,国家多部委联合出席,这次会议对加快职业教育的发展形成了统一认识(见表 1-10)。

表 1-10　中等职业教育课程相关的政策列表(五)

1986 年 1 月 28 日	《关于成立全国 1 专业学校 12 门学科课程组的通知》
1986 年 4 月 12 日	《关于制定和修订全日制普通中等专业学校(四年制)教学计划的意见(试行)》

续表

1986年6月5日	《关于制订职业高级中学(三年制)教学计划的意见》
1986年7月2日	《全国职业教育工作会议决议》
1985年8月1日	《中共中央关于改革学校思想品德和政治理论课程教学的通知》
1986年10月18日	《普通中等专业学校设置暂行办法》
1986年11月11日	《技工学校工作条例》
1989年5月10日	《关于技工学校深化改革的意见》
1990年12月31日	《关于制订职业高级中学(三年制)教学计划的意见》
1991年1月11日	《关于开展普通中等专业学校教育评估工作的通知》
1991年10月17日	《国务院关于大力发展职业技术教育的决定》
1992年3月6日	《劳动部贯彻〈国务院关于大力发展职业技术教育的决定〉的通知》
1992年9月4日	《国家教委关于职业高中执行〈全日制中学思想政治课教学大纲(试用稿)〉的意见》
1993年5月13日	《关于职业技术教育教材规划工作的意见》《关于建立两级职业技术教育教材审定组织的意见》
1993年10月9日	《国家教委关于中等职业技术学校政治课课程设置的意见》
1994年2月14日	《全国普通中等专业学校(不含中师)体育课程教学指导纲要》
1994年7月3日	《国务院关于〈中国教育改革和发展纲要〉的实施意见》
1994年8月31日	《中共中央关于进一步加强和改进学校德育工作的若干意见》
1995年1月26日	《中外合作办学暂行规定》
1995年5月17日	《关于普通中等专业教育(不含中师)改革与发展的意见》

数据来源：根据中国政府网站、报刊、相关法规汇编和各种历史文献等资料整理统计而成。

(一)中等职业教育课程政策主要内容

1.优化课程目标

优化课程目标更强调中职学生发展的全面性和综合性，既要有良好的道德品质和身体素质，又要有过硬的专业技能，这样的课程目标，顺应了社会经济发展对人才的要求。1986年4月21日，国家教委发布了《关于制定和修订全日制普通中等专业学校(四年制)教学计划的意见(试行)》，要求培养德、智、体、美全面发展，牢固掌握必需的文化科学基础知识和专业知识，有较强实践能力的中等专门人才。1986年6月5日，国家教委发布了《关于制订职业高级中学(三年制)教学计划的意见》，课程实施的目标是培养有理想、有道德、有文化、有纪律、热爱社会主义祖国和社会主义事业，具有为国家富强和人民富裕而艰苦奋斗的献身精神,具有实事求是、独立思考、勇于创造的科学精神,具有能直接从事某一职业(工种)的技术理论、专业知识和操作技能的人才。1986年11月11日,劳动人事部和国家教委联合发布《技工学校工作条例》,规定中等职业教育课程的目标是培养学生爱祖国、爱人民、爱劳动、爱科学、爱社会主义,讲文明、懂礼貌、守纪律,有良好的职业道德,有为国家富强和人民富裕而艰苦奋斗的献身精神。

2.调整各类课程之间的比例关系

强调课程的设置要为专业技能服务,对各类课程的比例进行了明确的划分。1986年4月,国家教委发布了《关于制定和修订全日制普通中等专业学校(四年制)教学计划的意见(试行)》,规定普通课、基础课、专业课三类课程的比重,工科专业一般可参照45∶35∶20的比例来安排。同年6月,国家教委《关于制订职业高级中学(三年制)教学计划的意见》规定,政治课、文化课与专业课、实习的课时比例,工科类一般为4∶6,文科类一般为5∶5。1990年12月,《关于制订职业高级中学(三年制)教学计划的意见》规定,政治课和文化课、专业课、实习的课时比例,工农医类一般为3∶3∶4,文科类一般为4∶3∶3,某些要求技能较强的专业、工种一般为2.5∶2.5∶5。根据专业、工种性质和培养目标的不同,具体比例可适当灵活调整。通过以上政策可以看出,在普通课与专业技能课的设置过程中,更加突出专业技能课的重要地位,而且也给予了各学校一定的课程自主权,可以根据自己的实际情况,做适当的调整。这能为学生学习专业技能知识提供更多的课时保障,有利于促进中职学校课程改革朝纵深发展,在深层次上反映出我国社会主义改革开放的进一步深入发展对中等职业教育课程提出了更高的要求。

3.加强对教材编写的组织管理

教材的审定是任何一个国家都非常重视的工作,因为这涉及统治阶级的政治意识形态能否在教科书里得到有效贯彻,涉及广大年轻人对本国政治意识形态的认同与支持,也有利于促进教材的规范化和有序化建设。1993年5月,国家教委发布了《关于建立两级职业技术教育教材审定组织的意见》,中央一级的教材审定委员会的主要职责是审定国家教委规划的教材,审定各地、各部门组织编写并拟向全国范围发行的教材;各省、自治区、直辖市教育行政部门所建立的职业技术教育教材审定委员会的主要职责是在各省教育行政部门领导下,负责审定在全省范围内出版发行的职业技术教育教材,审查和评价本地职教教材质量,提出向全国推荐的书目和送审意见。该规定明确了各级政府组织对教材的审查职责和义务,有利于各层次教材的规范化建设,也为统治阶级意识形态对教材的渗透开辟了良好的途径。而《关于职业技术教育教材规划工作的意见》等文件的通知,要求中专教材要重点抓好教材质量的提高,努力编印出少部分教改实验性教材;根据需要与可能,编印大量的职业技术培训教材(含高级讲义)和适合各地需要的乡土教材,有计划地组织翻译适量的国外同类教材。规划内的教材要经过相应教材审定组织审查后,方可出版。该规定一方面给予各级组织一定的教材编写权,调动各地进行中职课程改革的积极性与创造性,另一方面又对教材编写的自主权进行了限定,即规划内的教材要经过教材审查后才能出版。这使得教材的编写有一个宏观性的主导和方向,能根据社会经济发展的时代主题及时对教材内容进行编写,避免出现教材编写与审批的混乱状态。

4.提升专业课师资力量

1986年《技工学校工作条例》要求技工学校教师努力提高自己的思想道德素质和业务素质,做到为人师表,关心和爱护学生,认真钻研教学业务,改进教学方法,提高教学质量,完成教育、教学任务。1991年《国务院关于大力发展职业技术教育的决定》,要求多渠道地解决职业技术教育的师资,特别是技能教师的来源问题。1992年劳动部印发了《国家重点技工学校标准》,要求积极调整教师队伍结构,具有大专学历或中级职称以上者应当占教师总数的90%;其中70%的技术理论课教师,应当掌握本专业某一工种初级工操作技能;实习指导教师中,高级、一级实习指导教师、技师应达到60%以上,而所有的实习指导教师都应具有技工学校及以上学历、操作技能达到中级工及以上水平。1993年《劳动部关于深化技工学校教育改革的决定》要求加强教师队伍建设,实行技工学校教师资格证书制度和考核制度。1995年《关于普通中等专业教育(不含中师)改革与发展的意见》允许符合条件的专业教师评定教师职称的同时,评定其他专业技术职称,要逐步下放教师任职资格评审权,选聘有实践经验和必要的文化、专业知识的技术、管理人员到校任教,做到专兼结合。通过以上的政策可以看出,中职教师队伍的结构和素质越来越受到重视,对学历和职称都做了相应的规定,完善了教师培训的规章制度,使中等职业教育师资培训有章可循,这有利于教师队伍培训的系统化和规范化。

(二)中等职业教育课程政策实施效果

这一时期是我国中等职业教育取得长足发展的时期,在课程改革方面亦取得了一定的成果。教师作为课程实施的主体,其重要性更加受到政府的关注。在上海、天津、浙江等地创建了专门培养职业教育师资的院校,同时给普通院校也下发了一定的职业教育师资培养任务,中等职业教育师资水平的提高进一步提高了教学质量水平。国家连续发布了多项政策,要求加强职业教育的教材建设,其中也包括了中等职业教育教材,在各级政府中还成立了专门的教材委员会,这些措施使得我国中职教材质量得到了显著提高,有力地配合了中等职业教育的课程建设。

这一时期,国际劳工组织的 MES 模式和加拿大的 CBE 模式亦被引入我国,劳动部将 MES 模式在全国多个地方进行了实验与推广,为我国中等职业教育技术课程的建设提供了新的尝试。而我国在部分地区推广的 CBE 模式,使得"能力本位"的职业教育理念更加深入人心,通过职业分析的方法,构建了更适应职业技术变化的职业教育模式,对我国中等职业教育课程结构的不断优化产生了积极的作用。[1]

三、世纪之交中等职业教育课程政策的调整与变革(1996—2002)

从 1996 年至 2002 年的这段时期,是中国改革开放和现代化建设进入新阶段的重要时期,之所以称这个时期为新阶段,是因为这一时期的社会发展具有与其他时期所不同的特征。有新的理论指导,即邓小平理论和"三个代表"重要思想;开展了以建立社会主义市场经济为目标的经济体制改革,国民经济总量稳步上升,产业结构得到了升级,积极对区域发展战略做出了调整,科技教育事业总体上得到了发展。[2]

当然,在这一段时期,尤其是进入 20 世纪 90 年代中期以后,我国中等职业教育的发展陷入了低谷。在 1998 年,我国中等职业教育学校的招生人数,出现了自改革开放以来的首次负增长,这种下滑的趋势一直持续到 2000 年。与 1999 年相比,2000 年的中等专业学校招生人数减少了 316 万,职业高中的招生人数减少了 662 万,技工学校的招生人数减少了 306 万。对于中等职业学校而言,没有了生源的保障,中等职业教育的发展就成了无本之木、无源之水。在这一时期,中等职业教育占高中阶段的教育比例由"1998 年创纪录的 58% 下滑至 2002 年 38%,降低了 20 个百分点"[3]。改革开放以来中职教育 20 年的教育规模,在短短 4 年里就出现了如此巨大的落差,从波峰直接跌到波谷。在中等职业教育发展陷入低谷的时期,教师结构不合理的弊端也显示出来了,教师结构的不合理直接限制了中等职业教育课程改革质量,成为中等职业教育课程改革与发展的重要阻力。1997 年 9 月《关于加强中等职业学校教师队伍建设的意见》中,指出了我国中等职业教育发展过程中师资队伍存在的问题,即专业课和实习指导教师数量不足。特别是职业高中,专业课教师仅占专任教师总数的 45.5%,实习指导教师占 2.6%,现有教师的学历达标率较低,特别是职业高中和技工学校。中职发展遇到的困境,一方面与国家就业政策的调整有关,另一方面也与中等

---

[1] 黄尧.职业教育学——原理与应用[M].北京:高等教育出版社,2009.
[2] 刘国新.中华人民共和国史长编(第二卷)[M].天津:天津人民出版社,2010.
[3] 姜大源.当代世界职业教育发展趋势研究[M].北京:电子工业出版社,2012.

职业教育自身的发展有关,如中等职业教育课程不合理,教学内容和教学方式滞后于市场经济的发展需求等。

这一时期的中等职业教育课程政策(见表 1-11),既有对课程设置的调整,对师资的要求,又有对职业教育布局的规划。从发布的政策文件看来,国家对中等职业教育发展所面临的困境也在做出积极的回应,采取了多种措施促进中等职业教育与社会经济发展的同步,中等职业教育课程教学在曲折中前进,得到了一定的发展。

表 1-11　中等职业教育课程相关的政策列表(六)

1996 年 2 月 6 日	《国家教委关于中等职业学校财经、政法类专业政治课课程设置的意见》
1996 年 4 月 29 日	《关于进一步办好农村中等职业学校农业类专业的意见》
1996 年 9 月 1 日	《中华人民共和国职业教育法》
1996 年 11 月 25 日	《技工学校"九五"时期改革与发展实施计划》
1997 年 6 月 9 日	《关于加强和改进职业学校德育工作的意见》
1997 年 9 月 24 日	《关于加强中等职业学校教师队伍建设的意见》
1998 年 2 月 16 日	《面向二十一世纪深化职业教育教学改革的原则意见》
1998 年 3 月 16 日	《关于实施〈职业教育法〉加快发展职业教育的若干意见》
1999 年 1 月 13 日	《面向 21 世纪教育振兴行动计划》
1999 年 6 月 13 日	《关于深化教育改革全面推进素质教育的决定》
1999 年 7 月 27 日	《教育部关于成立全国中等职业教育教学指导委员会的通知》
1999 年 9 月 9 日	《关于调整中等职业学校布局结构的意见》
2000 年 3 月 21 日	《关于全面推进素质教育、深化中等职业教育教学改革的意见》
2000 年 3 月 21 日	《关于制定中等职业学校教学计划的原则意见》
2001 年 7 月 26 日	《全国教育事业第十个五年计划》
2001 年 8 月 17 日	《教育部办公厅关于在职业学校进行学分制试点工作的意见》
2001 年 11 月 21 日	《关于"十五"期间加强中职学校教师队伍建设的意见》
2002 年 8 月 24 日	《国务院关于大力推进职业教育改革与发展的决定》

数据来源:根据中国政府网站、报刊、相关法规汇编和各种历史文献等资料整理统计而成。

(一)中等职业教育课程政策主要内容

积极完善职业教育法律体系。1996 年是我国职业教育发展史上具有重大意义的一年,在这一年的 9 月 1 日,我国的第一部职业教育法律——《中华人民共和国职业教育法》颁布,为我国职业教育的发展迈入法制化轨道打下了坚实的基础,而也恰好是从这一年起,我国中等职业教育进入了短暂的停滞时期。伴随就业分配政策的调整,中等职业学校的学生毕业后直接进入人才市场,国家对中等职业教育课程的课程目标,也随之发生了相应变化。

1998年2月,国家教委发布了《面向二十一世纪深化职业教育教学改革的原则意见》。在2000年3月,教育部又印发了《关于全面推进素质教育、深化中等职业教育教学改革的意见》的通知。这两份与课程改革有关的政策文件,对促进中等职业教育的发展提出了积极的举措:一是要求建立与21世纪经济社会发展相适应的人才培养目标,即中等职业教育应当培养与社会主义现代化建设要求相适应,德智体美等全面发展,具有综合职业能力,在生产、服务、技术和管理第一线工作的高素质劳动者和中初级专门人才;二是调动各方参与课程改革和教材编写的积极性,要求课程改革和教材建设必须调动和充分发挥中央和地方、行业和企业以及学校各方面的积极性,即国家教育主管部门要研究制定课程改革和教材建设规划,各地方和各部门、行业应根据专业建设分工,组织专家,下大力气做好相应的课程改革和教材建设工作;三是要深化中等职业教育课程改革,积极开展现代课程模式,特别是适应于学分制的模块式课程和综合化课程的探索和实验,把知识传授和能力培养紧密结合起来,增强课程的灵活性、适应性和实践性,构建适应经济建设、社会进步和个人发展需要的课程体系;四是要求地方政府和行业部门在培养培训中等及中等以下职业学校教师的过程中承担起主要职责。

(二)中等职业教育课程政策实施效果

这一时期的中等职业教育发展尽管面临了诸多困难,但是依然取得了一定的成就。在我国职业教育法颁布以后,中等职业教育的发展迈入了法治轨道,课程改革更加有章可循。中等专业学校的人才培养目标更加务实,转化为基层生产一线培养初级和中级技能人才,在课程改革过程中更加强调企业、行业协会和其他社会力量的共同参与,使得课程改革获得了更多的社会支持。在课程改革过程中,国家采取多种措施促进中职教师队伍建设,积极调整教师结构比例,教师结构不合理的现象得到了一定的改善。一些地方的中职学校课程设置突破了传统三段式的课程模式,确立了以能力为中心的培养目标,通过模块式构建新的课程结构,既夯实了学生的基础理论知识,又强化了学生的实践操作能力,从硬件和软件上保证了实践性教学的有效开展。

四、全面发展时期的中等职业教育课程政策(2003—2013)

进入新世纪以后,我国中等职业教育面临新的发展机遇与挑战。社会主义市场经济向纵深方向进一步发展,市场经济的资源配置作用对中等职业学校的招生与就业产生了深远影响,市场经济对职业技能人才的需求和标准直接体现在中等职业教育课程的培养目标之中。市场经济的深入发展,一定程度上导致了社会各阶层的分化,大量的农村劳动力需要向城市进行转移,掌握一技之长是他们有效融入城市的一个重要条件。而在"十一五"期间,我国的适龄就业人口进入高峰期,工作岗位的职业技能需求与劳动者素质之间形成了较大冲突,迫切需要大力发展职业教育。在这一时期,我国中等职业教育课程改革主要受到三种理念的影响:以职业能力培养为核心开发课程;按工作过程逻辑构筑专业课程;基于多重整合进行课程开发(见表1-12)。①

表1-12 中等职业教育课程相关政策列表(七)

2003年12月18日	《教育部办公厅关于进一步加强中等职业学校实习管理工作的通知》
2004年3月24日	《关于制定〈2004—2007年职业教育教材开发编写计划〉的通知》
2004年4月30日	《教育部 财政部关于推进职业教育若干工作的意见》
2004年9月14日	《关于进一步加强职业教育工作的若干意见》
2004年10月25日	《教育部关于印发〈中等职业学校德育大纲〉的通知》
2005年2月28日	《教育部关于加快发展中等职业教育的意见》
2005年10月28日	《教育部关于大力发展职业教育的决定》
2006年12月22日	《教育部关于进一步加强对中等职业教育教材管理工作的通知》
2006年12月26日	《教育部 财政部关于实施中等职业学校教师素质提高计划的意见》
2008年12月9日	《教育部关于印发中等职业学校德育课课程教学大纲的通知》
2008年12月13日	《教育部关于进一步深化中等职业教育教学改革的若干意见》
2008年12月10日	《教育部关于中等职业学校德育课课程设置与教学安排的意见》
2009年1月6日	《教育部关于制定中等职业学校教学计划的原则意见》
2009年1月6日	《教育部关于印发新修订的中等职业学校语文等七门公共基础课程教学大纲的通知》
2009年5月4日	《教育部关于印发中等职业学校机械制图等9门大类专业基础课程教学大纲的通知》
2010年1月28日	《教育部关于成立全国中等职业教育教学改革创新指导委员会的通知》
2010年3月10日	《教育部办公厅关于应对企业技工荒进一步做好中等职业学校学生实习工作的通知》
2010年6月6日	《国家中长期人才发展规划纲要(2010—2020年)》
2010年6月17日	《教育部、人力资源和社会保障部、财政部关于实施国家中等职业教育改革发展示范学校建设计划的意见》
2010年7月29日	《国家中长期教育改革和发展规划纲要(2010—2020年)》

---

① 方展画,刘辉,傅雪凌.知识与技能——中国职业教育60年[M].杭州:浙江大学出版社,2009.

续表

2010年11月27日	《中等职业教育改革创新行动计划(2010—2012年)》
2011年9月14日	《关于组织开展中等职业教育改革创新示范教材遴选活动的通知》
2011年6月23日	《教育部关于充分发挥行业指导作用 推进职业教育改革发展的意见》
2011年8月9日	《教育部办公厅关于在部分有条件的中等职业学校做好综合课程教育试验工作的意见》
2012年5月25日	《教育部办公厅关于做好行业职业教育教学指导委员会重组工作的通知》
2012年12月7日	《教育部办公厅关于制订中等职业学校专业教学标准的意见》
2012年12月26日	《教育部关于调整和增设全国行业职业教育教学指导委员会的通知》
2013年3月21日	《教育部办公厅关于印发〈中等职业学校公共艺术课程教学大纲〉的通知》

数据来源：根据中国政府网站、报刊、相关法规汇编和各种历史文献等资料整理统计而成。

(一)中等职业教育课程政策主要内容

2002年7月，国务院在北京主持召开了第四次全国职业教育工作会议，会议的主要任务是总结近年来职业教育的经验和教训，分析职业教育面临的形式，进一步确立了职业教育的战略地位，研究制定推动职业教育改革发展的政策措施，努力开创职业教育工作的新局面。与前三次职业教育会议不同，这是首次以国务院名义召开的专门研究和部署职教工作的会议，以规格高、规模大和推动力强受到了社会的高度关注。[①]

1.提出更科学合理的课程设置理念

2008年12月《教育部关于进一步深化中等职业教育教学改革的若干意见》，要求教学从学科本位向能力本位转变，以培养学生的职业能力为导向，促进课程内容综合化、模块化，课程内容要紧密联系生产劳动实际和社会实践，突出应用性和实践性。2009年1月《教育部关于制定中等职业学校教学计划的原则意见》，要求按照相应职业岗位(群)的能力要求，采用基础平台加专门化方向的课程结构，设置专业技能课程。课程内容要紧密联系生产劳动实际和社会实践，突出应用性和实践性，并注意与相关职业资格考核要求相结合。进入新世纪，中职课改更强调以职业能力为核心进行课程开发，按照生产实践中具体工作过程的逻辑构建相应的课程结构，越来越多的人提倡在一种多元的理论视角下进行中职课程改革。

2.加强教师队伍的多元化建设

全面提高学校在职在岗教师的职业能力素质，鼓励教学一线教师进一步深造。

---

① 《职业技术教育》编辑部.总理职教——第四次全国职业教育工作会议实录[J].职业技术教育,2002(21).

2002年《国务院关于大力推进职业教育改革与发展的决定》，要求鼓励职业学校教师在职攻读相关专业学位、提高学历层次。拟订计划，将职业学校的教师派遣到企事业单位进行专业实践和考察，提高教师的专业水平。对那些有专业技能特长的企事业单位工程技术人员、管理人员和有特殊技能的人员，努力将他们吸纳到职业学校教师队伍中来，为他们到职业学校担任专、兼职教师创造有利条件，提高具有相关专业技术职务资格教师的比例。扩大教师来源的渠道，采取多种措施吸引更多的专业人员进入职业教育师资队伍中，全面促进"双师型"教师队伍的建设。为了弥补实习指导教师的不足和提高其职业技能素质，2004年颁布了《教育部 财政部关于推进职业教育若干工作的意见》，要求各个职业学校面向全社会公开招聘熟练掌握专业技能的人才，聘用的方式要灵活多样，实行固定岗位与流动岗位相结合、专职与兼职相结合的设岗和用人办法。对于到职业院校担任教师的专业技术人员、高级工和技师可按照相关专业技术职务条例的要求评聘教师职务，实行聘任制度和合同管理，享受合同规定的相关待遇。2006年12月《教育部 财政部关于实施中等职业学校教师素质提高计划的意见》，要求把计划的实施与建立职教师资队伍建设的长效机制结合起来，与建立教师到企业实践制度结合起来，把参加培训作为专业教师申报省学科带头人、骨干教师的必备条件。通过实施教师素质提高计划，不断探索有效的教师培养培训模式，特别是"双师型"教师培养培训模式，努力造就一批适应职业教育事业发展需要的专业教师队伍。

从2003年至今，可以看出我国中等职业教育的课程建设越来越重视内涵式发展，无论是课程结构的调整还是在教师队伍的建设上，都更加重视发展的科学性与合理性。

(二)中等职业教育课程政策实施效果

在党和政府的高度重视下，我国中等职业教育深化了课程改革，进一步完善了课程教学管理制度，在校企合作办学方面取得了长足进步。从改革开放之初到20世纪90年代末，我国在不同地区引进并实施了双元制、MES模式、CBE模式等人才培养模式，这一时期中等职业教育的课程改革更多的是一种借鉴与融合。而到了21世纪，我国中等职业教育课程改革更多地呈现出了一种自主性与创新性，根据各地不同中职学校课程实施的实际情况，有选择地结合国外职业教育的发展经验，有序地进行了一定改革，"形成了具有一定中国特色的职业教育课程话语体系"[1]。作为课程实施的主体，中等职业教育的师资建设亦取得了长足的发展，全面推进了"双师型"教师队伍建设，教师去企业进行实践学习的渠道进一步畅通，深化了职业教育课程改革的内涵。

---

[1] 方展画,刘辉,傅雪凌.知识与技能——中国职业教育60年[M].杭州:浙江大学出版社,2009.

第四节　新中国中等职业教育课程政策的历史评析

一、课程政策环境由封闭性向开放性转变

新中国成立以后,由于受到资本主义国际阵营的联合孤立,加上我们自身实行的封闭政策,我们国家对资本主义的教育思想、课程改革等进行了全盘否定,将职业教育视为资本主义的东西,认为只有苏联的技术教育发展模式可供借鉴,因此对我们国家的中等职业教育进行了全面改革,改为中等专业学校和中等技术学校。而随着中苏关系的恶化,我国基本关闭了中等职业教育对外借鉴交流的大门。

而随着改革开放的到来,中等职业教育课程改革政策的变迁整体上处于一种开放性系统中。课程政策环境的开放性,符合课程政策复杂性的特征,即课程政策的开放性有利于它与国内外政治、经济、文化以及诸多社会因素的广泛联系,"课程内外系统诸多因素之间多样化的信息输入与输出的响应关系,使之保持着更为开放的态势"。[①]

二、课程政策制定由单一化向复杂化转变

新中国成立以来的很长一段时间里,我国中等职业教育的课程改革呈简单的线性发展,职业教育课程设置、教科书编写与教学方法的应用,都是采用一种固化的、单向的操作模式,即一切与中等职业教育课程有关的规章制度,都由中央政府部门拟定,然后发布给地方政府部门,再由地方政府传达到各级学校,尽管中间曾经有过课程改革权力下放的尝试,但只是昙花一现,地方政府和各级学校在这一过程中没有课程自主权。而在改革开放以后,各级地方政府和学校在中等职业教育课程改革的过程中,获得了一定的自主权,尤其是在1999年《关于深化教育改革全面推进素质教育的决定》发布以后,地方政府和中职学校获得了更多的课程自主权,改变了课程改革政策制定的单一化局面,课程改革政策制定向复杂化和多维化转变。但是总体而言,我国中等职业教育的课程管理采用的还是一种官僚制的管理方式,官僚制的管理要求教师的一切授课行为都按照上级制定的课改方案进行,不考虑一线教师的身心需求,中等职业教育一线的任课教师变成了"这架不停运转机器上的一个小小齿轮,并

[①] 张相学.复杂课程范式:"悬拟"的课程异域[J].教育理论与实践.2006(2).

按照机器指定的路线行动"。①

三、课程目标由单一性向多样性转化

在改革开放之前,中等职业教育课程目标更突出政治性与实践性,即将政治教育融入所有课程科目中,同时强调培养学生的生产实践能力。重视中职学生为党和国家服务的社会属性,而忽视了学生自身个体发展的需求。而事实上每一个学生由于不同的成长经历、不同的心理特点,都具有不可忽视的复杂性,学生是社会的复杂性在个体上的体现,忽视了学生的复杂性而将某一标准作为学生是否合格的衡量标准,显然是不科学的。而改革开放以后,随着社会主义市场经济的深入发展和对外开放程度的提高,中等职业教育的课程培养目标呈现多样化趋势,既重视培养中职学生服务于社会经济建设的职业技术能力,又重视学生的身心健康,努力提高学生的综合技能和素质,这一发展态势符合学生个体成长趋于复杂性的特点,有利于促进学生身心的健康成长。

四、课程模式由简单转向复杂

在新中国成立以来的很长一段时间里,由于政治体制、经济体制和意识形态等多方面原因,加上西方国家对我国的封锁,导致我国中等职业教育发展的借鉴对象极具单一性,只得向社会主义的"老大哥"苏联学习。我国中等职业教育课程模式普遍沿用苏联的三段式课程模式,从而导致学科课程与活动课程分裂,校内课程与社会实践课程、显性课程与隐性课程没有很好地融合在一起,学生缺乏对缄默知识的有效掌握。到了改革开放以后,从20世纪80年代开始,我国陆续引入了德国的双元制、国际劳工组织的MES模式、加拿大的CBE模式等,通过借鉴这些模式,我国中等职业教育课程建设取得了长足进步。单靠某一项单一的职业教育培养模式,无法适应复杂多变的社会经济的发展需求,必须根据各地经济社会发展的具体情况,构建多维的职业教育课程模式,才能更好地促进中等职业教育的发展。

复杂理论认为:"在简单事物的宇宙里,一扇门必须或者是开着的或者是关着的;而在复杂性的宇宙里,一个自主的系统必须既是打开的又是关闭的。"②此话适用于中等职业教育课程模式的借鉴。然而,再好的先进经验,若不结合本国的实际情况,未必能取得理想的效果,《晏子春秋·内篇杂下》云:"橘生淮南则为橘,生于淮北则为枳,叶徒相似,其实味不同。"③我国中等职业教育课程模式并没有完全照搬国外的课

---

① 苏国勋.理性化及其限制:韦伯思想引论[M].上海:上海人民出版社,1988.
② [法]埃德加·莫兰.复杂思想:自觉的科学[M].陈一壮,译.北京:北京大学出版社,2001.
③ 朱祖延.引用语大辞典(增订本)[M].武汉:武汉出版社,2010.

程发展模式,而是在借鉴的基础上进行积极的创新,形成了"宽基础、活模块"等具有中国特色的课程模式。

五、课程实施向复杂性和渐进性转变

(一)由线性向复杂性转变

迈因策尔(K.Mainzer)曾说:"线性的思维方式是危险的。"[1]通过新中国成立以来的课程改革政策文本可以看出,在很长一段时间里,我国中等职业教育课程制定和实施存在一种简单的线性思维,认为只要国家颁布了相应的课程改革政策,辅之以职业教育课程专家的权威解读,再通过对全国各地的中职校长及教师进行培训,中等职业教育的课程改革就能取得成功。这种思维在改革开放之前的中等职业教育课程改革实践中表现得最为突出,仅以实践性教学为例,安排学生去基层进行生产性实践的目的是为了提高学生的生产实践技能,可以说课程改革的初衷和出发点是好的,但是在实施过程中往往会演变为企业对学生劳动力的简单廉价利用,这个问题到了现在的校企合作,也没有得到很好的解决。就像莫兰(E.Morin)所说:"一种简单化的直线性的观点很有可能是残缺不全地考虑问题。"[2]

(二)由急进性向渐进性转变

我国中等职业教育课程改革的激进性特征明显,在新中国成立之初,全盘借鉴苏联的课程模式,在我国所有的中专和技校里设置三段式课程,而在全国开展得轰轰烈烈的半工半读模式,在经历了热闹喧嚣之后又逐渐趋于平静。事实上,半工半读的人才培养模式本身并没有错,到了今天依然有旺盛的生命力,问题的关键在于推进半工半读的方法是极其激进的,这种做法忽略了课程的复杂性,"教育改革是一种复杂的现象——是理念、政策和体制结构、历史和文化的大杂烩"。[3]就本质而言,"任何改革都是'社会改革系统'中的一部分,它是系统工程,涉及诸多因素,受到很多制约,靠'单一改革'是很难奏效,也是不可能完成的"。[4] 在1983年发布的《关于改革城市中等教育结构、发展职业技术教育的意见》中提出,要克服轻视职业技术教育的倾向,使职业教育逐步发展成为与普通教育并行的体系。然而时至今日,职业教育仍然没有取得与普通教育同等的地位,通过中等职业教育政策的发展历程可以看出,中等职业教育课程的改革和发展是一项非常复杂的工程,不可能一蹴而就,必须经历一个复杂而艰巨的历程。

---

[1] [德]克劳斯·迈因策尔.复杂性中的思维:物质、精神和人类的复杂动力学[M].曾国屏,译.北京:中央编译出版社,2000.
[2] [法]埃德加·莫兰.复杂性理论与教育问题[M].陈一壮,译.北京:北京大学出版社,2004.
[3] [加]本杰明·莱文.教育改革:从启动到成果[M].项贤明,洪成文,译.北京:教育科学出版社,2004.
[4] 吴永军.论新课改的可为与不可为[J].教育研究与实验,2010(5).

第二章　动力之维：新中国中等职业教育课程政策变迁动因

　　唯物史观是以一定历史时期的物质经济条件来说明一切历史事件和观念、一切政治、哲学和宗教的。①

——［德］弗里德里希·恩格斯

---

① 中共中央马克思恩格斯列宁斯大林著作编译局.马克思恩格斯选集(第二卷)[M].北京:人民出版社,1972.

怀特海曾说:"物质的构成具有精神的特性,因此,最好不要把这个世界看成单个物体的集合,而是要看成一个复杂的相互关联所构成的动态过程。"①在所有教育形式中,中等职业教育无疑是受政策影响最大的一种,而不同时期的课程政策,亦受到这一时期政治、经济、文化、科技等多种因素的影响,这是一个复杂多元的因素群集。影响中等职业教育课程政策的因素是复杂多样的,而这些因素本身亦具有复杂性和层次性,在不同的时间节点呈现出不同的表现形式。一定时期的中等职业教育课程政策,必须适应这一时期的经济社会发展。具有适应性是指中等职业教育课程改革政策的制定主体,能够与不同时期政治、经济、文化、科技等环境产生交互作用,政策制定主体通过这种交互作用不断地学习和积累政策制定的经验,并且根据已经习得的经验改变政策制定的要素及内涵。但正是这样的适应性,也形成了不同时期课程改革政策的复杂性,即课程改革政策包含的课程目标、课程结构、课程内容等要素,在不同的时期呈现出了不同的特点,也由此形成了政策形成因素的复杂性。复杂适应系统理论的核心可用霍兰著作的副标题来概括,那就是"适应性造就复杂性"。②

通过考察新中国成立 60 多年以来我国中等职业教育课程改革政策的变迁可以发现,每一次课程改革政策的变迁都与政治、经济和文化的发展密不可分,它们是加速中职课程改革的前提条件。我们只有对其进行横向和纵向的多维剖析,才能对中等职业教育课程政策变迁动因有一个全景掌握。

第一节 经济体制的因素

马克思的历史唯物史观告诉我们,经济基础决定上层建筑,一个社会的政策制定和实施,必然会以这个社会的经济发展水平为依据,而制定出来的政策,又往往会反作用于这个社会的经济发展。学界普遍认为,经济发展主要通过两种途径对课程产生影响:一是直接影响课程;二是以统治阶级意识形态与政治资源对课程产生影响。

---

① [英]怀特海.过程与实在[M].周邦宪,译.贵阳:贵州人民出版社,2006.
② 刘圣中.历史制度主义:制度变迁的比较历史研究[M].上海:上海人民出版社,2010.

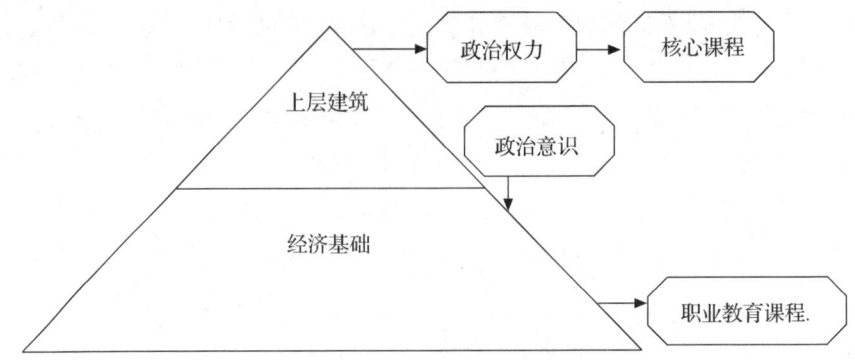

图 2-1 经济体制与中等职业教育课程政策关系

如图 2-1 所示,经济基础决定上层建筑,而上层建筑利用掌握的政治权力,对核心课程的制定施加影响,一方面,诚如第一章所说,思想政治课程政策往往是由中央顶层决策部门直接干预,另一方面,政治意识往往包含对经济发展的规划和主张,这又会间接影响到职业教育课程政策的制定。

一、计划经济对我国中等职业教育课程政策的影响

"计划经济"这一概念是列宁提出来的,而其基本原理是由马克思和恩格斯创立的。考斯塔在《社会主义的计划经济理论与实践》一书中把计划经济阐释为一种体制,这种体制建立在工业发展成熟度较高的基础上,集体所使用的生产资料归社会所有,国民经济发展按计划进行,并且主要根据劳动成果分配个人消费品。①

计划经济要求整个国民经济具有计划性。有计划地领导、组织和调节社会劳动在国民经济各生产部门间的配置比例,保持生产和需求的总体平衡。"判断一个社会经济制度是不是计划经济,不能只看这个社会有无经济计划及其能否付诸实践,还要看这种经济计划的内容和所服从的目的,代表的是哪些人的利益,是代表少数剥削者的利益,还是为人民谋利益。这是计划经济最重要的要求,也是计划经济和任何资本主义经济计划的根本区别。"②

毛泽东认为:"在社会主义社会中,基本的矛盾仍然是生产关系和生产力之间的矛盾,经济基础和上层建筑之间的矛盾。"③新中国成立后,我国实行的是计划经济,国家通过制定指令性计划直接调控经济发展。在计划经济体制下,社会主义国家的教育呈现出以下几个特点:从学前教育一直到高等教育,全部实行国家所有化,一切的

---

① 刘泽民.社会主义市场经济的理论与实践[M].北京:中国经济出版社,1994.
② 中共四川省委宣传部等.政治经济学社会主义部分提要[M].成都:四川省社会科学院出版社,1985.
③ 中共中央文献研究室.毛泽东文集第七卷[M].北京:人民出版社,1999.

教育政策都由国家来制定。教育决策权高度集中在中央政府手里，从教育发展的总体规模、方向等，到学校课程教学的制定与实施，都由中央政府统一负责。根据社会的发展需求，制订指令性计划，对专业结构、学校数量等方面进行调控，是计划经济体制下教育发展的另一个重要特征。而在计划经济体制下，行政干预亦是国家对教育进行管理控制的必不可少的手段，所有的教育活动的开展，都是由政府通过颁布一系列的政策法规及行政命令进行的。[①] 把中等职业教育作为国民经济发展计划的一个重要组成部分，从宏观的中等职业教育发展计划到微观的课程政策制定，都由政府部门统一包办。在计划经济时代，经济对课程的影响主要通过政治权力的运行体现出来。新中国成立以后很长一段时期的中等职业教育改革与发展，都是通过转化毛泽东的明确意志并通过从中央到地方各级政府的贯彻执行得以实现的，在计划经济时代，国家的各种体制是融合在一起的，为了能够高效执行国家的计划性指令，全社会都被高度组织化了。

在计划经济体制下，我国形成了"大一统"的课程政策，由此形成了"大一统"的课程发展模式，强调中等职业教育课程要为国家的经济发展服务，要为人民谋福利。1949年《中国人民政治协商会议共同纲领》提出"人民政府的文化工作教育工作，应以提高人民文化水平、培养国家建设人才，发展为人民服务的思想为主要任务。"时任教育部长的马叙伦在第一次全国教育工作会议的开幕词中说道："代替这种旧教育的应该是作为反映新的政治经济的新教育，作为巩固与发展人民民主专政的一种斗争工具的新教育。"从这两个文件中可以看出，当时教育的总体思想是为经济建设与政治服务，从发布的一系列与课程有关的政策中就可以看出课程目标对经济服务功能的强调。

在计划经济条件下，强调教育、文化、科技等一切领域的活动，都要由国家统一调度和支配，中等职业教育的培养目标，都是为了计划经济发展的需要。在计划经济条件下，往往淡化或忽视个体身心发展的需求，而更强调国家和集体发展的需要。1952年3月中央人民政府政务院发布的《关于整顿和发展中等技术教育的指示》指出，"要培养具有一般文化、科学的基本知识，掌握现代的生产技术，全心全意为祖国为人民服务的初级、中级技术人才"；1952年8月由教育部颁布的《中等技术学校暂行实施办法》，提出"以理论与实际一致的教育方法，培养具有必要的文化、科学的基本知识，掌握一定的现代技术，身体健康，全心全意为人民服务的初级和中级技术人才"；1954年7月由高等教育部颁布的《中等专业学校章程》，要求"培养具有马克思恩格斯列宁

---

① 张会军，戎占怀，相力.教育产业化实用全书[M].北京：开明出版社，2000.

主义基础知识、普通教育的文化水平和基础技术的知识,并能掌握一定专业的、身体健康、全心全意为社会主义建设服务的中等专业干部";1959年4月,劳动部劳动力调配局副局长袁耀华在全国技工学校工作会议上做了《关于技工学校工作中几个主要问题的意见》的报告,认为应当培养学生工人阶级的阶级观点、群众观点和集体观点、劳动观点(即脑力劳动与体力劳动结合的观点)、辩证唯物主义的观点。

通过以上的政策文件可以看出,中等职业教育的人才培养,非常注重学生集体服从意识和大局意识的培养,在那个时期广为流传的"我是一块砖,哪里需要哪里搬"和"螺丝钉精神",就能很好地体现个人对集体的服从。在计划经济体制下,一切社会资源都要经过统一的调度与分配,人力资源也不例外,中等职业教育的学生,从培养过程中集体服从理念的灌输到计划指令式的分配,都体现了计划性和统一性的特点。

中国共产党从新中国成立开始,就直接实行计划经济体制,这与苏联计划经济的实施有根本的联系。而之所以从新中国成立伊始就全面学习借鉴苏联的经济发展模式,一方面是因为苏联与我国有相同的政治体制,都是由共产党执政;另一方面是苏联实行计划经济有了一段时间,取得了一定的成就,增加了计划经济体制的吸引力,这主要体现在十月革命胜利以后,苏联利用全世界第二次科技革命发展的计划,通过国家电气化和工业化等手段,快速发展生产力,取得了巨大成就,成为其他社会主义国家纷纷效仿的对象。苏联向其他社会主义国家输出的发展经验就包括了计划经济,即对全国的生产、供给、生活、消费、教育等方面全部实行国家统一计划管理,统筹发展。教育是上层建筑,是经济基础的集中体现,在新中国成立初期,全国各地大搞经济建设,而旧的中等职业教育人才培养模式已经不能适应经济建设对技能型人才的巨大需求,亟须对课程政策进行全面调整。一方面是帝国主义的经济封锁,另一方面是苏联卓有成效的经济建设成果和对我国的积极援助,致使我们在中等职业教育发展过程中,全面吸取苏联的发展经验。主要表现为以下三个方面:

首先,借鉴苏联的课程模式。在1952年3月,中央人民政府政务院《关于整顿和发展中等技术教育的指示》强调,"一切中等技术学校的课程体系,应包括普通课程、技术课程以及实验实习课程,各种课程的比重,要根据学校的性质、学生的学业水平以及学习年限来决定"。该规定的理论基础,其实是来源于苏联的三段式课程模式。三段式课程模式主要是按学科门类划分课程科目,按照学科的内在逻辑筛选内容,强调知识传递的系统性和完整性,将课程划分为文化课、专业基础课和专业课、实习课,明确了三种课程结构的比例关系,规定了理论教学与生产实习、毕业设计等实践性教学的课时要求。三段式课程模式强调文化课为专业课服务,其本质是学科中心课程。而什么叫学科中心课程?学科中心课程强调从科学门类及分科知识体系出发,以有序的学科内容为依据,按照学科本来的构成来筛选所要讲授的内容,强调学科知识的完整性。其核心思想基于这样的一个假设之上,即学习者通过对各个学科的学习,理解掌握学科知识的结构,那么这种理解和掌握便能自然转化为能力,因为掌握了深奥的原理,就有可能推断出所需要的个别事物。①

其次,强调实践性教学的重要性。苏联在教学上强调生产实践,而我国的中等职业教育课程政策很明显地体现了这一特征。例如在1952年教育部发布的《中等技术学校暂行实施办法》中,要求"将生产实习纳入课程评价体系之中,规定了在学校之外的生产实习,也应该作为课程教学评价的重要内容,在学生考试成绩中的百分比,应该与年级的高低成正比";1954年《关于改进中等专业教育的决定》指出"教学大纲要包含完整的教学过程,这样有利于加强理论课与生产实验教学之间的紧密联系";1958年中共中央、国务院《关于教育工作的指示》强调"在所有类型的学校里,都要把生产劳动规定为正式的课程,所有的学生都须依据规章制度参加一定量的生产劳动";即使到了1963年《关于制定全日制中等专业学校教学计划的规定(草案)》依然强调"生产实习和教学实习是课程教学计划中非常重要的有机组成部分,务必要妥善安排布置,并要求在制定生产实习的教学大纲时,要包含实际操作技能需达到的相应标准"。通过以上与课程政策有关的政策规定可以看出,我国中等职业教育非常重视实践性教学,强调生产实践的重要性,这一方面是因为苏联的计划经济体制中强调生产实习,另一方面是因为劳动力资源分配不合理一直是我国计划经济"跃进式"发展的阻力,扩大生产实训课程在整个课程结构中的比例,让学生有更多的时间来参加生产劳动,有利于调节劳动力资源的结构性矛盾。

最后,全面引进苏联的教材。新中国成立初期,民国时期的中等职业教育课程教材体系被全面否定,但本国的教材体系又未建立,因此引进了大量的苏联教材。以新中国成立初期北京市电力学校的课表为例,可以看出其中就使用了大量的苏联教材。

表2-1 北京市电力学校使用的专业教材列表

课程名称	是否有教材	教材名称	著译者	出版日期	备注
机械零件	○	《机械零件》	巴捷林	1953年10月	参考资料(用于课程设计)
理论电工	○	《理论电工》	波波夫、曼苏洛夫合著	1953年7月	
电机	○	《电机学(上、下)》	洛夫斯基	1955年1月	

---

① 孙泽文,左菊,胡璇.学科中心课程的内涵、理论假设及组织方式[J].教育与教学研究,2011(11).

续表

课程名称	是否有教材	教材名称	著译者	出版日期	备注
电气设备	○	《发电厂和配电的电气设备(一卷)》	巴普季丹洛夫塔隆索夫	1954年9月	
电气材料及高压技术	○	《高电压工程(上、下)》	巴比耶夫	1953年12月	
继电保护	○	《继电器继电保护》	张瑞岐		参考资料:继电保护装置由北京电力学校自编(后停印)
自动化	×				
水力学及水泵	×	《泵浦》	薛宗柏	1952年9月	
汽轮机设备	○	《汽轮机(上、下)》	施亚新	1953年9月	

(在上表中,○表示有教材,×表示没有教材)

从表2-1可以看出,在9门专业课教材中,就有5门课程的教材由苏联编写,这在一定程度上说明了当时我国职业教育课程教材对苏联的严重依赖,事实上对苏联高度集中的计划经济体制的借鉴,自然也包括了专业课程教材的借鉴。随着20世纪60年代中苏关系的恶化,我国中等职业教育的专业课教材逐渐走向了自主开发道路,基本上完成了苏联教育经验的本土化。顾明远先生认为"我国能完成苏联教育经验的本土化,既有意识形态的原因,即两个国家都由共产党领导,都是中央集权的国家,国家统一领导教育事业,时刻强调集中统一",还有一个更重要的原因,那就是"两个国家施行的都是计划经济,20世纪50年代取消专科,大力发展中专和技校,千校一面,万人一面都是计划经济的产物,正是基于此,苏联一套计划经济的教育体制能很快完成中国的本土化过程"。[①]

二、市场经济对我国中等职业教育课程政策的影响

市场经济是指市场商品的交易过程中,依靠供求关系、价格涨落,引发各种市场交易参与者之间的竞争,通过这样的机制来组织社会经济运行,调节资源配置的经济形式。产权明晰、自主经营、市场竞争、间接调控,以及多层次的社会保障,是市场经

---

① 顾明远.论苏联教育理论对中国教育的影响[J].北京师范大学学报(社会科学版),2004(1).

济发展到现在的主要特征。而我国作为社会主义国家,由于不同的政治体制,社会主义市场经济除了具有市场经济的一般特征外,也有属于自己的特征,即以公有制为主、国家宏观调控,分配方式以按劳分配为主,以最终实现共同富裕为目标。①

党的十一届三中全会以后,我国逐渐建立了市场经济的运行机制,经济生活的巨大变化,对教育领域也产生了深刻影响。市场经济的核心是利用供求关系和价值规律,通过自由竞争,优化资源配置,以获得最大的经济效益。中等职业教育直接为社会主义市场经济的生产一线输送初级和中级技能人才,能发展经济、促进生产,能更好地满足市场经济发展对人才的需求。中等职业教育课程面临着如何既增强职业技能的针对性,又提高学生综合能力的问题。一方面,随着社会主义市场经济的发展,科技日新月异,各种产业升级换代的速度加快,每一次生产技能的变化,相应的产业技能岗位也会随之变更,有许多人会变换工作,一份工作干一辈子的比例已经越来越少,尤其是大部分中等职业教育学生所从事的基层生产一线,劳动力市场更加需要一专多能的人才。因此在对中等职业教育课程进行设置时,只有根据社会主义市场经济发展规律的客观需求,对相应的课程进行适时调整,中等职业教育才能彰显自己的优势,在各种教育形式的激烈竞争中生存下去。市场经济条件下的中等职业教育课程目标所秉持的是一种社会本位价值取向和学生本位价值取向并存,以满足社会发展的需求作为课程价值的基本取向,帮助学生学会如何参与制定社会规划并付诸社会行动,要求培养适应社会主义市场经济生产、服务、管理等一线所需要的初中级应用型技能人才。同时强调学生是课程设置的出发点和最终落脚点,认为课程的核心是认知、情绪、情感、态度和学生行动的融合。② 在市场经济发展过程中,我国中等职业教育的课程目标、课程内容、课程实施与评价等方面发生了相应变化:

一是根据市场经济对人才的要求来调整课程目标。市场经济具有公平竞争性、全面开放性和灵活多变性的特点。市场经济的这三个特点,要求中等职业教育培养的人才既要具有良好的道德品质,又要具有过硬的专业技能,能全面适应生产一线岗位的需要。因此,在国家颁布的与中等职业教育课程有关的政策中,对中职学生全面发展的要求得到很好的体现。如1996年11月劳动部印发了《技工学校"九五"时期改革与发展实施计划》,要求"努力培养德、智、体全面发展的具有社会主义觉悟的合格劳动者"。1998年2月国家教委发布了《面向二十一世纪深化职业教育教学改革的原则意见》,要求培养"具备综合职业能力和全面素质的,直接在生产、服务、技术和管理第一线工作的应用型人才"。2000年3月教育部印发了《关于全面推进素质教育、

---

① 陆立军,王祖强.新政治经济学[M].杭州:浙江人民出版社,2002.
② 王小聪,郭岚.市场经济背景下高等职业教育课程目标价值取向探析[J].职教论坛,2011(22).

深化中等职业教育教学改革的意见》的通知，要求培养"德智体美等全面发展，具有综合职业能力，在生产、服务、技术和管理第一线工作的高素质劳动者和中初级专门人才"。2009年1月《教育部关于制定中等职业学校教学计划的原则意见》，要求学生"具有科学的世界观、人生观和爱国主义、集体主义、社会主义思想以及良好的职业道德和行为规范；具有基本的科学文化素养，掌握必需的文化基础知识、专业知识和比较熟练的职业技能，具有继续学习的能力和适应职业变化的能力；具有创新精神和实践能力、立业创业能力；具有健康的身体和心理；具有基本的欣赏美和创造美的能力"。与计划经济时期强调中职学生集体服从性的目标相比较，市场经济条件下课程建设的指导方针，认为既要以人为本，关注中职学生身心的健康发展，又要站在社会化的视角，培养中职学生的集体观念，全面培养中职学生的职业道德和劳动技能，这几者之间并不互相排斥，而是可以相互融为一体的。在一定程度上可以说，市场经济条件下的中等职业教育的课程建设指导方针，更具有以人为本的特征。

二是根据市场经济的需求构建课程结构和内容。市场经济的出发点是通过市场进行资源配置，众多的市场主体通过市场竞争，在市场有限的资源中占有更多的份额。在市场经济条件下，中等职业教育所培养的技能人才直接面向企业生产一线，产业升级与技术更新都会直接影响到中等职业教育的专业设置、课程结构及课程内容，中等职业教育是名副其实的"经济发展的晴雨表"。中等职业学校要想在市场经济条件下保持竞争优势，就必须根据市场经济的发展需求来调整专业，规划课程结构，筛选课程内容。在课程设置上，由重知识向重能力转换，课程结构普遍采取服从专业需要的做法，与合作企业共同拟订课程教学计划，培养复合型初级、中级技能人才。政府也及时根据市场经济的变化，颁布相应的课程改革政策，引导学校进行课程建设。2000年《关于制定中等职业学校教学计划的原则意见》，要求"课程设置分为基础课程和专业课程两类。德育课、语文、数学、外语、计算机应用和体育一般应列为必修课；其他自然科学和人文科学类课程可列为必修课或选修课，可单独设课或开设综合课。综合实习指毕业前的顶岗实习和有必要的专业设置的毕业设计（毕业论文）等"。2008年12月《教育部关于进一步深化中等职业教育教学改革的若干意见》，要求"积极推进多种模式的课程改革，促进课程内容综合化、模块化，提高现代信息技术在教育教学中的应用水平。加大专业技能课程的比重，专业技能课程（含顶岗实习）的学时一般占总学时的三分之二。要按照相应职业岗位（群）的能力要求，采用基础平台加专门化方向的专业课程结构，设置专业技能课程"。根据市场经济的发展需求来对课程内容做出及时调整，是中等职业教育的优势所在，这也是在高等教育大力扩展的背景下，中等职业教育能够继续生存下去的重要原因。

三、知识经济和经济全球化对我国中等职业教育课程政策的影响

1996年经济合作与发展组织(OECD)在发表的一份名为《以知识为基础的经济》报告中,将知识经济定义为"建立在知识和信息的生产、分配和使用之上的经济,是以知识资源为重要基础的经济形式,是一种以知识为主导的经济"。[1] 总结对知识经济的相关定义可以发现一个共同特点,那就是普遍认为智力在知识经济的构成要素中占有最重要位置。本书认为,知识经济是通过智力资源对社会资源与自然资源进行最大效率配置与利用的经济形式。国际货币基金组织指出:"全球化是指跨国商品与服务交易及国际资本流动规模和形式的增加,以及技术的广泛迅速传播使世界各国经济的相互依赖性增强。"[2] 欧洲委员会对全球化的阐释是:"全球化可以界定为由于商品和服务的流动,也由于资本和技术的流动,而导致的各国市场和生产相互依赖程度日益提高的过程。"[3] 经济全球化是指全球范围内以优化资源配置为目的的经济一体化过程,是生产、贸易、投资等经济行为在全球范围内的大规模活动,以及随之而来的各国经济制度整合与政策协调和商品、要素价格均等化的趋势。[4]

尽管知识经济与市场经济在内涵、重点、形成时间、性质与经济序列等方面有诸多不同,但由于"知识经济是市场经济发展到一定阶段的必然产物"[5],两种经济形态都属于商品经济发展到一定阶段的产物,以市场为基点,遵循商品经济交换的原则,知识经济的运行与市场经济息息相关。市场经济的参与者与知识技能的拥有者是联系统一的,市场的资源配置方式与智力资源的开发是联系统一的。[6] 知识经济时代的到来,使得全球不同经济模式对劳动者的技能需求发生了改变。世界银行在其《全球知识经济中的终身学习——发展中国家的挑战》一文中指出,以知识为基础的经济主要依靠想象力,而不是体力,主要依靠运用技术,而不是简单地改造原材料或者榨取廉价劳动力。[7] 知识经济时代的到来,使职业技能、工作性质发生了很大变化,简单机械的劳动形式大量减少,一辈子干一份工作的现象越来越少,劳动者变换工作岗位的比例呈上升趋势。随着科学技术的迅速发展,产业升级的周期也越来越短,技术的不断革新,劳动者要对老技术与新技术进行融合,同一个岗位相比以前要承担更大的工

---

[1] 白洁.知识经济研究综述[J].宁夏社会科学,2000(2).
[2] 国际货币基金组织.世界经济展望(1999年10月)[M].北京:中国金融出版社,1999.
[3] [英]格雷厄姆·汤普森.导论:给全球化定位[J].仕琦,译.国际社会科学杂志,2000(2).
[4] 薛敬孝,曾令波.论经济全球化的内涵和表现形式[J].北华大学学报(社会科学版),2000(1).
[5] 陈明辉.略论知识经济与市场经济的关系问题[J].现代经济探讨,2000(9).
[6] 李丰才.市场经济知识经济比较研究[J].上海金融高等专科学校学报,2003(3).
[7] 世界银行报告.全球知识经济中的终身学习——发展中国家的挑战[M].国家教育发展研究中心组译.北京:高等教育出版社,2005.

作量,对劳动者生产效率提出了更高的要求。团队合作在知识经济的发展过程中发挥了更大作用,科技含量越高的工作,越"要依靠群体合作来完成,而不是靠个体独立工作来完成"。①

国务院 1999 年 1 月批转的《面向 21 世纪教育振兴行动计划》中指出:"逐渐形成的知识经济预示人类的经济社会生活将越来越取决于教育发展、科学技术和知识创新的水平。要求中等职业教育要改革专业、课程和结构,努力在各地办出一批有较高社会声誉的职业技术学校。知识经济强调创新性,在知识经济时代,要求劳动者具有创新的理念与能力。"2000 年 3 月教育部印发的《关于全面推进素质教育、深化中等职业教育教学改革的意见》与 2009 年 1 月印发的《教育部关于制定中等职业学校教学计划的原则意见》,都要求培养的学生具有创新精神、实践能力、立业创业能力。

知识经济和经济全球化是相互伴随的。经济的全球化,更多的是科技发展的全球化,而生产技能的全球化,必然会伴随知识经济的全球化展开。我国中等职业教育的发展过程中,为了应对经济全球化带来的新变化,在制定相关的中职课程政策时,更加考虑与全球职业教育课程发展的趋势接轨。经济全球化促使世界各国纷纷进行产业升级,我国也不例外,从事高新技术产业的人越来越多,传统行业的从业人员越来越少,产业机构的调整,意味着技能人才的素质和要求也在发生积极变化。2002 年 8 月发布的《国务院关于大力推进职业教育改革与发展的决定》要求"在我国加入世界贸易组织和经济全球化迅速发展的新形势下,要狠抓职业教育,抓出成效"。2008 年 12 月《教育部关于印发中等职业学校德育课课程教学大纲的通知》中,在"经济政治与社会教学大纲"的课程内容方面,要求学生"了解经济全球化的主要表现,理解坚持对外开放基本国策的必要性,增强开放意识"。2010 年发布的《中等职业教育改革创新行动计划(2010—2012 年)》指出,"世界多极化和经济全球化深入发展,国际政治、经济、市场和技术环境正在发生重大变化"。从以上与课程有关的政策中可以看出,在中等职业教育课程发展的过程中,我国的决策者在制定课程政策的过程中,从课程目标、课程结构、课程实施和评价等方面,对知识经济和经济全球化做出了一定的回应,但力度依然不足。

---

① 徐国庆.实践导向职业教育课程研究[D].华东师范大学,2004.

第二节 政治体制的因素

从图 2-2 可以看出,政治体制对中等职业教育课程政策的影响是多方面的。首先是政治体制影响了课程政策的性质,课程改革的参与者十分复杂,但是在其中起主导作用的是教育主管部门,而教育主管部门的决策和主张必须能全面反映统治阶级的意志,因此一定时期的政治体制直接决定了这一时期的中职课程改革政策的性质;其次是政治体制对决策参与权的规定,直接影响到一定时期课程改革的民主化程度。

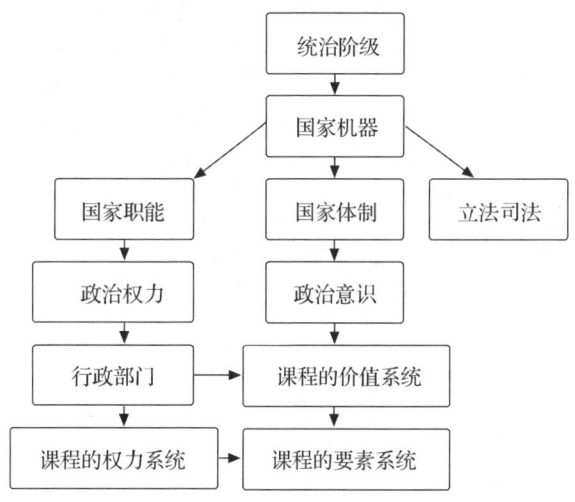

图 2-2 政治对中等职业教育课程政策的影响逻辑图

一、政治体制对中等职业教育课程政策的影响

职业教育与经济发展有密切关系,常常作为经济发展的"晴雨表",而教育本身是政治上层建筑的重要组成部分。当社会政治、经济发生变化,对中等职业教育提出不同的要求时,相关课程必须做出相应的调整,以适应社会的发展变化。新中国成立初期,百废待兴,急需大批的技术人才。周恩来指出:"我们要建设矿山、工厂、铁路和水利工程,就得有一批工程师和一大批技术员来勘测、建设和安装……为着生产新式畜力农具、化学肥料和抽水机,消灭主要的害虫,消灭严重的人类疾病和畜疾,也必须依

靠科学技术工作者、植物保护者、医务工作者和兽医的积极参加。"①在当时的情况下,新政权刚刚建立起来,要想在全国进行大规模的社会主义建设,利用好中等职业教育为国家经济的发展做出贡献,中央需要将中等职业教育的课程制定权高度集中,这样有利于中等职业教育事业的恢复和发展,有利于中等职业教育事业的整体推进。

在经过了农业社会主义改造、手工业社会主义改造、资本主义工商业社会主义改造后,中国的社会主义计划经济体制基本建立起来,中央集权的政治体制趋于稳定,中等职业教育课程形成了"大一统"的局面。然而这并不利于各地职业教育的有效充分发展,且限制了各地职业教育的发展积极性,看到了这一点,中央尝试了课程改革权的下放,各地获得了很大的课程自主权,但由于带有强烈政治色彩的"大跃进"运动在全国搞得如火如荼,浮夸风盛行,课程、教材和教学方法的制定很不严谨,缺乏科学的论证,导致课程改革权的下放并没有促进职业教育发展水平的整体提高,而是造成了一种混乱。

当时我国经济落后,人口众多,初高中生无法全部升学,亦无法全部就业,在这样的大背景下,刘少奇提出了半工半读思想,这种模式最大限度地满足了青年的升学和就业,从20世纪50年代到60年代,在中等职业教育的课程改革中,一直占有非常重要的位置。而到了"文化大革命"时期,由于刘少奇受到政治运动的影响,由他倡导的半工半读模式亦受到了批判,在全国开展的半工半读课程教学活动被迫停止。而在改革开放以后,尤其是到了21世纪,半工半读的模式又在职业教育领域流行起来,许多课程改革政策文件中都有所提及,这源于随着社会主义市场经济的发展,企业对中职学生实践操作能力的要求不断提高。从半工半读模式在新中国中等职业教育中的兴起—消失—兴起,可以看出课程政策决策者受到经济和政治不断发展变化的深刻影响。放眼世界,20世纪初在美国流行的儿童中心课程设计是美国资本主义经济追求实效的反映,而50年代末至60年代初的学科中学课程设计则是美国科技高速发展,急需高端技术人才的反映,课程的"钟摆现象"代表的是不同时期经济政治发展变化对课程设置的不同要求。②

马克思认为,世界万物的发展似乎是重复以往的阶段,但那是另外一种重复,是在更高基础上的重复,是一种"否定之否定",历史在重演,不过是在新的基础上重演。某一时期的中等职业教育课程的目标、内容、实施、评价等与前一时期可能有重复或相似之处,但往往是更高要求的一种"重复或相似"。仅以半工半读课程教学形式为例,新中国成立初期实行的主要形式是让学生边学习边参加生产劳动;而到了21世纪,

---

① 中共中央文献编辑委员会.周恩来选集(下卷)[M].北京:人民出版社,1980.
② 沈贵鹏.试析课程设计的"钟摆现象"[J].教育科学,1991(2).

半工半读既保留了学生边读书边参加劳动的根本要求,又增加了新的内容和要求,2006年《教育部关于职业院校试行工学结合、半工半读的意见》中,指出半工半读的合作方式"可以是学校根据企业需要培养人才、提供实习学生,企业为学生提供教学实训条件;可以是学校依托企业培训教师,参加企业生产实践,企业选派工程技术人员为学校提供教学服务;鼓励企业在职业院校建立研究开发机构和实验中心,促进学校的专业建设和课程改革;企业可以依托职业院校进行员工的培养培训"。

通过比较国内外中等职业教育课程政策制定权限的变化可以发现,没有哪一个国家课程政策的改革权限是绝对不变的,既不会长期集中在中央政府手里,也不会长期集中在地方政府手里。在不同的发展时期,由于一个国家经济发展水平有所不同,统治者对课程管理的权限也会做出相应的调整。因此,课程的改革权限会随着不同的时代发展而呈现出不同的形式。

二、课程政策制定的国际比较

我们国家课程改革政策的制定权,经历了中央集权—地方放权—中央集权—地方分权的变化模式,其实放眼世界许多发达国家,其课程改革政策的制定与实施,也有许多与中国相似的地方。在美国课程决策机制的发展过程中,将课程决策的大部分权力下放到地方,没有全国统一的课程标准,由各州根据地方实际情况,制定适合于地方政治经济发展的标准。而对于教材的编写与发行的管理更为宽松,由各个出版社根据各州的实际需要出版发行,不需要再由政府审定。不过其中也有一个隐性的控制因素,虽然教材的出版发行不需要政府选定,但多数地方教育部门往往是根据州政府认可的教材书目来选用教材,这样如果教材出版商编写的课程教材与地方政府的意愿差距过大,势必会影响地方政府的选用。当然,各个学校的教师在教材的选用上也有很大的权力,这样各方之间形成了一种相对的制衡。在不同的发展时期,由于受到当时政治经济等因素的影响,中央、地方与学校在课程制定过程中的权力亦有所不同。在1958年8月23日,美国颁布了《国防教育法》,其间阐述了一个主题,即国家的强大与否,与教育的发展息息相关。从20世纪80年代以来,在美国的课程改革过程中,中央联邦政府的权力不断得到加强,在1993年4月21日,克林顿政府颁布了《2000年目标:美国教育法》,要求拟定全国性的课程标准,成立国家技能标准委员会,该委员会负责制定全国性的课程教学标准。虽然各地学校是否采纳该课程教学标准具有一定的自愿性,但是总体而言,联邦政府对课程教学的相关权力还是进一步集中,从总体趋势上看,美国的课程制定权的变化经历了一个从相对分散到相对集中的过程。

在苏联时期,中等职业教育课程改革的中央集权模式非常明显,只有中央政府才有权力推动课程改革,地方政府及学校只能根据中央政府的相关规定实施相关的课程政策,中央政府全盘负责课程目标、课程结构、课程内容、课程实施与课程评价等相关政策的制定。为了满足计划经济体制下社会发展的需要,政府十分重视职业教育的发展,在普通教育中也设置了相应的职业技能课程,而专门的职业学校也得到了很大的发展。在苏联解体后,俄罗斯政府颁布了《俄罗斯联邦教育法》等一系列与课程教学改革有关的法律,对中央、地方、学校的课程权力的划分做了一定的规定,中央政府的课程权限是制定课程、科目的示范性教学大纲和计划,组织出版教学资料,印制教学参考书,而地方政府亦是在职权范围内组织出版教科书;教育机构的权限是制定并通过教学大纲与计划,与地方政府协商年度教学安排。[1]通过与课程政策有关的法律制定与实施,各地方与学校获得了一定的课程政策制定权限,中央政府的课程制定权限缩小了,而地方与学校的权限增加了。不过由于苏联解体后,俄罗斯政府实施了具有激进改革色彩的"休克疗法",地方与学校具有更大的课程自主权,但这并没有带来各地中等职业教育课程教学的有序发展,反而使之陷入了混乱状态。因此,在普京上台执政后,又强调制定全国性的课程教学标准的重要性,俄罗斯的课程制定权经历了一个绝对集中—相对分散—相对集中的过程。

就邻国日本而言,在第二次世界大战之前,日本的课程制定属于中央集权。在"二战"结束以后,美国在日本强行推行民主模式,日本颁布的与中等职业教育课程改革有关的文件中,强调了课程民主的重要性,但是在推行的过程中,由于日本长期形成的中央集权意识,以致课程改革又慢慢回到中央集权的轨道上来。课程总的标准由中央教育主管部门颁布,在总的框架内,地方可以根据各地政治经济发展的实际情况制定相应的课程标准,各级学校再根据各地制定的课程标准,结合学校的实际情况,再制定相应的课程标准。相关教材的编写发行,要由中央教育主管部门审查通过后才能实施。在教材的选择上,教育主管部门负责公办学校的教材选择,而私立学校的教材选择权在校长手里。而到了20世纪八九十年代,日本课程管理的权限更趋向于民主化,地方与学校有更多的课程自主权,教材的审核权虽然还是属于中央政府,但是其程序已大大简化,教材编写者的主观能动性得到极大的激发,日本中等职业教育课程权限总体上经历了一个地方分权—中央集中—地方与学校分散的过程。

---

[1] 张男星.权力·理念·文化——俄罗斯现行课程政策研究[M].北京:教育科学出版社,2006.

第三节　文化发展的因素

英国学者麦克·扬认为:"社会文化确定了课程,课程科目都是建立在它们所形成的社会历史背景中,并通过这些历史背景而获得合法性。"[①]自从学校教育成为知识文化传授的最重要途径之后,课程的重要任务就是不断地复制、传递社会文化,这也是课程存在的重要价值所在。社会文化要想避免被历史遗忘的命运,代代相传,就有必要以学校课程作为重要的载体。在一定程度上可以说,课程就是为了社会文化的传递而产生的。学术界普遍认为,文化对课程的影响主要从两个方面体现,首先是文化影响了课程内容的选择,文化发生了变化,肯定会影响课程内容的选择,须在社会文化发展所允许的范围进行选择,体现整个社会文化的价值取向;其次是文化的发展直接影响到课程类型,对课程的分科与综合起到相当重要的作用。"课程起源于文化传承的需要,从产生之日起就以复演、传递社会文化为使命,课程的历史就是复演、传递社会文化的历史。"[②]新中国的中等职业教育课程政策,自然要反映那个时期的文化传承要求。

在对课程进行设置的过程中,首要考虑的就是怎样反映这个时代的文化特征。新中国不同历史时期的中等职业教育课程改革,可以很明显地看出受到当时历史条件下特定文化的影响,而经济和政治对中职课程的影响,很多时候也是通过一定的文化形式进行的。因此,考察新中国不同时期文化发展的总体趋势和导向,能更好地把握中等职业教育课程政策变迁的文化内涵。

一、改革开放以前文化发展对中等职业教育课程政策的影响

前面我们讲了课程的重要任务是传承社会文化,但是并非所有的社会文化都会在课程中得到体现和传承。在有关课程内容选择的论述上,迈克·W.阿普尔认为思考的视角要从"什么知识最有价值"转换到"谁的知识最有价值",即"这是谁的知识,它是由谁来选择的,为什么要这样组织知识并以这种方式来教,它对这个特定的群体

[①] [英]麦克·F.D.扬.知识与控制:教育社会学新探[M].谢维和,朱旭东,译.上海:华东师范大学出版社,2002.
[②] 郝德永.课程与文化:一个后现代的检视[M].北京:教育科学出版社,2002.

是否有利"。① 在一个阶级社会里,不言而喻,自然是"统治阶级的知识最有价值",而要想贯彻这一理念,就必须通过具体的教育来实施,教育实施最基本的途径又集中在课程内容的选择上。中等职业教育往往被认为是经济发展的"晴雨表",但是中等职业教育课程往往对文化具有筛选功能,被纳入中职课程的文化,是经过统治阶级筛选过的文化。

新中国成立之初,我国建立了社会主义政权,社会主义特色的文化与民国时期的文化呈现一种断裂的状态,是在全面批判以往半殖民半封建主义文化的基础上建立起来的。为了迅速建立具有社会主义特色的文化体系,更好地体现共产党执政特色,在对封建主义和资本主义全盘否定的情况下,我们引进和全面借鉴苏联的社会主义文化,包括文学、艺术、教育等成果,其中以凯洛夫的《教育学》对我国中等职业教育课程政策产生的影响最为深远。凯洛夫认为,社会主义的学校课程是为了"培养全面发展的人,培养共产主义的积极建设者"。② 在我国颁布的大量与中等职业教育课程政策有关的文件中,可以找到大量的关于课程设置的目的是"培养社会主义建设者"的表述,由于在前面第一节中对社会主义人才培养目标已经做了大量的阐释,在此不再赘述。

文化具有丰富的内涵和表现形式,要想将文化事业打上社会主义的烙印,就必须有一种总领全局的理论,而在我国,马列主义和毛泽东思想具有核心地位,一直作为所有文化活动的指导思想。正如刘少奇所说:"必须用马列主义的观点和方法去教育人民,而不是用其他任何观点和方法去教育人民。"运用马克思主义的唯物史观指导文化工作最典型的事例,是 1950 年对《武训传》的批判和 1954 年对《红楼梦研究》的批判,通过批评运动否定了西方资产阶级思想在中国的权威性。马克思主义全面领导一切文化生产活动,而课程本身就包含在文化领域,课程政策中包含了许多对马克思主义的学习要求。③ 1954 年 7 月由高等教育部颁布的《中等专业学校章程》,要求学生掌握"马克思恩格斯列宁主义基础知识"。1959 年 4 月《关于技工学校工作中几个主要问题的意见》要求"技工学校进行马克思、列宁主义的思想政治教育,必须与社会上的各项政治运动、学生的生产劳动和各个时期的思想活动密切联系"。1959 年 6 月,杨秀峰在中等冶金专业教育工作会议上,做了《学校必须以教学为主》的讲话,提出"马列主义不仅仅在政治课中有,在其他课中也有,如语文课的政治思想性就是很强的,我们培养的学生要又红又专,只专不红不行"。1964 年 10 月《关于改进高等

---

① 蒋建华. 知识·权力·课程——政策视野中的课程研究[M]. 北京:教育科学出版社,2010.
② [苏联]凯洛夫. 教育学[M]. 陈侠等译. 北京:人民教育出版社,1950.
③ 刘仓. 论新中国文化发展的历史分期[J]. 当代中国史研究,2011(2).

学校、中等学校政治理论课的意见》,要求"选定马克思主义的部分内容进行讲解,在现有的《辩证唯物主义和历史唯物主义》教科书中,选用其中的某些章节作为参考读物或补充教材。现有《政治经济学》(资本主义部分)教科书中,选用其中有关剩余价值学说、帝国主义本性和资本主义必然灭亡的规律部分作教材"。并要求"中共党史"这门课必须使"学生初步领会毛泽东同志如何把马克思列宁主义普遍真理和革命的具体实际相结合从而发展了马克思列宁主义"。从以上规定中可以看出,马克思主义作为教育文化活动的根本指导思想,是课程政策决策和实施的依据,在颁布的与课程有关的政策中,既将马克思主义贯穿于所有课程和教材编写过程中,又单独开设相应的课程,用以专门灌输马克思主义的相关理论。

到了"文化大革命"时期,文化对课程政策的影响达到了巅峰。引发"文化大革命"的直接事件是 1965 年 11 月《文汇报》发表了姚文元的《评新编历史剧〈海瑞罢官〉》,全国以无产阶级专政的革命理论为指导,坚持阶级斗争为纲领,将意识形态的阶级斗争扩大化和绝对化,教育领域成为"文化大革命"的重灾区,中等职业教育课程未能幸免。1966 年,毛泽东亲自决定高校和中学停课半年,学生教师集中时间专门搞"文化大革命",中等职业教育课程亦全部被停。在整个"文化大革命"过程中,中等职业教育突出阶级斗争课程,突出生产实践课程,全面削弱基础文化课和专业课程。"文化大革命"倡导"大鸣大放大字报大辩论",鸣、放是对文艺工作讨论和实行"百花齐放,百家争鸣"方针中形成的简化语,"四大"在 1957 年整风运动和反右派斗争中曾经被当作社会主义民主的独创形式。[①]

"文化大革命"期间,为了更契合毛泽东的实用主义思想,我国中等职业教育课程政策十分强调生产实践性教学,基础理论课程所占比例微乎其微,以致"文化大革命"结束后,中等职业学校毕业的学生,很多人连基本的专业理论知识都不会,完全不能适应职业教育技能岗位的需要。

二、改革开放以来文化发展对中等职业教育课程政策的影响

我国是一个多民族国家,在长期的历史发展过程中各民族形成了自己独特的文化和民族心理,需要结合各民族自己的文化特色,来制定相应的中等职业教育课程,这样才能更好地促使中等职业教育在民族地区得到更好的发展。在新中国成立三十年这段时间,由于太多的政治运动,致使中等职业教育本身就没有得到更好发展,更别说进行课程设计时考虑各民族的文化特色。在改革开放之后,这一情况有所改观,

---

① 中国共产党新闻网:http://www.zgdsw.org.cn/n/2012/1116/c244520-19602300.html

陆续出台的各种与中等职业教育课程有关的文件中,提及了课程教材的多元化。"多元文化课程以宽广的视野关注和整合各民族文化的精华,容纳了区域内文化和文化间的理解与和谐,以开放的姿态反映了全球化趋势和要求。"[1]事实上"多元文化教育是一个广泛的概念,它是从尊重多样性世界的观点出发,认识社会不平等和鼓励学生取得学业成就的相关政策、课程及教育活动。其哲学基础是自由、公正、平等和尊严"。[2]从我国的文化传统来看,"和而不同"作为我国传统文化中处理不同事物之间的关系的一条重要思想,其实质就是倡导不同事物之间的对话。"和"的主要精神就是要协调"不同",达到新的和谐统一,使各个不同事物都能得到新的发展,形成不同的新事物。这种追求新的和谐发展的精神,为多元文化共处提供了不尽的思想源泉。[3]我国多元文化发展对中等职业教育课程政策产生的影响主要有:

一是课程教学组织方式的多元化。改革开放以后,邓小平同志提出社会主义不但要重视物质文明建设,也要重视精神文明建设,而进行精神文明建设的一个重要任务,就是要培养"有理想、有道德、有文化、有纪律"的"四有"新人。人才培养目标的多元化,必然要求课程和教学方式的多样化。[4] 1989年5月《关于技工学校深化改革的意见》要求"结合形势和学生的思想状况进行教学,努力创造出生动活泼、灵活多样的教学方法"。教育部在制定1986—1990年教材选题规划的意见中提出,要鼓励各部门各地区自行组织编写不同风格和不同特色的教材,使教材朝多样化方向发展。1995年5月《关于普通中等专业教育(不含中师)改革与发展的意见》要求"通过试点,总结经验,逐步实现教学模式的多样化,如试行学分制、分段制、工学交替、选修制、模块式教学等"。2008年12月《教育部关于进一步深化中等职业教育教学改革的若干意见》指出,"要坚持以人为本,积极转变教学理念,科学处理学生综合素质提高和职业能力培养的关系,正确处理学生文化基础知识学习与职业技能训练的关系,学生要掌握必要的文化知识和熟练的职业技能"。2009年1月教育部发布的《关于制定中等职业学校教学计划的原则意见》指出,"专业技能课程教学应该根据培养的目标,教学内容以及学生的学习特点,采取灵活多样的教学方法进行教学"。每一个人的发展都是全面的和均衡的,要尊重每一个受教育者的人格主体、价值主体、实践主体和发展主体,在教学活动中尊重和承认主体差异,鼓励学生进行选择和创造,为不同文化背景的学生创造公平的发展机会,应该实现多元文化之间在课程中的对话、沟通和整合。[5]

---

[1] 张增田,靳玉乐.多元文化课程的内涵与特点[J].当代教育科学,2006(17).
[2] 赵尚.试论多元文化教育思想的产生及其对课程理论的影响[J].外国教育研究,2008(2).
[3] 乐黛云.多元文化发展中的问题及文学可能作出的贡献[J].中国文化研究,2001(1).
[4] 王丽丽,郭晓海.改革开放30年中国文化发展的进程[J].消费导刊,2008(15).
[5] 张增田,靳玉乐.多元文化课程的内涵与特点[J].当代教育科学,2006(17).

二是课程教材编写的多元化。江泽民同志在党的"十五大"上提出了中国特色社会主义文化建设问题,认为应当建立"面向现代化、面向世界、面向未来的、民族的、科学的、大众的"社会主义特色文化。该理论是对邓小平同志文化建设理论的继承,又在此基础上扩大和丰富了其内涵。这一系列文化建设政策的出台,加速了社会主义文化建设的步伐,对中等职业教育的教材编写也产生了深远影响。1993年5月国家教委印发了《关于职业技术教育教材规划工作的意见》等一系列文件,要求"国家教委统筹协调职业技术教育教材工作,各省、自治区、直辖市以及中央业务部门主要负责做好各自分工部分的教材规划与建设工作。在两级规划的基础上,地、县两级还要因地制宜编写必要的适合地方职教需要的乡土教材及补充教材,并切实落实出版规划。根据需要与可能,编印大量的职业技术培训教材(含高级讲义)和适合各地需要的乡土教材,有计划地组织翻译适量的国外同类教材";1998年2月《面向二十一世纪深化职业教育教学改革的原则意见》要求"按照专业建设的要求,建立新的课程体系和与之相配套的教材系列。课程和教材门类繁多,更新要求快,改革和建设必须调动和充分发挥中央和地方、行业和企业以及学校各方面的积极性";2000年3月《关于全面推进素质教育、深化中等职业教育教学改革的意见》要求"国家组织开发和编写具有中等职业教育特点和要求的文化基础课程标准和教材,地方、行业要根据区域经济和行业发展的实际需要,组织开发和编写具有地方和行业特色专业的课程和教材。中等职业学校要根据实际需要,及时更新教学内容,开发教学资源,编写反映自身教学特色的补充教材和讲义等。"从以上中等职业教育课程政策有关的文件中可以看出,中职教材的编写越来越强调时代特色、行业特色、地方特色、民族特色,而这样的发展趋势与社会主义特色文化建设方针紧密相连,直接受到其影响,本质上是一种文化发展多元化的态势。课程政策的制定要"适应学生生存方式和文化背景的多样性、差异性,实现课程和教材的多样性,教学语言的多样性,课程评价标准的多样性,提供不同族群与不同社会阶层多元文化背景下人们自身的发展需要"。[1]

三是课程改革经验借鉴对象的多元化。在改革开放之后,随着国门的打开,国人发现外面的世界丰富多彩,国外各种先进的文化被引入中国,苏联文化不再是我们借鉴学习的唯一对象,中国的文化呈现多元化发展的趋势,这也直接影响到中等职业教育课程政策的制定。广大人民群众深刻认识到,闭关锁国的一元文化形式不可能带来教育的繁荣。1991年10月,《国务院关于大力发展职业技术教育的决定》提出,各级职业教育要加强"与世界各国和各地区及有关国际组织的交流与合作"。1995年1月,

---

[1] 龙安邦.课程的文化依附:意义、局限与超越对策[J].教育学术月刊,2012(3).

国家教委发布了《中外合作办学暂行规定》,提出"国家鼓励在职业教育领域开展中外合作办学"。在20世纪80年代,借鉴德国的"双元制"课程教学模式,在课程改革中强调校企合作的重要性;借鉴国际劳工组织的MES模式,即模块式职业技能培训模式;在20世纪90年代引入了加拿大的CBE模式,确立了能力本位的课程理念;21世纪引入了澳大利亚的TAFE模式,对职业教育的终身化问题达成了广泛共识。社会主义特色文化的理论,促进了国内外中等职业教育课程建设的合作力度,有利于我国中等职业教育的课程发展与国际接轨。就其本质来说,课程是一种文化传播的重要途径,课程不仅包括国内各民族的文化,也包括其他国家文化的精华部分,中等职业教育课程建设应当广泛吸收整个人类社会物质文明和精神文明的成果。

第四节 科技发展的因素

在不同的科技发展水平阶段,职业教育课程目标、课程模式、课程内容和教学手段等方面都具有不同的特征。在传统手工生产力阶段,课程目标主要是培养以体力消耗为特点的工艺型劳动者,课程模式主要是开展手工技术的随机模式,课程内容主要是简单粗糙的农牧手工技术;在大工业机械生产力阶段,课程目标主要是培养手脑并用的技术劳动者,课程模式主要是学科模式,课程内容主要是工业知识和机械操作技能;在当代科技发展阶段,中等职业教育课程目标主要是培养以智力支出为特征的科技型劳动者,课程模式从活动模式朝综合模式转变,课程内容随着科技的高速发展日新月异。

在科技发展过程中,我国中等职业教育课程政策从课程目标、模式、内容等方面对科技的发展做出相应调整。1991年10月《国务院关于大力发展职业技术教育的决定》指出,推动科技进步是实现第二步战略目标并为21世纪经济和社会发展奠定基础的迫切需要;1998年3月《关于实施〈职业教育法〉加快职业教育发展的若干意见》,要求运用职业学校在人才、技术和信息等方面的优势,不断增加产品的科技含量;1999年7月《关于成立全国中等职业教育教学指导委员会的通知》中指出,委员会的职责是分析国家经济建设、科技进步和社会发展对劳动者和专门人才知识、能力的总体要求,对中等职业教育的相关课程教学进行指导;2003年12月《关于进一步加强中等职业学校实习管理工作的通知》要求职业学校要适应科技发展和企业技术升级换代的变化,不断更新校内实训基地的设施设备;2012年12月《关于调整和增设全国行业职业教育教学指导委员会的通知》指出,行业指导委员会的主要职能是分析研究国家经济建设、科技进步和社会发展对人才需求的影响,提出本行业职业教育人才培养的职业道德、知识和技能要求。

科技信息技术的飞速发展对职业教育课程产生着非常深远的影响,电子和信息技术的发展,使得传统制造业中的操作工人总量呈减少趋势,软件管理和开发、通信等行业内的职业需求人数呈上升趋势。网络的快速普及使得电子商务蓬勃发展,中等职业教育的专业和课程设置也做出了相应的调整。以澳大利亚为例,信息技术的发展促使了信息技术培训包的开发,国家行业培训顾问机构在不同时期对信息技术培训包进行适时修订,以满足行业的需求。同时,澳大利亚政府为了使职业教育课程能应用新的科学技术,在全国范围内积极倡导灵活学习策略。灵活性学习(Flexible Learning)主要是利用电子技术开展教学的学习方式,它有一套用于互联网授课的网络教学资源。① 澳大利亚政府为了顺应科技的进步与发展,颁布相应的课程政策,适时调整职业教育课程的内容,在课程开发的过程中,根据科技的发展变化和行业需求,不断对职业教育课程的内容进行完善和充实,以更好地应对职业教育发展的现实需求。

对中等职业教育的课程而言,随着高科技时代的来临,科学技术更加普及,计算机的应用更为广泛,高新技术在生产领域中的应用更加深入。正因为如此,对职业技能人才的要求更高,我国中等职业教育必须由规模化发展逐渐转为内涵式发展,只有这样,才能在职业教育办学层次上移的过程中占有一席之地。而内涵式发展的一条基本途径就是加大中等职业教育课程的改革力度,我们国家颁布的与职业教育课程改革有关的政策中,对于如何应对高科技时代的到来提出了相应的举措,我国中等职业教育课程政策在课程参与主体、课程目标、教学手段等方面都应当更好地适应科学技术发展的需求。

---

① 顾海悦,李树林.澳大利亚信息技术对职业教育课程的影响[J].江苏技术师范学院学报(职教通讯),2008(12).

第三章　价值之维:新中国中等职业教育课程政策价值取向

"当我们谈论价值,我们是在生命鼓舞之下,在生命之光照耀下讨论价值的;生命迫使我们建立价值;当我们建立起价值,生命又通过我们对之进行评论。"[①]

——[德]弗里德里希·威廉·尼采

---

① [德]尼采.偶像的黄昏[M].周国平,译.北京:光明日报出版社,1996.

在英国学者斯蒂芬·鲍尔看来,政策的本质是"对价值观进行权威性配置,是对法定意图的表达、对价值观的具体化,使之具有可操作性,其与利益、冲突、专制、公正等要素有紧密的关系"。① 在社会发展过程中,人们的实践活动是人形成价值观念的客观基础,价值观是人们对人的自我认识和客观事物的认识,包括了对人的需要和人的能力认识基础上形成的实践观念。实际上,价值观念具有很强的"价值选择性",其以客观认识为基础,又超越了客观认识。② 课程政策表现为"政策主体关于课程领域的政治措施所组成的政策文本或文本的总和,就内涵而言,课程政策的价值取向就是课程政策的一种群体性价值选择"③,是课程政策主体对课程发展实施措施的认识取向与态度偏好。课程政策价值取向包括了对课程的政策理论、政策情感、政策认知、政策态度等方面的认识。④ 在课程政策的制定和实施过程中,一直渗透着价值标准和价值判断,博耶和阿普尔曾对此进行了总结:从政治的角度看,谁应控制知识的选择和分配?通过什么机构?从经济的角度看,知识的控制怎样与社会上的权力、货物和服务的实际存在及不平等分配相关联?⑤

政策制定者在决策的过程中,自身所持有的价值观肯定会影响到政策的形式和内容。课程政策制定与实施,从根本上来说,主要目的不是为了说明对象是什么,而是为了实现课程的价值追求与目标。在课程政策制定和实施的全过程中,价值不仅体现着对人的需要的某种满足,而且还体现着人的主动追求。⑥ 本章主要把课程政策价值观定位为在中等职业教育课程改革的过程中,课程政策参与主体所表现出来的对中等职业教育课程的态度及行为取向。

---

① [英]斯蒂芬·鲍尔.政治与教育政策制定:政策社会学探索[M].王玉秋,孙益,译.上海:华东师范大学出版社,2003.
② 郭凤志.价值、价值观念、价值观概念辨析[J].东北师大学报(哲学社会科学版),2003(6).
③ 杨燕燕.国外课程改革政策及其价值取向[M].杭州:浙江大学出版社,2010.
④ 张男星.权力·理念·文化——俄罗斯现行课程政策研究[M].北京:教育科学出版社,2006.
⑤ 胡东芳.课程政策研究——对"课程共有"的理论探索[D].华东师范大学,2001.
⑥ 胡东芳.论课程政策的价值基础[J].现代教育论丛,2002,22(5).

第一节 公平与效率取向

一、效率与公平的内涵及关系

(一)效率

"效率"一词的概念最先起源于经济学,当社会生产力发展到一定阶段,形成了社会分工之后,自然要求提高生产的效率。亚当·斯密在《国富论》中就曾经说过:"劳动生产力上最大的增进,以及在运用劳动时所表现的更大的熟练、技巧和判断力,似乎都是分工的结果。"[①]但是由于市场经济自身具有自发性和盲目性,单靠市场经济自身刺激生产发展与效率的提高,往往会导致生产过剩,严重的还会引发经济危机,这时就往往需要政府的介入,通过政府的宏观调节而确保市场经济的有效运行。效率必须具有参照性,即要知道在一定的固定投入下,整个生产过程的实际产出与最大产出的比率是多少,在这个过程中,生产资料的投入和最终的实际产出等,都是对比参考的要素。

(二)公平

"从根本上来说,公平是社会关系的一种特有属性,公平是对某种社会关系进行规范和评价的基本尺度。"[②]马克思就曾经说过:"作为纯粹概念,平等和自由仅仅是交换价值交换的一种理想化的表现;作为在法律的、政治的、社会的关系上发展了的东西,平等和自由不过是另一次方的这种基础而已。"[③]公平作为反映社会各种交往关系之间的衡量标准,在不同的发展时期,其现实性与历史性相统一、间断性与持续性相统一、绝对性与相对性相统一、主观性与客观性相统一。历史上的任何一种公平,都既包含着对现实公平的某种形式的肯定,又包含着对现实公平的某种形式的否定与超越。[④]

[①] 亚当·斯密.国民财富性质和原因的研究(上卷)[M].郭大力,译.北京:商务印书馆,1972.
[②] 夏文斌.走向正义之路:社会公平研究[M].哈尔滨:黑龙江教育出版社,2000.
[③] 中央编译局.马克思恩格斯全集第46卷(上)[M].北京:人民教育出版社,1979.
[④] 史瑞杰.效率与公平:社会哲学的分析[M].太原:山西教育出版社,1999.

(三)公平与效率的关系

对于公平与效率的关系,学术界争论颇多,有人认为效率优先于公平,如亚当·斯密和哈耶克等人就持此观点。亚当·斯密认为,人们追求自己的利益,往往使他能比真正出于本意的情况下更有效促进社会的利益。[①] 而哈耶克也认为:"一般性法律规则和一般性行为规则的平等,乃是有助于自由的唯一平等,但也是我们能够在不摧毁自由的同时所确保的唯一一种平等,自由不仅与任何其他种类的平等毫无关系,而且还必定在许多方面产生不平等。"[②]总体上来看,主张效率优先于公平的人,往往更加强调机会和过程的公平性,他们并不认可结果的均等性,认为在任何情况下,效率都应当是优先考虑的。而主张公平优于效率的也大有人在,马克思和罗尔斯等就是其中的主要代表。马克思认为平等应当不仅是表面的,不仅在国家的领域中实行,它还应当是实际的,还应当在社会的、经济的领域中实行,也就是说,公平在社会的各个领域中,都应当是优先考虑的,都应当在具体的实践中得到应用,而效率是次要考虑的问题。罗尔斯也认为,效率原则本身并不能选择一种有效率的对特殊产品的分配方式。[③] 在笔者看来,这些约束条件,更多的是指一种公平的要素考虑,在满足前提和过程公平的条件下,由此产生的结果也往往被认为是公平的。

二、中等职业教育课程政策的公平与效率取向

在国内许多关于课程政策的研究成果中,对于我国课程政策价值取向的划分有不同的甚至截然相反的解读。有学者认为改革开放之前体现的是公平的价值取向,也有学者对此持有不同的看法,认为新中国成立到 2000 年之前体现的都是效率的价值取向。本书认为,在中等职业教育的发展过程中,仅以"效率"或"公平"概括一个时代中等职业教育课程的价值取向还是有失偏颇,尤其是新中国成立到改革开放的这段时期,由于国内外政治经济发展的复杂性,与课程有关的政策中,公平与效率以一种复杂混沌的方式出现,不能对其进行单一的特征判断,正如贝塔郎菲所言:"复杂现象大于因果链的孤立属性的简单总和。解释这些现象不仅要通过它们的组成部分,而且要估计到它们之间的联系的总和。有联系的事物的总和,可以看成具有特殊的整体水平的功能和属性的系统。"[④]

---

① 亚当·斯密.国民财富的性质和原因的研究(下卷)[M].郭大力,译.北京:商务印书馆,1974.
② 弗里德利·冯·哈耶克.自由秩序原理(上)[M].邓正来,译.北京:生活·读书·新知三联书店,1997.
③ 约翰·罗尔斯.正义论[M].何怀宏,何包钢,廖申白,译.北京:中国社会科学出版社,2001.
④ 埃里克·詹奇.自组织的宇宙观[M].曾国屏,等,译.北京:中国社会科学出版社,1992.

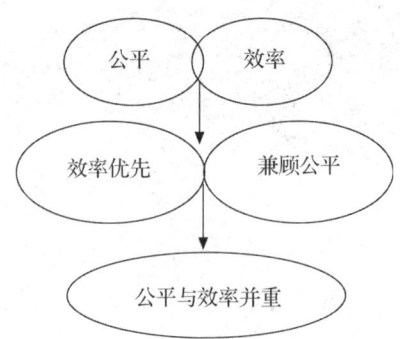

图 3-1　中等职业教育课程政策公平与效率变化趋势

(一)课程政策公平与效率的混合取向

课程政策的公平取向。新中国成立以后,根据人民民主专政的国家性质,广大人民群众应当掌握相应的知识,正如 1949 年 12 月马叙伦在全国教育工作会议上的开幕词所言,"新的教育形式是民族的、科学的、大众的"。1950 年 2 月发布的《改革旧教育,建设新教育》要求各级学校要向工农劳动人民开门,培养工农出身的新型知识分子。在 1958 年 5 月《关于教育工作的指示》中提出要多快好省地扫除文盲,普及教育,培养出一支数以千万计的又红又专的工人阶级知识分子的队伍。1964 年 12 月周恩来在三届一次人大会议上做政府工作报告时指出,半工半读、半农半读的新型学校,提高了工人和贫下中农子女的入学率。广大人民群众入学率提高,享受到了更多的知识资源,扩大了对知识的控制范围,体现了课程政策的公平取向。

课程教学模式的效率取向。我国教育发展的规模无法满足社会经济发展对教育的需求,刘少奇在经过认真调研后,提出:"我们国家应该有两种主要的学校教育制度和工厂农村的劳动制度。一种是现在的全日制学校教育制度和现在工厂里面、机关里面八小时工作的劳动制度。这是主要的。此外是不是还可以采用一种制度,跟这种制度相并行,也成为主要制度之一,就是半工半读的学校教育制度和半工半读的劳动制度。"[①]1971 年 4 月《全国教育工作会议纪要》在对阶段性的教育工作进行总结时指出,根据"半工半读,勤工俭学"的方针,全国各地创建了一大批学校,这些学校多快好省地为社会培养了一大批人才。笔者认为,在中等职业教育中,半工半读也是课程实施的一种方式,在校内进行课程教学,到校外进行实践性教学。职业教育的特殊性决定了其课程改革需要巨额的经费投入,在新中国成立后的很长一段时间里,我国生产力落后,资金匮乏,不可能对中等职业教育有充足的资金支持,在这时候,实施半工

---

① 中共中央文献研究室编.新中国成立以来重要文献选编(第 11 册)[M].北京:中央文献出版社,1996.

半读,既能节约经费投入,又能提高中等职业教育的人才培养规模,这符合提高教育效率的要求,即投入少,产出高。

课程政策公平与效率的混合取向。在全国基本实现了农业合作化以后,虽然当时的教育方针已经明确指出,教育是为贫下中农服务与为农业生产服务的,但在具体的实施过程中,由于正规初中的接纳能力有限,导致广大农村地区的学生升不了学。大量升不了学的学生不能享受更高一级的课程教学资源,这与国家追求的教育公平是相违背的,但当时的经济条件不允许开办更多正规的中专和技校,这时转变课程教学实施的方式就成为一种现实需求。将生产实训场地转移到工厂、农村等生产一线,既节约了课程实施经费的投入,又为基层生产一线提供了丰富的劳力资源,而广大的人民群众获得了教育机会,课程政策的公平与效率的价值取向是混合出现的。尽管课程政策的执行效果并没有预期的理想,但并不能否认半工半读的科学性与合理性。直到今天,半工半读在职业教育发展中又重新被提及,受到政府、学校及企业的广泛关注,说明半工半读的模式依然有强健的生命力。而究其根本原因,笔者认为是半工半读模式满足了科学政策制定的一个基本价值取向,即效率与公平都得到了兼顾。

(二)效率优先与兼顾公平

十一届三中全会以后,全国的工作重点放到经济建设上来,邓小平等中央主要领导发表讲话,强调大力发展中等职业教育的重要性。中央教育主管部门也陆续颁布了《关于中等教育结构改革的报告》等文件,地方政府也出台了相应的具体文件,如北京市出台的"六优先"分配政策,极大促进了中职毕业生的就业。这些倾斜政策,提高了中等职业教育的吸引力。[①] 丹尼斯·劳顿等认为:"一个社会怎样选择、分类、分配、传递和评价它认为是公众的教育知识,既反映着这个社会的权力分配情况,也反映着这个社会权力控制的一些原则。"[②]而一个社会让什么人来享受相应的课程教学资源,这些人是通过什么标准选拔出来的,公平与效率的价值取向以什么样的形态在这些标准中表现出来,招生政策直接决定了哪一部分人能够享受到相应的课程教学资源,是体现课程政策价值取向的最有效载体。

从改革开放至20世纪90年代中后期,在中等职业教育的发展过程中,"效率优先,兼顾公平"可以有多层次的解读与阐释,这是由于中等职业教育自身结构的复杂性所决定的。在这一时期,我国中等职业教育主要由中等专业学校、中等技术学校和职业高中组成,而不同类别的中职学校招生制度和就业分配制度又有差异。对中专

---

① 赵琳,冯蔚星.中国职业教育兴衰的制度主义分析——"市场化"制度变迁的考察[J].清华大学教育研究,2003(6).
② 丹尼斯·劳顿,等.课程研究的理论与实践[M].张渭城,环惜吾,黄晓皖,等,译.北京:人民教育出版社,1985.

和技校而言,国家全面负责就业分配,绝大部分人都能进入机关企事业单位。而这一时期高等教育的培养能力十分有限,以致许多成绩优秀的初中毕业生将考上中专或技校作为自己的奋斗目标。国家对中专和技校的选拔性功能也十分重视。1986年11月发布的《技工学校工作条例》要求技工学校招生,坚持德智体全面考核,择优录取。相比较新中国成立至改革开放前,课程政策公平和效率的混合价值取向,改革开放以后的很长时间里明显将效率放在了前面。这一时期的中专和技校明显具有精英教育的特征,即在初升高的考试中,录取考试成绩优秀的学生升入中等职业学校学习,中专和技校的录取分数普遍高于普通高中的录取分数线。许多成绩优秀的学生宁愿选择接受中专和技校的教育,而不进入普通高中学习。这是因为在改革开放以后很长的一段时间里,国家对中等职业教育的毕业生实行统一招生,统一包分配。有学生为了考取一个中等职业教育学校,连续复读几个初三的例子并不少见。下面是一段对20世纪80年代职校学生的访谈:

问:当时班里有多少同学选择报考职业学校?

答:40%左右吧,全是中等或中等偏上的学生。因为有的职业学校竞争也挺激烈的,尤其是一些热门专业,成绩差的根本考不上。

问:老师支持学生报考职业学校吗?这些学生会不会有低人一等的感觉?

答:老师很支持的。而且由于我们的成绩都比较好,在这种情况下选择职校,尤其是中专、技校,不会有比别人差的感觉。可以说,当时上一些比较有名的职业学校的难度要大于上市重点高中和普高的难度。①

通过这段话可以看出,这一时期我国中等职业教育的生源质量非常好,而这有利于课程教学质量的提高,换句话说,学生的录取分数越高,意味着其基础知识的掌握越扎实,对中等职业教育各门学科知识的理解就更加容易和深入。在这一时期,兼顾公平的理念更多地体现在职业高中的设置和运转过程中。1985年5月《中共中央关于教育体制改革的决定》要求,要有计划地将一批普通高中改为职业高中。而相比较中专和技校的国家包分配,职业高中从一开始就是不包分配的,这也使得职业高中的录取分数明显低于中专和技校。而录取分数相对偏低,也就意味着有更多的学生可以进入职业高中进行学习,这在一定程度上符合了公平的要义,即让更多的人享受到了教育资源。从整个中等职业教育的组成部分来看,中专和技校录取分数很高,部分承担了高等教育的教育功能,具有精英教育的特征,更强调的是一种效率优先,而职业高中的课程实施受众对象更广,社会成员获得教育的机会更多,体现了一定的公平性。

---

① 周正.谁念职校:个体选择中等职业教育问题研究[M].北京:教育科学出版社,2009.

通过对这一段时间的中等职业教育课程政策进行分析可以看出,效率和公平原则在其中是以一种多维复杂的层次性体现出来的,一部分体现了效率,一部分体现了公平。"在非线性复杂系统中,局部与局部的叠加不是整体,整体不仅大于部分的总和,而且在质的规定上部分的总和是不能和整体相比的。每一个组成部分不能代替整体,每个层次的局部不能说明整体。"①中等职业教育招生规模的扩大,生源质量的提高,并没有带来中等职业教育课程教学质量的显著改善,因为相应的师资、生产实训设备并不能满足当时学生的人数与规模。大部分职业学校还是沿用传统的三段式课程教学模式,前两年以上基础理论课为主,到了第三年才勉强派学生去企业进行实习。而许多学生的实习是形式主义,去企业看看瞧瞧,走走过场,然后回学校等待毕业分配,学生并没有从中学到多少与本专业相关的技能,这在一定程度上契合了经济学上的"规模报酬"原理。规模报酬原理分析的是各种经济实体,生产规模变化所引起的产量变化之间的关系,规模扩大引起企业报酬增加的,叫规模报酬递增;规模扩大而企业报酬不变的,叫规模报酬不变;而规模扩大企业报酬减少的,叫规模报酬递减。整个20世纪80年代至90年代中期,我国中等职业教育的学生规模扩大了,师资与生产实训设备并没有相应地提高,中等职业教育低水平的课程教学质量与录取学生高分数之间形成强烈的反差,但这并不影响中等职业教育享受相应的"政策红利",即中职毕业生的国家包分配政策。可以说这一时期中等职业教育难得地取得了与普通中学教育平等的地位,但是其课程教学的质量并没有得到显著的提高。从20世纪90年代中后期至21世纪初,高校扩招、经济体制改革等因素对中等职业教育的发展造成了极大的冲击,中专、技校学生不再统一包分配,中职院校对那些成绩优秀的初中学生丧失了吸引力,依照中考分数择优录取的方式已经难以为继,成绩不好的学生也宁愿花钱读普通高中,中职学校的生源骤减,中等职业教育的发展暂时处于停滞状态。中专和技校生源质量的提高,并没有带来其课程教学质量的必然提高,两者之间呈现一种非线性的关系,这也是导致中等专业学校和技术学校最终难以继续赢得社会认可的一个重要原因,因其已经不能适应社会经济发展的需求。普利高津曾说:"线性律与非线性律之间的一个明显区别就是叠加性质的有效还是无效:在一个线性系统里两个不同因素的组合作用只是每一个因素单独作用的简单叠加。但在非线性系统中,一个微小的因素能导致用它的幅值无法衡量的戏剧性效果。"②

---

① 蒋园园.复杂理论视阈下的教育政策执行研究[D].华东师范大学,2010.
② [美]J.布里格斯,F.D.皮特.湍鉴:浑沌理论与整体性科学导引[M].刘华杰,潘涛,译.北京:商务印书馆,1998.

(三) 公平与效率并重

从 2001 年开始,国家及时调整了中等职业教育的政策,从以前的追求效率和质量、择优录取的办学模式,逐渐过渡到追求公平和质量的发展轨道上来,总体上呈现出一种公平与效率并重的态势。2001 年 3 月,教育部发布了《关于做好 2001 年中等职业学校招生工作的通知》,要求各省(区、市)不再单独组织中等职业学校的招生考试。中等职业学校招生按照初中毕业统一升学考试成绩录取学生,部分中等职业学校可实行免试入学。在 2001 年 7 月,《全国教育事业第十个五年计划》明确提出,要坚持社会主义教育的公平与公正性原则,更加关注处境不利人群的受教育问题,加强了中等职业教育对所有受教育者具有公平性的优势,即"所有人接受职业教育的权利和机会的基本平等与对个体发展差异性的尊重"。[①] 在 21 世纪中等职业教育发展过程中,公平与效率不断被提及。教育公平包括教育机会公平、教育过程公平、教育结果公平,在这三者中,教育机会公平最为重要,它是教育过程公平与教育结果公平的前提条件,中等职业教育充分保障了这一条件的实现。[②] 在 2002 年,教育部下发了《关于做好 2002 年中等职业学校招生工作的通知》,要求"扩大招生自主权,允许学校在招生过程中自主确定或调整招生专业和人数"。温家宝在多个场合强调"职业教育大门应面向所有的孩子们,职业教育是面向人人的教育"。国家连续发布的招生政策,扩大了中等职业教育的受众群体,增加了弱势群体享受教育资源的机会。

---

① 任爱珍.惠及民生的职业教育公平问题研究[J].现代教育科学,2011(3).
② 龙安邦.基础教育课程改革中的效率与公平[D].西南大学,2013.

第二节 学科与社会取向

一、中等职业教育课程政策的"学科本位"取向

"学科本位"的课程政策与课程模式有很大的关系,"课程模式是在一定课程观指导下的课程内容及其进程和安排在时间和空间方面的特定组合方式。即课程模式是课程观、课程内容和课程结构三元素的特定组合形式。课程结构是课程模式的基础,而课程结构的转换以一定的课程模式为框架"。① 此处所指课程政策的"学科本位"主要是指"三段式"课程模式,是新中国成立后我们从苏联引进而来的,在我国中等职业教育课程的发展过程中,"三段式"课程模式居于主导地位。"三段式"课程模式"源于普通高校,即将课程划分为文化课、专业课、实习课或文化课、专业基础课、专业课,主要按照学科门类划分课程科目,按学科的内在逻辑选择课程内容,特别强调传递知识的系统性和完整性,其实质是学科中心"。② 这种课程模式普遍把中等职业教育课程分为文化基础课、专业理论课、生产实践课三类,按照从基础课到应用实践课的顺序排列,呈现出一个三角形。

图 3-2 三段式课程结构

在这一传统职业教育课程模式中,文化基础课和专业理论课占总课时的 50%~60%,部分学校甚至达到 70%~80%。"三段式"课程模式以知识自身的逻辑为中心,而不是以工作实践任务为中心来对课程进行组织和选择。该课程模式的本质是在传统学术教育课程的基础上简单加上一个"实践"部分,并没有真正与整个课程结构融为一体。

"三段式"课程模式在特殊历史时期曾对中等职业教育的发展产生过积极作用,

---

① 甄卫京.简析技工教育课程模式与课程结构的改革[J].职业教育研究,2006(12).
② 苏雄才,姚贵平.中职三段式与模块式课程的比较分析[J].中国教育技术装备,2011(26).

但改革开放以来,随着市场经济的发展,"三段式"课程模式在中等职业教育课程的发展过程中,越来越不能满足社会对技能人才的要求。中等职业教育领域,对三段式课程改革的呼声一直没有停止过,但现实情况却是"三段式"课程模式在我国中等职业教育课程模式中还是居于主导地位。当然,也有许多职业学校会间断性地安排学生去实习,如上了一学期基础理论课程,去企业实习一学期,然后再回来继续学习理论知识,然后又继续出去实习,如此循环。这实际上是把中等职业教育课程划分成了许多类型,而不是三段式课程。为了避免课程类别划分的混乱,部分专家学者更愿意把这种课程模式称为单科分段式课程模式[①]。尽管学界对"学科中心"取向的职业教育课程类别的划分有不同的观点与看法,但这些课程类别的变化模式都是以三段式课程模式为基础和雏形,因此,本书依然沿用三段式课程模式的基本理论。

1952年8月29日由教育部颁布的《中等技术学校暂行实施办法》规定,中等技术学校的普通课授课时数占授课总时数(不包括校内教学实习和校外生产实习)的百分比一般应以不少于25%,不多于45%为原则。1954年9月26日中央人民政府政务院《关于改进中等专业教育的决定》,要求中等专业学校教学实习与生产实习的时间应占理论教学时间的25%~35%。1979年8月13日教育部发出《印发〈关于中等专业学校工科专业二年制教学计划安排的几点意见〉的通知》规定,对教学环节和教学时数的安排如下表:

表3-1 教学环节和教学时数的具体安排

总周数	假期	考试	入学毕业教育	公益活动	机动	理论教学	实习毕业设计	周学时数	政治	数学	体育	总学时数
104	16	4	3	1	2	57~64	15~22	26~30	120	120	60	1500~1900

注:1.由于各地区寒暑假周数不同,因此假期周数是按寒暑假各两次计算的。2.公益劳动包括支援麦收等劳动,学生可在两年内轮流各参加一周。

1986年4月,国家教委发布了《关于制定和修订全日制普通中等专业学校(四年制)教学计划的意见(试行)》,普通课、基础课、专业课三类课程的比重,工科专业一般可参照45∶35∶20的比例来安排,具体安排如下表:

---

① 徐国庆.实践导向职业教育课程研究[D].华东师范大学,2004.

表 3-2　中等机械制造专业四年制教学计划实践教学与理论教学对比

年份	理论教学周数	实践教学周数			实践教学周数占理论教学周数的百分比(%)		
		实习	毕业设计	合计	实习	毕业设计	合计
1956	110	32	9	41	29.1	8.2	37.3
1963	10～116	40～52	7～9	47～61	40～44.8	7～7.8	47～52.6
1982	112	29	7	36	25.9	6.3	32.1
1987	112	23	7	30	20.5	6.3	26.8

1990年12月31日《关于制定职业高级中学(三年制)教学计划的意见》，规定了政治课和文化课、专业课、实习的课时比例，工农医类一般为3∶3∶4，文科类一般为4∶3∶3，某些要求技能较强的专业、工种一般为2.5∶2.5∶5。2009年1月6日《教育部关于制定中等职业学校教学计划的原则意见》规定，公共基础课程学时一般占总学时的三分之一，累计总学时约为一学年；专业技能课程学时一般占总学时的三分之二，其中顶岗实习累计总学时约为一学年。

通过表3-1和表3-2以及其他的课程政策可以看出，从新中国成立到改革开放至今，三段式课程模式依然广泛存在于中等职业教育课程的政策文本和实践中。就算是借用计算机中的"平台"概念，把职业教育课程划分为文化基础平台、专业基础平台、专业平台等，在本质上与原来的"三段式"课程门类划分并无本质区别，仅仅只是把"课程"二字换成了"平台"。① 传统课程的实施方式以班级为单位，进行课程授课。对学生而言，学习的主要方式是阅读、听讲、讨论、课堂练习等。班级授课的本质是"去情境化"的，脱离了具体的工作场地，倡导先学习理论再进行实践，是一种线性演绎的过程。② 传统课程中，中等职业学校的教学方法以讲授法为主要形式，实训课的重点亦是教师的讲解和演示，学生的操作实践仅是对理论知识的再认识。

其实早在20世纪50年代，工程教育的专家茅以升就指出这种理论与实践相脱节的教育形式的弊端，"学的对象是理论，习的对象是实践，因此在学习里应求其统一。一个阶段里不能不有一定的次序，于是发生学和习的先后问题。这里主张的，是先习实践课程，后学理论课程，由'知其然'达到'知其所以然'，是'学而时习之'的大翻身……理论课程是重要的，是必须修学的，但切不可空，亦不应泛。欲避免此种空而且泛的毛病，唯一方法即是先习而后学。所学的以所习的为依据，所习的既是无法

---

① 石伟平，徐国庆.职业教育课程开发技术[M].上海：上海教育出版社，2006.
② 杨长亮.职业教育项目课程实施研究[J].职教通讯，2006(3).

空泛,因此所学的理论,也不会空泛"。① 在三段式课程模式中,理论课远远多于实践课,而实践课多是采取学生顶岗实习的方式进行。理论课的讲解往往只需要一间教室,一块黑板,教师的一张嘴就可以进行;而顶岗实习中,学生多是直接顶替生产一线工人的工作岗位,从事的是技能要求较低的工作,并不需要国家和企业投入多少资金。我国对中等职业教育的投入,远远低于德国等发达国家,对中等职业教育的投入少,必然导致各学校采用节约成本的方式开展职业教育课程,而三段式课程模式自然是最佳选择。职业教育界一直呼吁对三段式课程模式进行改革,但由于国家对中等职业教育的投入远远低于高等教育,没有强有力的资金支持,对于职业教育这样的资金高投入领域来说,对三段式课程模式的改革常常显得力不从心。

世界上大部分发达国家在教育经费的分配过程中,优先满足初、中等教育的经费需求,然后才是对高等教育的投入。但在中国,情况恰好相反,大量的教育经费被投入到高等教育上,而初、中等教育本身还尚未普及。在2001至2009年间,我国中等职业学校招生从400万人扩大到873万人,增加了一倍多,但中等职业教育的预算经费却不断下滑。这直接导致了中等职业学校教室不足,学生宿舍拥挤,生产实训设施落后,教师待遇差,优秀教师流失率高,"双师型"教师匮乏。在某中等职业学校,计算机和数控专业的958人,平均120人同用一台实训设备。在这种情况下,一切新的课程教学模式的实施效果都大打折扣。就职业教育经费的分配而言,亦存在严重的经费分配不平衡,国家对中等职业教育的投入极度依赖政策指令,阶段性和突击性特点明显,一阵风过后,受益的只是极少数重点职业学校,更多的中职学校资金匮乏的局面未有明显改观。② 资金和师资的匮乏,直接导致中等职业教育课程改革仅仅是在上海等发达地区开展得比较深入,而在广大的中西部地区,课程改革犹如蜻蜓点水,一带而过,未深入到内部,三段式课程依然居于主导地位。

二、中等职业教育课程政策的"社会本位"取向

社会本位论主张的是以社会价值为中心,主要依据社会发展需要来制定教育目的和开展教育活动。"涂尔干是典型的社会本位论者,他认为与教育有关的一切都应服从社会的意志,教育须以满足社会发展需要为第一要务。纳托尔谱认为在教育目的的决定方面,个人不具有任何价值,个人不过是教育的原料,个人不可能成为教育的目的。社会本位的极端形式是'国家主义',其实质是国家利益无条件高于一切。

---

① 茅以升.工程教育中的学习问题(载《茅以升文集》)[M].北京:科学普及出版社,1984.
② 刘晓,石伟平.当前我国职业教育投入现状的分析与思考[J].职教论坛,2011(4).

涂尔干认为如果社会与其周围的社会处于交战状态，它就会致力于按照一个强有力的民族模式来培养人；如果社会竞争具有更温和的形式，社会就会致力于培养全面和仁慈的人。"[1]社会本位论有三个基本主张：个人的一切发展都依赖于社会发展；教育除了社会目的，没有其他目的；社会效率是衡量教育结果的唯一标准，主要是看培养的人为社会做了多少贡献。教育目的的个人本位论主张教育目的应以个人价值为中心，应"根据个人自身完善和发展的精神需要来制定教育目的和构建教育教学活动"。[2] 卢梭是坚定的个人本位论者，他认为人天生就有良心、理性、自由，应顺应人的天性进行教育活动。而鲁迪格尔认为，教育的根本目的在于个体而不是社会，他坚决反对将社会目的作为教育目的的主要部分。个人本体论有三个基本主张：1.教育的目的是依据个人自身发展的需要制定的；2.社会价值低于个人价值，社会价值仅体现为一定条件下对个人发展有帮助；3.人天生就有健全的本能，而教育目的在于促进这种本能健康发展。

站在社会本位的立场，中等职业教育课程的功能，就是要把中职学生培养为基层生产一线的技能人才。社会往往看重中等职业教育的技能培训和就业促进功能，而在中国，就业率具有经济和政治的双重功能，中等职业教育被赋予满足社会经济发展和减少失业率，维护社会稳定的双重使命，中等职业教育的功能演变成单纯为经济建设和政治稳定服务。而这样的后果，往往会导致中职学生"只视自己为纯粹的适应者，就会失去仰望天空的眼力，就会失去自己生命的活力"。[3] 中等职业教育课程目标受社会本位倾向，表现为根据社会发展的需要来对课程进行设计和构建，主张中职学生的发展依赖并受制于社会发展，课程设计要适应当前社会的发展，注重使学生学习掌握生产劳动技能，学会生存和适应环境。

新中国成立三十年来，中等职业教育课程目标的设定往往强调国家和社会的需要，是典型的社会本位价值取向。如1952年8月由教育部颁布的《中等技术学校暂行实施办法》，提出以理论与实际一致的教育方法，培养具有必要的文化、科学的基本知识，掌握一定的现代技术，身体健康，全心全意为人民服务的初级和中级技术人才。1954年11月由高等教育部颁布的《中等专业学校章程》，要求培养具有马列主义基础知识、普通教育的文化水平和基础技术的知识，并能掌握一定专业的、身体健康、全心全意为社会主义建设服务的中等专业干部。

---

[1] 扈中平.教育目的中个人本位论与社会本位论的对立与历史统一[J].华南师范大学学报(社会科学版),2000(2).
[2] 杨静.新阶段 新起点 新思路——我们眼中的新一轮中等职业教育教学改革政策视点[J].中国职业技术教育,2009(20).
[3] 张楚廷.课程与教学哲学[M].北京:人民教育出版社,2004.

而改革开放以后,随着市场经济的深入发展,大量国外职业教育课程思想和模式被引入中国,中等职业教育课程开始关注学生的个人发展,但总体上还是坚持社会本位的课程目标。现在依然有很多人认为中等职业教育就是"就业教育",是为学生就业找工作做准备,这一点在中等职业教育课程有关的政策中就有所体现。1986年6月国家教委《关于制订职业高级中学(三年制)教学计划的意见》指出,专业课要为学生打下必要的技术理论基础和使学生获得从事生产、工作所必需的知识和技能,专业知识面不要太窄,以适应长期广泛就业和进行技术革新的需要。我国著名教育学者叶澜教授曾在20世纪80年代指出:"当代中国教育价值取向存在着偏差。在政府的教育决策中历来只强调教育的社会工具价值,忽视了教育的培养个性、使人的潜能得到尽可能发展方面的价值;总是要求教育出即时的、显性的功效,忽视或轻视教育的长期效益。"[1]1990年12月国家教委《关于制订职业高级中学(三年制)教学计划的意见》指出,为适应就业和进行技术革新的需要,专业知识面可适当拓宽。1998年2月,国家教委发布了《面向二十一世纪深化职业教育教学改革的原则意见》,认为职业教育课程的终极目标是培养与21世纪我国社会主义现代化建设要求相适应的,具备综合职业能力和全面素质的,直接在生产、服务、技术和管理第一线工作的应用型人才。2000年3月,教育部印发了《关于全面推进素质教育、深化中等职业教育教学改革的意见》的通知,认为中等职业教育课程最终目标是培养与社会主义现代化建设要求相适应,德智体美等全面发展,具有综合职业能力,在生产、服务、技术和管理第一线工作的高素质劳动者和中初级专门人才。2004年10月,《职业院校技能型紧缺人才培养培训指导方案》提出,要把毕业生就业率作为衡量教学质量和办学效益的主要依据。要落实职业教育以服务为宗旨,以就业为导向的方针。2008年12月教育部《关于进一步深化中等职业教育教学改革的若干意见》指出,深化课程改革,努力形成就业导向的课程体系,加快建立就业导向的教学质量评价检查制度,坚持以就业为导向、以能力为本位的教学质量评价观。2009年1月《教育部关于制定中等职业学校教学计划的原则意见》指出,专业技能课程的任务是培养学生掌握必要的专业知识和比较熟练的职业技能,提高学生就业创业能力和适应职业变化的能力。通过阅读以上与课程有关的政策可以发现,"社会"与"就业"是出现频率很高的词,而作为个体需要的词很少出现。

课程目标的功利化直接导致课程内容的极度技术化和职业化,片面追求课程的工具性和实用性,讲究教育内容与职业岗位完全对接,社会需要什么课程,就设置什

---

[1] 叶澜.试论当代中国教育价值取向之偏差[J].教育研究,1989(8).

么课程。1989年5月劳动部《关于技工学校深化改革的意见》指出,坚持文化、技术理论课为专业课服务,专业课与生产实习教学密切结合的原则,适当调整课程设置和各课的教学时数,删除现有教材中冗繁和陈旧的部分,合理地增添新技术、新工艺等教学内容。2005年10月《国务院关于大力发展职业教育的决定》指出,要合理调整专业结构,大力发展面向新兴产业和现代服务业的专业,大力推进精品专业、精品课程和教材建设。①

中等职业教育属于教育的一种类型,既有为社会所需培养合格技能型人才的任务,亦具有教育的共同功能,即为社会培养合格公民的任务。但在长期的社会本位思想的影响下,中等职业教育办学者往往会忘记后一个任务,仅将中等职业教育作为培养基层技术工人而开展的教育。素质教育、能力拓展在中职学校演变为反复进行的军事训练课,气势宏大的军体拳,百人齐背《弟子规》,千人齐做"板凳操",表面是在进行素质教育,实质是将教育的功能变为管束学生,让学生变成只会服从整齐划一的口令,机械重复相关动作的"机器人"。写到此处,笔者不由想起发生在自己身边的一件事:笔者身边有好几个哲学系毕业的同学,最终都选择做媒体记者,工作干得顺风顺水,撰写的深度新闻报道不时见诸报端。我就纳闷,哲学系毕业的学生,咋就干起新闻记者了?我的一个同事做过八年的新闻记者,他是这样解释这件事情:新闻专业毕业的学生,从事传媒工作上手快,不需要再培训,但往往后劲不足,写出的新闻稿件思想性不强;而哲学专业毕业的学生,能从不同的视角挖掘新闻事件背后的意义,所做的新闻报道更具有启发性和影响力。

与以上实例相比,教育的极度社会本位和功利化,必然导致中职学校沦为技能培训机构。强调学生毕业直接上岗,一切都以考取职业资格证书为课程目标,甚至以用人单位需要什么我们就教什么为口号,各班级变成"速成班",学生对所学技能一知半解,似懂非懂,就被推着顶岗实习,导致中职学生"上岗快、下岗快、转岗慢、职业稳定性差、迁移能力弱"等问题频繁出现。忽视了教育的最终目的是培养人的综合素质、健全人格、促进人的全面发展。②

---

① 刘宇文.论社会本位思潮对教育的影响[J].高等教育研究,2005(9).
② 刘景忠.要警惕职业教育功利化倾向[J].辽宁教育,2012(12).

第三节 "唯国家化"取向

　　《美国教育基础》的作者认为,美国重要的政治领域之一就是教育,在各级地方政府,教育甚至是最重要的政治领域。科根(Kogan,M)认为,教育就本质而言是政治性的。[①] 政府对中等职业教育的课程价值取向、课程计划、教学大纲和教科书等方面都有所控制。著名课程论专家阿普尔曾经说过:"不管我们喜欢与否,各种政治权势总是要侵入课程与教学之核心。"[②]没有任何迹象表明,国家课程的内容选择建立在理性主义者对特定人类知识内在价值认识的基础上,或者是一种为实现平等的教育机会而经过深思熟虑的政策,甚至是构成平衡课程的一种理论——无论这种理论是否经过了充分的思考。[③] 中国共产党的诞生与新中国的成立,无不与苏联有着千丝万缕的联系,考察苏联的政治体制与教育制度,可以更好地理解我国中等职业教育课程政策的特征与内涵。纵观苏联课程的改革与发展,"唯国家化"的特征非常明显,即"课程政策仅属于国家的活动范畴,而不是一种有社会组织和民众参与的公共社会活动;课程政策的首要出发点是国家发展的需求,而不是社会和个人发展的需求或三者利益的兼顾;课程政策的主要目的是加强国家对社会和个人的控制,而不是加大社会、个人对课程的自主选择性;课程政策的影响力不仅仅在国家的政治、经济等宏观层面,还极大渗透到社会和个人日常生活的每个领域"。[④] 在苏联时期,课程政策的"唯国家化"倾向十分突出:重视人文学科,尤其是政治类课程,目的是增加学生对社会主义的认同感,形成相应的人生观和世界观,以便他们更好地支持党和国家的方针政策;重视科学学科,是为了满足与美国进行军备竞赛的需要;重视职业技术教育,加强劳动生产实习,是为了让学生能更好地"掌握最新的机器和工艺过程"。[⑤] 而在新中国成立以后,我国的教育制度受到苏联的广泛影响,自然也体现了苏联"唯国家化"教育特征。就我国中等职业教育课程政策的发展变迁而言,主要表现为:

[①] 马凤岐.教育政治学[M].北京:人民教育出版社,2002.
[②] Apple M.W.Idology and curriculum (2nd edtion)[M].New York:Routledge,1990,ix.
[③] [英] A.V.Kelly.课程理论与实践[M].吕敏霞,译.北京:中国轻工业出版社,2007.
[④] 张男星.权力·理念·文化——俄罗斯现行课程政策研究[M].北京:教育科学出版社,2006.
[⑤] 瞿葆奎.苏联教育改革[M].北京:人民教育出版社,1988.

一、课程政策的制定始终坚持社会主义教育方向

这一点在新中国成立后的三十年中,表现得淋漓尽致。在当时的特殊国情下,政治思想渗透到公共基础课程中的每一门学科。强调政治课与爱国主义密切联系,是实施爱国主义教育的重要目的;强调教历史就是教政治——政治是阶级斗争,历史便是阶级斗争的记录;强调地理课是进行爱国主义教育重要的政治内容,甚至连语文课也被赋予政治任务,要求把国文课作为政治教育重要的工具。① 在中等职业教育课程设置中,基础课特别强调政治理论课,必须学习苏共党史、政治经济学、辩证唯物主义、历史唯物主义这几门课程,所有课程都是必修课,不设选修课。② 这种门门课程地位平等的政策看似科学合理,实际上加重了学生的学业负担,损害了学生身心健康。政治课普遍缺乏适当的讲义和教材,多以听报告的形式进行,对处于青春期的中职学生来说,单一的授课方式无法引起他们的兴趣,并没能达到政策制定者预期的效果,课程的制定与实施之间存在冲突。1958 年 6 月,杨秀峰在中等冶金专业教育工作会议上作了《学校必须以教学为主》的讲话:"提高政治课质量是当前最重要的,没有适当的讲义和教材,让十几岁的小娃娃听几个小时的大报告,是有问题的。政治教学不是时间越多越好,而是要提高质量。过去忽视政治课是错误的,但上课时间多而不注意质量,也得不到应有的效果。"从中可以看出,在中等职业教育课程中强化政治课后,政治课实施效果并不理想,但是这并不影响思想政治课程的进一步强化。

1958 年 8 月 16 日,时任宣传部长的陆定一在《红旗》杂志撰文《教育必须与生产劳动相结合》,认为"培养全面发展的人类的唯一方法,是教育为无产阶级政治服务"。陆定一通过新闻媒体宣传思想政治在教育领域的主导地位,由此对中等职业教育的课程标准、课程计划、课程内容等产生了一系列影响。同年 9 月 19 日,中共中央、国务院《关于教育工作的指示》发布,对陆定一发表的文章进行了呼应,该文件要求"在一切学校中,必须进行马克思列宁主义的政治教育和思想教育",并措辞严厉地指出:"轻视政治思想工作和拒绝在学校中设政治课,不论用什么借口,都是错误的。" 1963 年 6 月 5 日,《关于制定全日制中等专业学校教学计划的规定(草案)》提出:"政治课是进行政治理论教育和思想政治教育的重要组成部分,是各专业的必修课程,本课程中包括有思想政治教育理论。政治理论课必须以毛泽东思想为指针,把宣传毛泽东思想作为最根本的任务,把毛主席著作作为最基本的教材。"无产阶级专政的意识形

---

① 福建人民政府文教厅辑.中等学校教师业务学习资料[Z].1951.
② 育林.我国五十年代学习苏联教育经验是"全盘苏化"吗?[J].安徽师大学报(人文社科版),1979(2).

态历来重视政治思想问题,课程内容的选择标准体现了共产党领导下意识形态的特点。

1986年6月5日国家教委《关于制订职业高级中学(三年制)教学计划的意见》指出,政治课是职业高级中学的必修课,是学校思想政治教育的中心环节。1994年8月31日《中共中央关于进一步加强和改进学校德育工作的若干意见》,以邓小平同志建设有中国特色社会主义理论作为学校马克思主义理论教育的中心内容。2000年3月21日,教育部印发《关于全面推进素质教育、深化中等职业教育教学改革的意见》指出,中等职业学校德育课教学要以马克思列宁主义、毛泽东思想和邓小平理论为指导,按照德育总体目标和学生成长的规律,确定德育课教学内容和要求,增强针对性、实效性,突出职业教育特色。2008年12月9日,《教育部关于印发中等职业学校德育课课程教学大纲的通知》要求各科具体的大纲,都要以中国特色社会主义理论为指导,增强教育的时代感,坚持教育的社会主义方向,确保思想理论观点和价值取向的正确性。

通过以上课程政策文件可以看出,新中国成立近六十年以来,在以培养中级技能人才为主的中等职业教育领域,国家一直没有放松对意识形态的控制,在不同的发展时期,都要求坚持教育的社会主义方向,增强学生对国家现行体制的认同感,而实现这一目标的主要方式就是保持政治课固有的地位,对政治课程的设置存在明显的路径依赖。当然,随着时代的发展,中等职业教育政治课程的开展,更多地以一种灵活的方式进行,以学生喜闻乐见的方式开展,如利用网络多媒体,开展丰富多彩的活动,政治课由灌输逐渐变为在情景教学中"润物细无声"。正如伊歌莱斯顿(Eggleston)所言:"决定课程内容的过程是面对冲突的过程,最终要达成一定的妥协、调整和各种稳定程度的平衡,这些蕴含着'权力'的改变……毫无疑问,课程决定与权力的运用与分配有关。"[1]

二、课程政策仅属于国家活动的范畴

玛丽·杜里曾说过:"教科书不是知识缓慢积累的产物,它实际上源于不断的筛选和重组,是群体为维护自己政治、行政和文化利益而互相斗争的结果。"[2]而麦克·F.D.扬指出,教材的编写反映了"符号系统"所隶属的社会权力分配和社会控制状况,是特定阶级或集团从特定的利益关系出发,而对另一阶级实施控制的一种手段。[3] 事

---

[1] Eggleston J. The sociology of the school curriculum[J].Contemporary Sociology,1977,16(1).
[2] [法]玛丽·杜里—柏拉,阿涅斯·冯·让丹.学校社会学[M].汪凌,译.上海:华东师范大学出版社,2001.
[3] [英]麦克·F.D.扬.知识与控制:教育社会学新探[M].谢维和,朱旭东,译.上海:华东师范大学出版社,2002.

实上,"任何一门科学中第一范式兴起的附带现象,就是对于教科书依赖"。① 福柯说:"话语一旦获得了权力,便成为了权力的话语。"②

在很长时间里,我国中等职业教育课程设置和教材编写,一直掌握在政府部门手里,由政府作为主导,统筹对中职教材进行编写。如 1961 年 2 月,高等教育部《解决高等学校和中等专业学校理、工、农、医各科教材的具体分工办法》要求"政治、语文、外语及工业专业适用的数学、物理、化学等课程教材由教育部负责",这些教材由教育部直接编写,是因为这些教材是属于普通的基础性教材,涉及面广,影响大,尤其是政治课程的教材,更是关系到广大受教育者对现存政治体制的认同与支持。而"工业类专业的基础技术课教材和相关专业类教材,由相关主管部门负责",由相关专业职能部门来编写专业教材,一方面有利于专业教材的专业化与规范化,另一方面有利于政府部门对专业知识的掌控。1964 年 4 月 15 日,教育部《关于举办职业学校若干问题的意见》提出,"职业学校的教材,应该由教育行政部门和有关业务部门分工协作,组织力量逐步编选适用的教材"。从总体上对教材的编审权限做了规定,在具体教材编写的分工与合作中,要求"各类职业学校通用的政治课、文化课、业务课教材,由教育行政部门组织力量解决,专用的业务课教材和政治课、文化课补充教材,由主管部门负责解决"。在教材的编写过程中,无论怎样的分工与合作,教育主管部门依然居于主导地位。此前教育部和文化部又发出联合通知,规定各类职业学校在正式教材未编出以前,可以根据学校的培养目标,暂时选用同级学校比较适用的教材,也可以另行编选试用教材,使学生有供教学使用的课本。表面上看起来,教材编写的权限放宽了,但是在当时的政治环境下,教材的编写都必须突出其政治属性,而这一点本身就限制了教材编写的权利范围。

1978 年 10 月,教育部直接组织编写了招收初中毕业生四年制工科专业通用的《物理(上、下)》《化学》《数学》(共 4 册,其中第三、四册亦可供招收高中毕业生用)及招收初中毕业生各科专业通用的《语文(上、下册)》等课程的教学大纲和教材,并委托陕西、山西、四川、上海、北京等省、市编写了以上教材的教学参考书。不管是改革开放之前还是之后,教育部在课程教材的编写过程中,都居于绝对的主导地位,在教材的组织编写过程中都发挥着指挥和统筹作用。到了 1993 年 5 月 13 日,国家教委发布了《关于建立两级职业技术教育教材审定组织的意见》,对教材审定组织的职责进行了明确规定,即"审定国家教委规划的教材;审定各地、各部门组织编写并拟向全国范围发行的教材(含配套教材、教学参考书、教学挂图、教学录音带、教学录像带、练习

---

① [美]托马斯·库恩.科学革命的结构[M].金吾伦,胡新和,译.北京:北京大学出版社,2003.
② [英]阿兰·谢里登.求真意志:密歇尔·福柯的心路历程[M].尚智英,译.上海:上海人民出版社,1997.

册及其他具有教材性质的图书)",同时,也要求"各省、自治区、直辖市教育行政部门建立职业技术教育教材审定委员会"。通过这个规定可以看出,教材审定委员会是由各级教育行政部门建立的,它本身就是其中的一个部分和组织,尽管会包含职业教育课程的专家和一线教师,但是其中起主导作用的,依然是教育行政部门的官员。而中央和省级教材审定委员会的建立,既从横向上把握了教材的编审权,使得全国的教材编审有一个总的方向,又从纵向上深化了教材的编审权,使得各省、自治区和直辖市建立自己的教材审定委员会,既能从总的方向上与中央的教材编写保持一致,又能严密管理各地区的教材编写,使得所有地方的教材编写与审定的权力,始终把握在执政者手里。

在 1996 年 3 月,国家教委颁布了《全日制普通高级中学课程计划(试验)》,第一次提出"普通高中课程由中央、地方和学校三级管理",三级课程管理作为一项政策议题的提出,不但对普通中学教育产生了很大影响,也对中等职业教育课程的设置产生了深远影响。通过 2000 年 3 月 21 日教育部发布的《关于全面推进素质教育、深化中等职业教育教学改革的意见》就可以看出这种影响,该文件要求"国家组织开发和编写具有中等职业教育特点和要求的文化基础课程标准和教材。地方、行业要根据区域经济和行业发展的实际需要,组织开发和编写具有地方和行业特色的课程和教材。中等职业学校要根据实际需要,及时更新教学内容,开发教学资源,编写反映自身教学特色的补充教材和讲义等"。这实际上是普通中学的三级课程模式在中等职业教育中的借鉴应用。

从以上与教材编写和课程设置有关的文件可以看出,在改革开放之前,政府直接参与教科书的编写,教育部负责基础文化课教材的编写,其他各部门负责专业课教材的编写。在改革开放以后,国家给予了地方更多的教材编写权,但最终的教材审定权,还是在教育部手里。

第四节 价值取向的路径依赖

路径依赖意味着一旦某项改革不得不朝着某一路径前进时,逆转成本就会变得非常高。虽然存在其他可供选择的路径,但是,现有的制度会破坏试图逆转最初选择的行动。最好的比喻是一棵树,从相同的树干出发,然后出现很多不同的树枝,尽管一个爬树的人可以从一根树枝爬到另一根树枝,或者沿着树枝退下来,但是,爬树者最开始爬的那根树枝是他最有可能沿着继续爬的树枝。[1] 路径依赖强调了制度变迁中的时间因素,强调历史的"滞后"作用,它既是一种状态,也是一种演化的过程。路径依赖往往是由行动者的有限理性以及制度转换的较高交易成本引起的,受经济、政治的交互作用和文化遗产的制约,制度变迁比技术变迁更复杂。路径依赖过程中导致路径依赖强化的各种政治、经济、文化等因素,同时亦可能是导致最后突破路径依赖的因素。[2] 古典经济学理论中倡导的是"报酬递减市场"理论,而另一部分经济学家认为,如果一个经营者占据市场优势,而且在很长时间段内,能获得较大的利润时,其报酬不是递减的,而是递增的。路径依赖理论同样适用于中等职业教育课程政策的变迁,任何事物都有积极的一面与消极的一面,既有正面效应,又有负面效应。

一、中等职业教育课程政策路径依赖的正面效应

首先具有报酬递增的效果。诺斯强调大规模报酬递增的"制度基体相互依赖的网络"。[3] 中等职业教育课程政策的路径依赖,不仅表现在课程目标、课程模式等微观层面,更突出表现在课程的制定权属划分等宏观层面。就先开展文化基础课,然后专业理论课,再开展实践课的三段式课程模式而言,在新中国成立之初,急需一套具有社会主义特色的职业教育课程理论,短时间内无法制定出来,这时只有大量借鉴苏联的课程模式,形成了对苏联教育体制较强的路径依赖。三段式课程模式就是借鉴的典型代表,在借鉴实施了该模式后,明确了文化基础课、专业理论课、生产实践课之间

---

[1] Margaret L. A Model, a Method and a Map: Rational Choice in Comparative and Historical Analysis[A]. Lich-bach M. L., Zuckerman A.s. Comparative Politicis: Ratio-nality, Culture and Structure[C]. Cambridge: Cambridge University Press, 1997.
[2] 曹瑄玮等. 路径依赖研究综述[J]. 经济社会体制比较, 2008(3).
[3] 刘丽群, 陈蕾. 论基础教育课程改革中的"路径依赖"[J]. 湖南师范大学教育科学学报, 2012, 11(3).

的比例关系，使得课程的设置、实施、评价进一步规范化和科学化。而从改革开放之初，我国经历了"大跃进""文化大革命"等政治运动，经济发展水平十分低下，中等职业教育的课程改革是一项需要巨额投入的工程，如生产实训场地的建设就需要大量的资金投入。在这个时候继续沿用三段式课程模式，既能节约大笔的经费投入，又能保持中等职业教育课程师资的既有结构，继续使中等职业教育朝系统化和稳定化方向发展。这段时期对三段式课程的路径依赖是正效应的，具有报酬递增的效果。而在从改革开放至20世纪90年代中期的这段时间里，由于我国的中等专业学校、中等技术学校等还基本由国家统一包分配，毕业学生往往能进入企事业单位工作，许多中职学校并不需要进行课程改革，就能享受国家制度带来的福利，自然会对三段式课程模式产生路径依赖。

其次有利于保持政策的稳定性。从新中国成立之初到改革开放再到现在的60多年时间里，尽管在改革开放之前，课程的设置权限经历了集中—分散—集中的过程；改革开放之后，逐渐走向中央—地方—学校三级课程管理的模式，但是思想政治课程的设置权，一直牢牢掌握在中央相关部门的手里。国家高度重视学校教育中思想政治课程的设置，对中等职业教育政治课程设置的相关规定，一直保持相对的稳定性。由于政治课程涉及国家政治体制、组织机构、社会主义价值观等方面的内容，政治课程的设置、实施、评价等各个环节的实施效果，直接影响到广大年轻人对现行政治体制、政治意识形态的认同感。提高年轻人对中国特色社会主义制度的认同感，促使广大青年认同并维护现行政治制度，有利于维护中国特色社会主义制度的稳定性，使广大青年人更好地投入到社会主义事业的建设中来。

二、中等职业教育课程政策路径依赖的负面效应

很长一段时间里，三段式课程一直是我国中等职业教育的主要课程模式，该课程模式在我国中等职业教育课程发展的过程中，发挥了积极作用，促进了中职教育的稳定、有序发展。但随着市场经济的深入发展，产业结构升级，在三段式课程模式下培养出来的学生，已经越来越不适应社会的发展，究其缘由，是因为"这种以知识本身的逻辑为基本依据所形成的职业教育结构在实践中是低效的"。[①] 在前面我们也谈到，三段式课程来源于大学阶段的课程设置模式，其价值取向是以"学科为中心"的，各种课程过分追求自己学科理论体系的系统性，而不是根据生产实践中所承担的任务及时调整课程设置与教学。尽管也有生产实践这一环节，但是前面的文化基础课、专业

---

① 徐国庆.工作结构与职业教育课程结构[J].教育发展研究,2005,25(8):71—74.

理论课,与生产实践课之间是脱节的,这种按顺序的分段是机械的,结构单一,灵活性差。有的中职学校安排的生产实践课甚至与学生所学专业完全无关。其实从20世纪90年代以来,我国也一直在进行中等职业教育课程改革,其间的"宽基础,活模块"曾流行一时,而究其本质来看,依然没有脱离三段式课程的藩篱。

　　学生在企业的生产实习,作为提高生产技能的重要途径,一直为社会所重视。但由于三段式课程模式的局限性,学生在学校所学的专业理论知识与工作岗位的实践相脱节,学生往往被企业当作廉价的劳动力在使用,而这一现象无论是改革开放之前还是改革开放之后,都一直普遍存在。马克思曾说过:"未来教育对所有已满一定年龄的儿童来说,就是生产劳动同智育和体育相结合,它不仅是提高社会生产的一种方法,而且是造就全面发展的人的唯一方法。"[①]教育与生产劳动实践相结合,符合马克思主义的理论学说,这种提法本身并没有错,但在改革开放以前,许多人对这句话的理解过于片面,实施途径过于简单,以至于学生的生产实训偏重于体力劳动,往往被作为一线劳动者直接参加生产劳动,甚至很多工厂和农业生产队以生产实习为名,经常向学校借用学生参加各种生产建设,借此弥补一线工人和农民劳动力的不足,繁重的生产任务和高劳动强度,严重影响了学生的身心健康。1958年12月28日,广西黎塘一学校干部致信教育部告状:"开学4个月中,半天上课半天劳动一周,办厂若干天,挖矿炼铁17昼夜,运木头4天,采树种4天,半天上课半天办工厂一段时间,做棉衣一周,种400亩亚麻苦战5天,过劳卫制苦战7天,水利积肥苦战20天。"

　　纵观今天中职学生的实习实训课程,校企合作中的顶岗实习往往变成学校向企业输送大量实习生,学生被企业当作廉价劳动力安排在生产第一线,工作强度与企业正式员工完全一样甚至还要略高,从事最苦最累的,而且与自己所学专业无关的劳动。这与新中国十七年生产实习课程实施的情况如出一辙:突出生产劳动课程的目的是为了提高学生的工作技能,但在实施过程中却变为只利用学生的劳动力,而忽视了对学生工作技能进行培养的目的。站在当代立场进行审视,从活动课程模式到工作任务模式(MES课程、CBE课程、行动导向课程等),从任务教学法到项目教学法,从中都可以看出教育与劳动相结合的思想轨迹,这说明教育与劳动生产相结合的理念并没有过时,但如何在企业以追逐利润为目的和学校以人才培养为目的之间找到一个最佳契合点,这是一个至今都没有得到很好解决的问题。中职学生生产实训课程政策的制定与实施,存在明显的路径依赖,而且其路径依赖的负面效应,已经对当下学生的顶岗实习造成极大的负面影响,许多学生甚至以各种借口,逃避去企业顶岗

---

① 马克思教育名言录[J].宁夏教育,1983(2).

实习,不是他们不想去企业学习生产技能,而是太多的事例告诉他们,去企业根本学不到什么东西,只会被当作廉价劳动力使用。

在20世纪90年代中期以前,我国中等专业学校培养出来的学生,普遍能进入国家机关事业单位,而进入21世纪以来,中职学校培养的学生只是技术工人。"学生的培养目标发生了改变,但学校的课程体系没有变,领导的思想没有变,教师的教法没有变,教材的内容没有变,考试考核制度没有变。"[①]最终导致的结果是,中等职业教育课程改革力度跟不上社会主义市场经济发展的力度,中等职业教育的课程建设与社会的发展需求存在一定的脱节,中等职业教育培养出来的学生不适应社会的需求,而中等职业教育又提供不了社会急需的技能人才,路径依赖的正面效应逐渐减退,而负面效应却逐渐增大,迫使我国中等职业教育课程必须进一步加大改革力度。

---

① 何文涓.浅析德国的"双元制"与我国的"校企合作"——德国的"双元制"对我国职业教育的启示[J].教育学术月刊,2008(2):83—84.

第五节　路径依赖的原因探析

一、决策模式的约束

（一）渐进式决策模式的约束

新中国成立以来，我国政治经济体制的发展在激进与渐进的不同路径上都曾经做过尝试。在新中国成立初期，短时间内全面照搬苏联的职业教育发展模式，对我国中等职业教育进行改革。而在1958年8月，中共中央、国务院发布《关于教育事业管理权下放问题的规定》，中职学校也获得极大的课程设置自主权，自编教材、自主设置课程、自主制订教学计划，但这样的权力下放并没有使得中等职业教育得以有序发展，反而导致课程教学的混乱，再加上"文化大革命"的激进式改革措施，给中等职业教育课程改革带来的打击是极其沉重的。而在改革开放以后，我们国家的政治决策模式是渐进式的，再加上20世纪80年代末的政治风波，中央领导层更是坚定了走渐进式发展道路的决心。这种决策方式本身并没有错，林德布洛姆曾说过："按部就班，修修补补的渐进主义者或安于现状者或许看起来不像个英雄人物，但他却是个足智多谋的问题解决者。"[1]但是由于中等职业教育与经济发展与产业升级之间的关系非常紧密，而产业升级与技术更新的速度往往非常快，有时甚至是猝不及防的，如发生一场经济危机，就可能需要进行产业调整，技术人员也需要进行相应的培训。这时候政府的渐进式决策模式，就极有可能不适应生产技能急速的更新换代，其消极影响就表现出来了。渐进式决策模式带有比较明显的保守主义倾向，任何一个国家的统治阶级都不敢保证本国不会发生剧烈的社会震荡，而当社会发生剧变，需要对政策做出大范围调整时，渐进式的决策模式不但表现得无能为力，甚至有可能成为社会发展改革的"绊脚石"。[2] 我国在中等职业教育课程改革的过程中，尽管大规模借鉴国外的职业教育课程发展经验，但很好的职业教育课程发展经验，也有可能因为中国国情的不同，在国内的实施效果发生异化，收不到预期的效果。改革势必会触动既得利益者的

---

[1] 查尔斯·林德布洛姆.决策过程[M].竺乾威,胡君芳,译.上海:上海译文出版社,1988.
[2] 张家军,靳玉乐.论课程政策决策模式[J].全球教育展望,2004,33(1):30—34.

利益,改革的力度越大,他们做出的抵抗就越激烈,而这往往会导致社会的不稳定。在这种情况下,沿袭以往的中等职业教育课程发展政策,认可固有的职业教育课程发展格局,不对教师队伍进行大调整,认可以往的课程教学模式,成为中等职业教育课程改革的主导思想,而这样,势必会造成对以往课程政策的路径依赖。

(二)精英决策模式的约束

我国传统的中等职业教育课程改革主要实行的是一种"精英决策"的改革模式。课程政策的决策权与制定权主要掌握在教育机构行政官员和专家学者手里,相应的课程教学委员会主要由精英群体组成。他们在进行课程决策时,往往只从政治角度与课程专业理论的角度,来拟定课程发展的措施与策略。而将课程政策付诸行动的一线教师,在课程政策制定中往往被边缘化了,在大部分由政府官员与专家学者构成的课程决策团队里,一线教师代表的声音非常微弱,并没有获得充分的话语权。

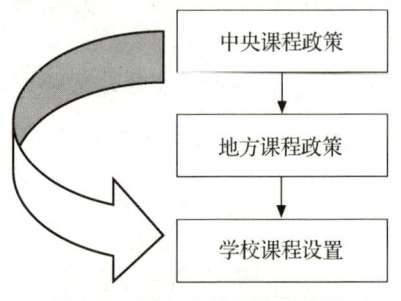

图 3-3　课程政策执行示意图

从图 3-3 可以看出,在我国的课程政策实施过程中,地方的课程政策往往是缺位的,中央的课程政策制定并颁布以后,地方教育主管部门并没有结合各地实际情况,制定适合于地方经济发展的课程政策,而是直接将相关政策转发,要求各中等职业学校参照中央的相关课程政策规定执行。在这种情况下,尽管在中等职业教育课程改革中也推行了"三级课程管理模式",但地方政府在课程改革与管理中往往是缺位的,对于中央的课程改革相关要求,并没有结合各地中等职业教育课程发展的实际情况拟定相应的地方措施,而普遍以转发的方式直接下发到各个中职学校。而事实上,地方制定实施课程具有非常重要的作用,"能促进国家课程的有效实施,弥补国家课程的空缺,加强教育与地方的联系,调动地方参与课程改革与课程实施的积极性"。[①] 中职学校面对直接来自中央的课程政策,缺乏了地方课程政策的相关指导,也就意味着地方政府往往会少配套或不配套相应的资金支持,任何一项课程政策,如果缺乏资金支持,课程政策的实施效果肯定会大打折扣。

---

① 许洁英.国家课程、地方课程和校本课程的含义、目的及地位[J].教育研究,2005,26(8):32—35,37.

二、利益的博弈

新中国成立以后,在我国中等职业教育的发展过程中,国家一直在通过各种政策措施促进相关的课程建设,尤其是进入 21 世纪以来,课程改革的力度更大。但是课程改革的效果并不理想,除了少数几个职业教育课程改革的示范地区以外,大部分地区的中职课程改革并没有得到有效推进,"大部分教师也认识到三段式课程模式的不足,对项目课程改革也有一定的了解,却只有少部分积极参与到项目课程教学实践中"。[1] 通过路径依赖分析可以看出,中等职业教育课程政策会涉及教育主管部门、学校管理层、任课教师、实训企业、学生及家长等群体的利益,课程改革意味着已有的利益需重新调整与分配。对教育主管部门及学校管理层而言,课程改革中亟须解决的一个问题就是专业技能教师的缺乏。以云南某国家级示范职业学校为例,其公共课的任课教师已经过剩,为了让每位任课教师都达到基本课时,大家平摊课时,而专业技能教师却非常少,人数极度缺乏,大部分专业技能教师,每周满额排课。再好的课程改革方案,如果没有足够的专业技能教师,也是无法达到课程政策制定者预期目标的,因为"巧妇难为无米之炊",课程改革方案再好,却没有足够的专业技能老师去给学生授课。而要招聘新的专业技能教师,就得增加教师编制,在当下,从中央到地方,对人事编制卡得非常紧,一个学校在教师总数已经饱和的情况下,想要招聘新的专业技能教师,是一件非常困难的事情,这是中等职业教育课程政策改革遇到的第一道阻力。

而对于学校管理层来说,职业教育课程的改革需要更新生产实训设备,无论是国内还是国外,职业教育都是一项需要巨额资金投入的教育事业,更新换代生产实训设备占了其中的很大一笔开支。对学校管理层来说,在看不到快速回报的情况下,并不愿意把学校的有限资金用于购买生产实训设备,以致有些学校的汽修专业,只有一台老得掉牙的汽车供几百号学生安装拆卸。不愿意投入资金,这是中等职业教育课程政策改革遇到的第二道阻力。

而对于任课教师而言,公共基础课的教师课时太少,而专业技能课的教师课时过多。对许多专业技能课的教师而言,一周满额排课,根本没法保证教学质量,以至于许多专业技能教师采取"最省力"的授课方法,即"先让学生预习——让学生谈谈学习的感受——最后教师再做点评",美其名曰"让学生自主学习"。而大多数接受中等职业教育的学生,基础文化知识本身就非常薄弱,普遍缺乏自学能力,在生产实训过程

---

[1] 邱飞岳,吴游丽,赵立影.关于项目课程在中职学校中实施现状的调查[J].职教论坛,2011(6):75—80.

中亦缺乏规范化的操作技能。笔者身边的一位汽修专业的专业技能课教师曾向笔者传授他教育学生的"心得"："学校每周给我安排的课程太多，如果让我每一节课都全力以赴，那我早就累死了，所以我让学生把大货车的轮子拆卸下来，再安装上去，然后再拆卸下来，又安装上去……折腾几个回合，一堂实训课就结束了……"师资队伍的结构极度不合理，公共基础课与专业技能课教师比例严重失调，这是中等职业教育课程政策改革遇到的第三道阻力。

而对于企业而言，课程改革意味着企业要承担更多的社会责任。在当下，"校企合作"已不仅仅是企业接纳学生顶岗实习那么简单，而是扩展到企业要参与学校课程教学方案的制订，参与校本教材的编写，派专业技术人员到学校授课，指导学生的校内实训，与学校一起制订学生顶岗实习方案，学生在企业实习时全面负责其生活起居和生产技能实训指导，一句话，企业需要承担非常多而且重要的社会责任。但对于企业而言，追逐利润是其生产经营的首要任务，这本身是无可厚非的，因为要想在激烈的市场经济中存活下来，就必须时刻保持对利润的追逐。国家对企业参与校企合作，普遍缺乏相应的激励措施，仅有的一些激励机制都是概括而模糊的，没有相应的具体条款，可操作性差。企业无法从国家的政策层面获得相应回报，自然会抑制对校企合作人力物力的投入，更多的是将顶岗实习的学生当作廉价劳动力，安排在技术含量低，简单重复性强，劳动强度高的岗位上。

笔者在重庆某汽车制造公司进行调研时就发现，该企业将大量不需要多少技术含量，但劳动强度高的岗位安排给中职实习学生，在流水生产线上，将那些十六七岁的小女生安排在车门安装工序上，每天搬抬重达几十公斤的车门，完全不顾学生的身心健康。现在许多企业愿意接纳中职学生实习的一个最大动力，就是可以安排学生从事繁重的体力劳动，却只需要付很少的劳动报酬，因为学生是作为实习人员参加劳动的，就算干的工作及强度与企业在职员工完全一样，也可以只付给少量的报酬，这规避了国家相应法律法规的约束。一方面全社会都呼吁企业在校企合作中承担更多的社会责任，另一方面是国家相应激励措施的缺位，这对企业而言，无疑是一件"又要马儿跑，又要马儿不吃草"的事情，自然会强力阻挠，这是中等职业教育课程政策改革遇到的第四道阻力。

从公共政策学的视角来看，任何一项政策，从制定、实施到评价，每一个环节都会受到利益相关者的影响。在这个过程中，不可能所有社会群体的利益都得到兼顾，只能照顾大多数人的利益，在中职课程改革过程中，突破阻力的过程，实质上就是如何照顾大多数人利益的过程。

第四章　过程之维:新中国中等职业教育课程政策制定、实施与评价

　　教育政策不是反映某一个社会阶层的利益,而是对一个复杂的、异类的、多种成分的组合体做出反应。①

——[英]斯蒂芬·鲍尔

---

① [英]斯蒂芬·鲍尔.政治与教育政策制定——政策社会学探索[M].王玉秋,孙益,译.上海:华东师范大学出版社,2003.

过程就是事物由于矛盾所推动和外部条件所制约,在空间、时间上的延续存在状态,是包含事物运动、变化和发展于一身的集合体,标志着事物发展的方向及路径。过程的主要特征包括客观普遍性、动态性、阶段性与连续性、时间历史性。[①] 中等职业教育课程政策的制定、实施和评价是一个动态的过程,前一阶段与后一阶段紧密联系,没有课程政策的制定,就无所谓政策的实施,而如果没有政策的实施,对政策的评价就缺乏全面性和科学性。这三个阶段都是在一定的时间和空间里进行的,具有历史性特征。要想对中等职业教育课程政策做一个全面客观的评析,就应当对其制定、实施和评价进行相应的研究与阐释。而课程政策的制定、实施和评价,必须要有一定的参与者,只有这样,整个动态的过程才能顺利展开。课程参与者的阶级构成与来源,往往会决定课程政策的过程性质,因此对课程政策参与主体的分析,是课程政策过程研究首先需要解决的问题。

第一节　中等职业教育课程政策的主体分析

课程政策的"主体分析"其实就是解决课程政策的制定与归属问题,"解决教育政策的所属问题,即解决是谁的政策,是谁制定的政策问题"。[②] 要制定一项中等职业教育课程政策,首先得明确由哪些部门、团体和个人参与其中,也就是课程政策的制定主体是谁。学界对公共政策主体的划分有不同标准,国内的学者基于中国的政治体制特征,更多地是将公共政策主体划分为体制内主体和体制外主体两大类。前者主要探讨在中央集权模式中执政党、立法机关、司法机关、行政机关的权力配置问题;后者主要探讨参政党、利益集团以及作为个人的公民参与问题。[③]

---

① 闫顺利.哲学过程论[J].北方论丛,1996(3):52—58.
② 孙绵涛.教育政策学[M].武汉:武汉工业大学出版社,1997.
③ 黄顺康.公共政策学[M].北京:北京大学出版社,2013.

如图 4-1 所示，在中国参与中等职业教育课程政策制定的体制内主体主要有各级立法机关、党群机关，诸如中共中央、全国人大、国务院各部委等。在我们国家，由于政治体制的特殊性，在特殊历史时期，领袖的个人意志也对课程政策的制定产生过重大影响，因此也应纳入中等职业教育课程政策制定的主体范围内。课程政策制定的体制外主体主要指各种行业协会（在特殊时期，行业协会亦具有官方的性质，本书特指转变职能之后的当代各种行业协会）、教师利益团体、学生及家长团体、新闻媒介、非官方的教育研究团体，等等。而以不同阶段对中职课程政策所扮演的角色为划分依据，可将其划分为中职课程政策的制定主体、执行主体、评估主体。三类主体之间既有明确的功能划分，又有职能的相互交叉重合，如教师团体既参加了课程政策的制定，也会在课程政策的执行过程中积极参与，在课程政策的评估中也是重要的代表。因此，在本书的研究中，着重对中职课程政策的制定进行研究分析，但也难免会对中职课程政策的实施和评价有所涉及。

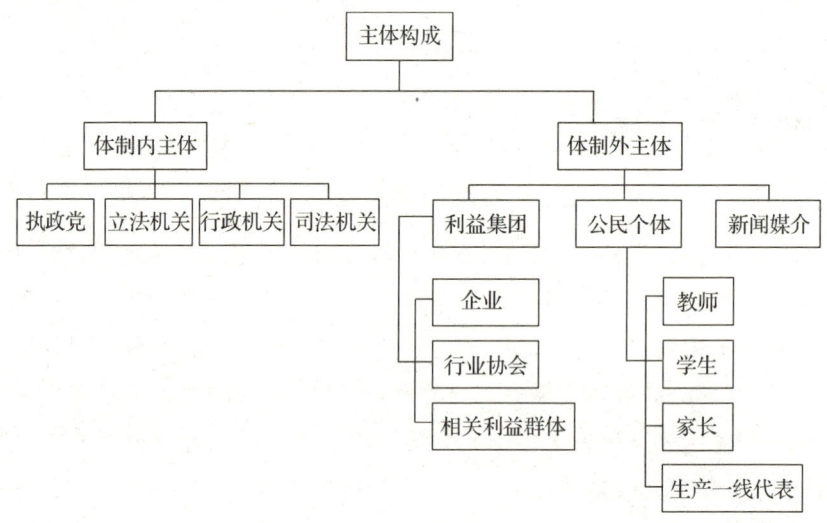

图 4-1　中等职业教育课程政策制定的主体构成

一、中等职业教育课程政策的体制内主体

中等职业教育课程政策的国家权力主体是指在现行政治体制内，在课程政策的制定过程中，行使公共权力的参与者，主要包括执政党、立法机关、行政机关、司法机关。

（一）执政党

执政党是一个国家政治权力运行的核心，把握着国家的政治原则和总体政治方向,提出在全国有重大影响力的方针政策,就国家的政治、经济、文化、教育等方面的问题做出重大决定。① 执政党是课程政策主体的核心,在现代所有实行政党制度的国家里,课程政策很大程度上可以看作执政党执政理念的体现。新中国成立六十多年来,中国共产党的教育方针"由教育为无产阶级政治服务,到教育为社会主义现代化建设服务,为人民服务,办人民满意的教育;由教育与生产劳动相结合,到教育与生产劳动和社会实践相结合;由培养德智体几个方面都得到发展,有社会主义觉悟的有文化的劳动者,到培养德智体美全面发展的社会主义建设者和接班人"。②

我国现行的政党制度是中国共产党领导的多党合作和政治协商制度。中国共产党在政策制定过程中处于核心地位。也在课程目标、结构和内容、实施、评价过程中处于核心地位,长期以来,我国一直存在由执政党和政府联合撰写和发布重要政策文件的现象。这种现象在新中国成立的30年间尤为突出。如1958年9月19日发布的《关于教育工作的指示》要求,所有学校必须把生产劳动列为正式课程。教授课程必须贯彻执行理论与实际相联系的原则,应当在党委领导之下,尽可能采取聘请有实际经验的人[干部、模范工作者、劳动英雄、(土)专家]同专业教师共同授课的方法。1959年5月24日发布的《关于试验改革学制的规定》中指出:中央各部门所属的中等专业学校,如改变修业年限,须经主管的中央部门批准。地方所属的中等专业学校,如改变修业年限,须经省、市、自治区批准;但其中为全国服务的中等专业学校,如改变修业年限,须由省、市、自治区和中央有关部门协商决定。凡未经批准的,都不许改变修业年限。中央各部和省、市、自治区批准所属中等专业学校改变修业年限,均须报中央教育部备案。

改革开放以后,尤其是20世纪80年代中期以后,中共中央和国务院联合发文的工作方式逐渐减少,开始注重双方在工作程序上的适度分开。1985年5月27日《关于教育体制改革的决定》,要求中等职业技术教育要同经济和社会发展的需要密切结合起来,要着重职业技能的训练,训练的范围不要太窄,基础教育也要适当配合,以适应长期广泛就业、进行技术革新和继续进修的需要。1985年8月1日《关于改革学校思想品德和政治理论课程教学的通知》,要求引导学生逐步树立正确的人生观和世界观,在思考和解决所面对的重大问题时,能运用正确的观点和方法,使学生充分认识到自己的崇高使命并积极去履行。给高中阶段的学生传授社会科学的相关知识,使学生正确认识人生的意义以及个人和社会、权利和义务、主观和客观、自由和必然、幸福和牺牲、革新和传统、成功和失败、感情和理智、环境和毅力、精神和物质、先进性和

---

① 曹蓉.中国执政党和参政党履行职能的模式、特点和启示[J].中华文化论坛,2010(2):117—122.
② 蒋珊.新中国成立后中国共产党教育方针的传承与创新[J].天津职业院校联合学报,2012,14(1):10—15.

群众性、理想和现实、现象和本质、中国和世界等一系列相互关系,逐渐学习运用马克思主义的相关理论分析和观察社会现象,逐步树立为建立高度民主、高度文明的社会主义现代化国家和实现共产主义事业而奋斗的远大理想。① 1994 年 8 月 31 日发布的《中共中央关于进一步加强和改进学校德育工作的若干意见》,认为在新旧体制转换过程中还存在各种矛盾,在社会生活中还有需要克服的消极现象的情况下,应引导学生逐步树立正确的世界观、人生观和价值观,培养良好的道德品质;在人民生活水平有了较大改善和提高的情况下,应培养学生具有自力更生、艰苦奋斗的精神和坚强的意志品质;在科学技术迅速发展,社会主义市场经济体制逐步建立的情况下,应指导学生在观念、知识、能力、心理素质方面尽快适应新的要求。

在宪法和法律所允许的框架内,中共中央和国务院会就某些较为具体的教育、经济和社会问题共同提出指导性的意见或做出决定。② 如 1999 年 6 月 13 日,中共中央、国务院发布的《关于深化教育改革全面推进素质教育的决定》要求职业教育要增强专业的适用性,开发和编写体现新知识、新技术、新工艺和新方法的具有职业教育特色的课程及教材。2010 年 7 月,中共中央、国务院联合颁布了《国家中长期教育改革和发展规划纲要(2010 — 2020 年)》,提出以服务为宗旨,以就业为导向,推进教育教学改革,实行工学结合、校企合作、顶岗实习的人才培养模式。

从以上文件可以看出,中国共产党既可以自己单独制定包含中等职业教育课程的教育制度和政策,也可以和国务院联合制定相关政策。与由立法机关制定的包含课程政策的规章制度有相似性,那就是立法机关和执政党颁布的课程政策往往包含在总的教育政策范围内,而这些教育政策具有宏观性与指导性,能总领大局和着眼未来。

(二)立法机关

随着市场经济的深入发展,法律作为调节社会关系的重要工具,必须积极回应社会发展对中等职业教育课程设置的要求,中等职业教育的公共属性是职业教育法产生的根本原因。我国中等职业教育课程政策的制定也是在我国依法治国背景下开展的,职业教育立法应该使学生和社会同时获得发展,使中等职业教育像其他教育一样,获得平等发展的机会,成为实现教育公平的有力保障。各级人民代表大会及常务委员会是立法机关,是课程政策执行和监督的重要机构,一般情况下,只有重大的职业教育政策才需要立法机关的参与。在职业教育领域的典型事例就是 1996 年 5 月

---

① 史习江.中国改革开放以来的中小学品德教育[J].高校理论战线,1998(6).
② 朱光磊.当代中国政府过程[M].天津:天津人民出版社,2002.

15日,由第八届全国人大常务委员会第十九次会议通过的《中华人民共和国职业教育法》,提出了对中等职业教育课程目标有指导意义的条款,即"实施职业教育必须贯彻国家教育方针,对受教育者进行思想政治教育和职业道德教育,传授职业知识,培养职业技能,进行职业指导,全面提高受教育者的素质"。在课程的实施过程中,职业教育法对相关条件做了硬性要求,即"有符合规定标准的教学场所、与职业教育相适应的设施、设备"。对职业教育体系、职业教育的实施、职业教育的保障条件等方面做了相应规定,为中等职业教育课程政策的制定提供了总体的法律保障。立法机关在行使中等职业教育的立法权过程中,其权力的行使须具有法定程序性,通过公平合理的程序行使立法权,才能更好地保障职业教育课程改革的有序进行。而立法机关对中等职业教育的立法过程同时应具有适度的灵活性,这是因为教育领域的复杂性以及育人的特殊性所决定的。[①]

(三)行政机关

在中等职业教育课程政策的制定过程中比较普遍的做法是通过行政机关行政程序制定课程政策。在计划经济时代,中等职业教育课程政策由国家统一制定,呈现出单方面决策的特征,课程政策的制定是自上而下的,政府在课程政策的制定过程中,拥有最大的决策权,这一点从新中国成立以来所发布的一系列有关课程的政策中,可以看出政府的相应权限。如1961年3月21日《解决高等学校和中等专业学校理、工、农、医各科教材的具体分工办法》规定,政治、语文、外语及工业专业适用的数学、物理、化学等课程教材由教育部负责,农业、林业、医药类专业适用的数学、物理、化学、生物等课程教材分别由农业部、林业部、卫生部负责。1998年2月16日,国家教委发布了《面向二十一世纪深化职业教育教学改革的原则意见》,要求各省、自治区、直辖市教育行政部门应根据各地经济社会发展的实际需要,组织有关人员,检查与评估本地区职业教育教学规范的制订、教学过程的管理、教学质量等。国家教育主管部门将加强全国性职业教育教学指导,就职业教育教学改革的指导思想、专业建设、课程教材建设、质量标准体系、督导评估等重大问题进行研究,并对各地方和各部门、各行业的教育教学进行指导。通过比较两份相隔37年的职业教育文件,可以看出:在1961年所颁布的文件里,政府全面负责中等职业教育普通课程教材政策的制定,专业课程教材政策由各所属部委制定,课程政策的排他性很强,政府垄断了中等职业教育课程制定的全部权力;而从1998年发布的职业教育文件中可以看出,政府对中等职业教育课程更多的是进行指导,地方和行业拥有了更多制定课程的自主权。在我

---

① 余雅风.教育立法必须回归教育的公共性[J].北京师范大学学报(社会科学版),2012(5):114-120.

国有关课程政策的制定过程中,像《国务院关于大力推进职业教育改革与发展的决定》这种跨部委的职业教育重大政策,在经过教育部党组领导决策会议审议、修订等程序反复论证后,还需要由国务院进行内部征询意见和有关领导审阅,最后由国务院发布。

就全世界范围来看,课程政策制定过程中都会吸纳大量非政府组织参与其中,从各种利益相关者的角度提出自己的建议和方案,力求自己代表的群体利益能在课程政策中得以体现。如法国,一直保持国家规划教材的传统,20世纪80年代以后,法国政府加强了课程制定权的下放力度,颁布了一系列政策文件,把课程制定的部分权力分给地方当局。而原来课程制定分权的国家,加强了政府在课程制定过程中的管理和控制。如美国是一个典型的课程政策制定权分散的国家,但在第二次世界大战以后,由于世界局势的不断变化,科技迅速发展,美国推出了《国防教育法》《不让一个孩子掉队法案》,肯定了联邦政府在学校课程改革中的重要作用,主张联邦政府加强对教育的干预。[①]

(四)司法机关(略)

二、中等职业教育课程政策的体制外主体

(一)利益集团

利益集团,是指与政策制定、实施、评价有利益关系的社会团体。教育政策在制定过程中,会受到各种利益集团的影响。以美国为例,在美国教育政策的制定过程中,影响最大的利益集团非教师组织莫属。在美国43个州的利益集团中,教师组织的活动效果位列第一。而其中规模最大的是全美教育协会,会员多达230万人,在各州都有分会组织;另一个教师组织是全美教师联合会,它的会员多达100万人。其他的教育利益集团还有全美学校委员会协会,有10万会员;美国学校管理者协会,有15000名会员,这些组织在各州亦有一定的影响力。而家长教师协会拥有650万名会员,分散于各州,规模虽然巨大,但是组成人员过于复杂,一般很难达成一致的意见。[②]

随着社会主义市场经济的深入发展,政治体制改革也在积极进行深化,我国各阶层和各种团体的利益诉求获得了更多表达的渠道。由于中等职业教育的特殊性和复杂性,我国与中等职业教育发展相关的利益团体也非常复杂,包括中华职业教育社、

---

① 吕立杰.课程政策制定过程的特征与本质[J].课程·教材·教法,2007(8):3—7.
② [美]弗朗西斯·C.福勒.教育政策学导论(第二版)[M]许庆豫,译.南京:江苏教育出版社,2007.

工会、妇联、青联等,还有各种行业协会,如机械行业协会、轻工行业协会、纺织行业协会、建筑行业协会、石化行业协会等。如中华职业教育社是影响中职课程政策制定最重要的团体之一,从中央到地方的中华职业教育社,其常设办事机构的职员,还往往具有国家公务员的身份。利益集团还包括各种职业教育的研究机构,如各级教育科学研究所和大学的职业教育研究所、中国职业教育学会等。尤其是中华职教社、中国职业教育学会以及在中国有重要影响的职业研究机构,这些机构很多时候直接参与了中职课程政策的制定。而其他的利益团体,如各级中等职业学校,可以通过以下手段影响课程政策的制定,利用熟人给课程政策的决策者施加影响,通过拜会、信函以及研究报告等影响中职课程政策决策,通过个人的参政议政影响课程政策的决策,通过聘请职业教育专家作为学校顾问等方式来影响中职课程政策的制定等。[①]

(二)公民个体

可以将对中职课程政策产生影响的公民个体分为个人主体和精英主体。在历史发展过程中,相对于权力机关和人民团体而言,普通个人主体对政策的影响力要小得多,对此,美国政策专家戴伊曾说过:"美国公众的政策选择与目前现行的国家政策之间存在相当的分歧。换句话说,没有多少证据或事实证明美国的政策制定是'自下而上'的观点。"大多数美国人也认为,他们在政策制定过程中的影响力十分有限,甚至可以忽略不计。他们认为在政策决策的过程中,政府对民众的意愿关注太少,三分之二以上的美国公众认为,政府并不了解民众的利益诉求。[②]

当然,随着社会的发展进步,普通公民有更多的机会和渠道参与到中职的课程政策制定中来。尤其是在网络社会,无论是学生还是学生家长,以及其他关心中职课程改革和发展的普通公民,都可以通过中职课程政策制定部门的相关网站,与相关部门取得联系,通过打电话、发电子邮件、网络留言等方式,向中职课程政策制定的权力机关反映自己的意见和看法。现在越来越多的政府部门在制定政策时,往往会先广泛征求网民的意见,再对政策制度进行修改和完善,以期获得更多人的支持,普通民众对中等职业教育课程政策制定的影响力,也越来越不可小视。

(三)新闻媒介

新闻媒介在中职课程政策的制定过程中,扮演着非常重要的角色。利益集团、普通公民、职教专家等对中等职业教育课程的看法和意见,往往也会通过新闻媒体报道出来,通过新闻传媒的报道,往往会影响到课程政策制定者的看法和意见。如《中国

---

① 张家军,靳玉乐.论课程政策主体[J].当代教育科学,2004(1):23—25.
② [美]托马斯·R.戴伊.自上而下的政策制定[M].鞠方安,吴忧,译.北京:中国人民大学出版社,2002.

教育报》曾在2009年刊登了一篇文章,题目叫"职业教育怎样推进课程改革",其中采访了我国职业教育界三位有名的专家学者,他们表达了职业教育课程改革的意见和建议。《中国教育报》作为教育部主办的机关报纸,是课程政策制定者阅读的重要报纸来源,通过刊登专家学者对职业教育课程改革的意见和建议,说明教育主管部门在一定程度上认可这些精英个体的意见,也会对其他中职课程政策制定者产生一定影响。正是因为职业教育的课程政策制定者认可这些专家的意见,才会通过自己主管的新闻媒体报道这些专家的意见和看法,这样有利于引导广大人民群众认可中职课程政策。正如哈贝马斯所言:"政府有计划地制造新闻或利用有关事件来吸引人们的注意力。在此过程中,它严格运用心理学和特写技术、形象宣传技术,与大众媒介结合……主要目的是借助于对事实和精心设计的模式的形象展示,通过建立使人接受的新权威和新象征,改变公众舆论的方向。"①政府借助于新闻媒介,广泛宣传中等职业教育,能够引起社会其他群体对职业教育的关注,从人力和物力上对课程改革进行支持,有利于提升中等职业教育课程政策的有效性。

---

① [德]哈贝马斯.公共领域的结构转型[M].曹卫东,王晓珏,刘北城,等,译.上海:学林出版社,1999.

第二节 中等职业教育课程政策的决策

一、公共政策决策的理论

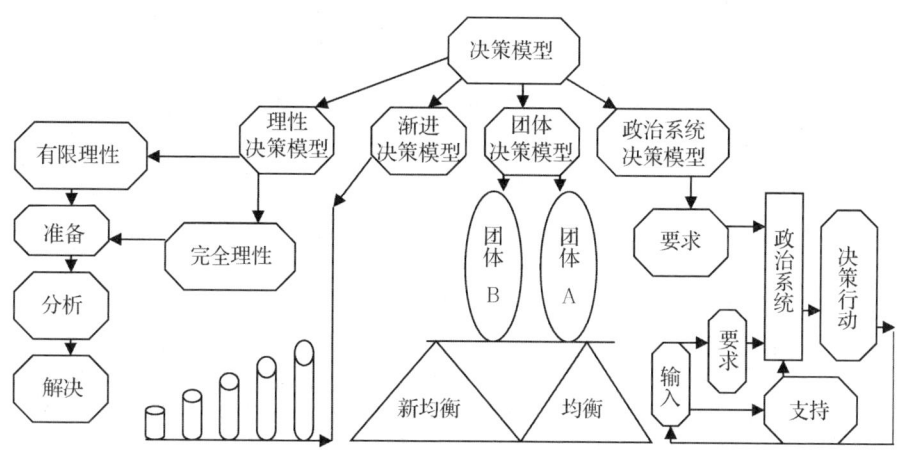

图 4-2 公共政策决策的主要模型

如图 4-2 所示,公共政策决策主要有理性决策模型、渐进决策模型、团体决策模型、政治系统决策模型等。具体阐释如下:

一是理性决策模型。理性决策模型最基本的一个假设是:参加决策的每一个人都是理性的,决策前的各种调查研究是科学的,决策者肯定能把握这项决策的规律性,从而做出科学客观的决策。托马斯·戴伊曾对政策理性作了界定:"一项理性的政策之所以理性,是因为它以'社会收益最大化'为目标,即政府应当选择给社会带来的收益最大限度超过所付出成本政策。如果收益没有超过成本,政府就必须避免采用这些政策。"完全理性模型认为,决策者能看到该决策领域现存的问题,对现存问题进行了充分分析与研究,然后穷尽所有能解决该问题的方案,并对每一种方案的投入、产出以及可能会遭受的损失进行充分的考虑。就本质来说,完全理性决策模型基于若干的假定:假定决策者是完全理性的,假定决策者有最强大的分析和解决问题的能力,假定能穷尽所有与该决策有关的资料,假定决策者有充足的时间来对资料进行分析研究,最终做出最优的决策。有限理性决策模型是在批判完全理性决策模型的基础上提出来的,其主要观点认为:进行一项决策,应当考虑人的自然属性和社会属性,人受到自己身心和社会环境的限制,有限的环境和有限的岗位决定了决策的价值取向也是有限的。正如西蒙所说:"缺乏全智全能的理性,就是备受限制的理性。"[1]基于此,有限理性决策理论的支持者认为,一项决策无法做到让所有的人满意,而是应当尽可能让更多的人满意,在决策中应该考虑让更多人满意的决策方案。而且在有限决策中,决策者对投入和产出的期望标准是动态的,"当原先确定的标准无法满足可供选择的方案时,就需要重新制订或修正原有的标准。"[2]

对中等职业教育课程政策而言,要使决策者在决策过程中,真正符合理性决策的要求,是一件非常困难的事情。因为在一定的时间和空间下,决策者的认知是有局限性的。中国城乡发展的差异、区域发展的差异、不同教育类型之间发展的差异,都决定了中职课程政策的决策者不可能收集到与中职课程决策有关的全部资料。而理性决策模型要求对所有资料进行量化,这种方法在中职课程政策决策中更是不可行,因为许多与中职课程政策有关的资料本身并不是可以量化的。因此,在中职课程政策的决策中,本书更倾向于有限理性的课程政策决策模型。

二是渐进决策模型。该决策模型最先由林德布洛姆提出来,他认为由于受时间、空间以及现有其他条件的限制,决策者无法对政策的制定、实施和评价进行全盘掌控,也就无法对所有决策的可能性后果进行充分的评估后再进行决策。因此,决策的过程应当是渐进性的,应该在既有政策的基础上进行。渐进主义遵循三个原则,即按部就班原则、积少成多原则和稳中求变原则。渐进决策模型认为,若新的决策方案与已有的政策相差很大,就会过多触及现有群体的既得利益,必然会招致过多人的反对,实施的效果也就难以预测。[3]

三是团体决策模型。团体决策模型来源于团体政治理论,该理论认为,政策决策的根本是各种利益集团之间的相互冲突和影响,团体之间通过各种手段来影响政府,以使得政府在决策时能考虑自己的利益,制定出来的政策有利于维护和促进本集团的利益。政府面对的是各种利益集团的博弈,为了平衡各方的利益纷争,必须建立相应的游戏规则,促使各方的利益尽量达到一种相对平衡状态。

四是政治系统决策模型。任何政治系统都处于一定的时空内,受到周围政治、经济和文化等因素的影响,影响的方式主要是通过要求和支持的输入来实现。而政治系统本身也在积极影响周围的环境。个体和组织为了维护自己的利益,会对政治系统提出相应的行动主张,也会根据决策对利益的满足程度采取相应的行为,如通过各

---

[1] [美]赫伯特·西蒙.现代决策理论的基石[M].杨砾,徐立,译.北京:北京经济学院出版社,1989.
[2] 陈刚.公共政策学[M].武汉:武汉大学出版社,2011.
[3] 黄顺康.公共政策学[M].北京:北京大学出版社,2013.

种途径表达支持或反对。"政治系统对环境的反作用,主要通过政策的制定和实施来得以实现,政策在此被看作政治系统对环境的要求和支持所作出的一种输出。"①

除此之外,政策的决策还包括精英决策模式,由于在前面的决策主体部分,已对精英决策有所论述,故在此不再展开论述。

二、新中国中等职业教育课程政策的决策分析

政策决策模型的多样性表明,政策决策是一个复杂而多样的过程,虽然不同的决策模型之间有诸多的差异性,但是有一点是共同的,那就是决策的本质是对权力的控制与运用。

(一)新中国课程政策决策模型的表现

1.个体精英、完全理性(1949—1977)

新中国成立之后,对毛泽东的个人崇拜呈快速化发展趋势,毛泽东树立了自己的绝对权威,毛泽东说的每一句话都被当作真理,毛泽东被看作具有完全理性的决策者,知晓决策中所需要考虑的一切因素,能够做出最完全的决策。"毛主席语录"被印刷为小册子广泛散发,几乎人手一本,成为指导一切活动的方针和纲领。毛泽东思想在课程教学中得到广泛传播,如1964年在《关于改进高等学校、中等学校政治理论课的意见》中,要求用毛泽东思想来改进课程和教材,在教学方法上也要学习毛泽东的启发式教学法。在1971年《全国教育工作会议纪要》中,明确要求用毛泽东思想来指导教育工作的一切活动。在这段时期,政策的决策模型更多地体现为一种个体精英的决策模型。

当然,如果精英决策模型中的精英是指一个精英群体时,精英决策模式是具有一定积极意义的。就中等职业教育的课程政策制定而言,由熟知中等职业教育课程教学发展规律的精英来共同制定课程政策,对中等职业教育课程的改革和发展肯定是有积极意义的。如"半工半读"模式,就是由刘少奇经过亲自考察和实践后,经过深思熟虑后提出的。"半工半读"既可以看作一种办学模式,也可以看作一种课程模式。中等职业教育课程受"半工半读"模式的影响,更加强调理论与实践相结合。毛泽东、周恩来、邓小平等人在不同场合,都曾经表达过对"半工半读"模式的支持。毛泽东在写给江西共产主义劳动大学的信中说:"你们的事业,我是完全赞成的。半工半读,勤工俭学,不要国家一分钱,小学、中学、大学都有,分散在全省各个山头,少数在平地。这样的学校确是很好的。"②从决策的层面上可以说,"半工半读"是当时的领导精英们

---

① 陈刚.公共政策学[M].武汉:武汉大学出版社,2011.
② 中共中央文献研究室编辑.毛泽东文集(第8卷)[M].北京:人民出版社,1999.

集体智慧的结果,因而具有一定的科学性与合理性。但在实施的层面来看,"半工半读"模式受到当时冒进主义的严重影响,该办学模式在全国各地遍地开花,超出了经济发展的承受能力,以致最终效果并不理想。"半工半读"模式对当时中等职业教育课程改革起到了积极的作用,促使实践性教学开展得更加深入。直到今天,"半工半读"模式依然有其现实意义。

2.渐进、有限、团体、系统(1978至今)

党的十一届三中全会以后,全国的工作中心逐渐转移到经济建设上来。国家在政策的制定上,逐渐回归到坚持一切从实际出发,实事求是、循序渐进的原则。正如在1980年12月,陈云在中央工作会议上的讲话所说:"我们要改革,但是步子要稳。……随时总结经验,也就是要摸着石头过河。"[①]本书在前面的渐进性决策的理论阐释中曾经提到,渐进性决策坚持的三个原则,即按部就班、积少成多、稳中求变。"摸着石头过河"正好体现了这三个原则,是一种在原有政策基础上的逐渐变革,而这正是政策制定中坚持渐进性决策的一种表现。同时,"摸着石头过河"也体现了一种有限理性的决策模式,说明我们在河里踏入下一步之前,并不能完全知道河水的深浅,而是得根据现在所处河床的位置和身边河里石头的深浅来判断下一步前进的位置和幅度。总之,我们的认知是有限的,决策不能超越现有的认知水平。

教材是一切课程和教学的重要载体,没有了教材,课程的设置和教学活动的安排将非常困难,正所谓"巧妇难为无米之炊"。因此,1978年,国家首先对中等职业教育的教材编写和出版工作进行了规定,然后逐渐对中等职业教育的教学计划、课程设置、师资培养等方面进行了规定,整个中等职业教育课程政策的决策就体现了一种渐进性的决策模型。而与中等职业教育课程有关的政策内容,也体现了这样的渐进性决策模型。1981年教育部颁发的《关于制定中等专业学校普通课及技术基础课教学大纲的几项原则》指出:"注意在要求合理、分量适当、符合现代化建设实际情况的前提下,逐步对教学内容进行更新,不能求多、求新、求浅,凡是尚不成熟的内容,不要列入大纲。"通过这一项政策,可以看出对中等职业教育课程进行了渐进性决策和有限理性决策相结合的一种思维。

政府坚持渐进性决策模式和有限理性决策模式,是有深刻历史原因的。在改革开放初期,我国的政治、经济和文化等都面临非常复杂的问题,存在着诸多不可预知的风险,再加上有"大跃进"和"文化大革命"等经验教训,党和政府以及广大人民群众也深刻意识到经济体制和政治体制的改革是一个复杂而持久的过程,不可能在短时间里一蹴而就。中等职业教育课程政策的制定也面临同样的问题,我国中等职业教

---

① 中共中央文献研究室编辑.陈云文选(第3卷)[M].北京:人民出版社,1995.

育从全盘借鉴苏联的课程教学模式,到"文化大革命"时期的课程教学秩序一片混乱,发展道路曲折。城乡之间、东西部之间的中等职业教育,在经费投入、师资力量、课程模式、教学理念等方面存在巨大差距。一方面,对中等职业教育课程和教学的复杂性不可能完全掌握,因此需要坚持有限理性决策模式;另一方面,中等职业教育课程和教学质量不可能短时间就能取得飞跃发展,因此需要采取渐进性决策模式。

团体决策模式在我国中等职业教育课程政策决策中亦有表现。随着市场经济的深入发展,生产力水平的进一步提高,产业结构的转型升级,社会各行各业需要更多的技能实用型人才,有更多的团体与中等职业教育产生利益关系,为了满足自己的利益诉求,必然会有更多团体和个人加入到中等职业教育课程政策的制定中来。

三、中等职业教育课程政策决策的"钟摆现象"

20世纪以来,课程的"钟摆现象"是一个较为普遍的现象,正是在这两极钟摆或转向的过程中,产生了不同的课程改革思潮和运动,课程政策制定过程中的"钟摆现象"在世界上很多国家都具有普遍意义。在不同的时期,由于各国政治、经济、文化和科技等方面发展水平的差异性,以致强调的侧重点有所不同,其在课程开发的机制建立、课程改革的政策措施等方面表现出各自不同的理论思维和运作方式。[①]

新中国成立以来,如图4-3所示,中等职业教育课程政策决策权经历了从中央集中与地方分散之间的"钟摆现象",到中央、地方和学校课程决策权共享的过程。

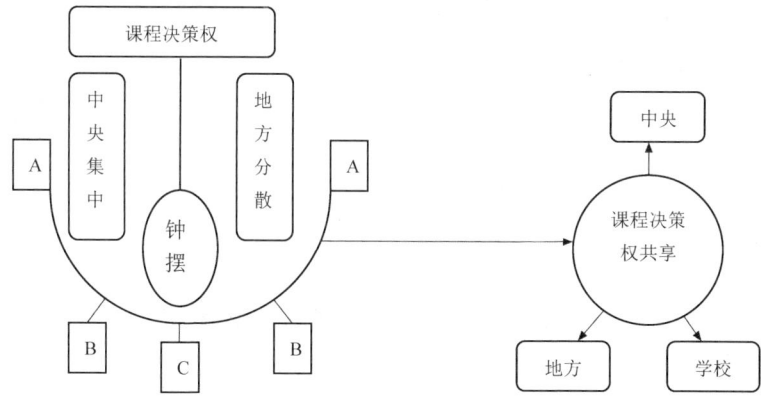

(A点是课程决策权集中或分散的波峰,即最大值;B点表示由A向C变化或由C向A变化的一种趋势;C点是课程决策权集中或分散的波谷,即最小值。)

图4-3 中等职业教育课程政策决策权变化图

---

① 吴刚平.课程开发中的矛盾运动与钟摆现象探析[J].华东师范大学学报(教育科学版),2000(2).

(一)改革开放以前中等职业教育课程政策决策权的"钟摆现象"

不管是从历史的纵向还是横向来看,每一个国家的统治阶级,毫无例外地都会利用所掌握的政治资源,对课程的目标、结构、内容、实施、评价等方面做出相应的规定,课程政策与政治权力的运作方式之间有着极紧密的联系。普遍而言,在中央集权的政治体制下,课程政策的决策和执行以及评估亦是集权式的,课程政策的决策总体上属于国家活动的范畴。在改革开放之前,高度集中的计划经济体制与高度集中的中央集权政治体制是相互呼应的,中央集权的政治体制导致课程政策决策权的高度集中。

1.课程政策决策权的集中

教育主管部门在课程政策制定过程中的权力非常大,呈现出来的是一种国家本位取向的课程政策,其实质是"国家中心主义",追求全国范围内中等职业教育课程的总体统一,由国家教育主管部门负责课程资源的分配与协调。参与中等职业教育课程政策制定的主要是中央教育主管部门的官员、专家学者,这在颁布的相关课程政策中就可以体现出来。1951年6月12日,《中央人民政府政务院关于积极整顿和发展中等技术教育的指示》,规定关于中等技术学校的方针、政策、制度、课程原则、普通课教学计划、教职员学生待遇原则、全国设置计划,以及其他教育原则,由中央教育部统一领导。1954年7月9日发布的《中等专业学校章程》要求,课程教学的计划由主管的业务部门制定,然后经过中央高等教育部批准后执行;对于普通课程和基础技术课程的教学大纲,需要由中央高等教育部制定和批准;专业课程的教学大纲,要由主管的业务部门制定和批准才能执行。《中央人民政府政务院关于改进中等专业教育的决定》提出,中央高等教育部负责统一制定和批准课程教学计划,批准教育课程和基础课程的教学大纲、教科书,同时制定各项规章、制度和发布指示,以便于满足中等专业学校课程教学工作方面的需求。

2.课程政策决策权的短暂分散

1958年,全国各地开展了轰轰烈烈的"大跃进"运动,教育领域也掀起了一场革命。1958年8月4日,中共中央和国务院发布了《关于教育事业管理权力下放问题的规定》,教育部和中央各个主管业务部门颁布的教学计划、教学大纲以及通用教材,各地可根据因地制宜、因校制宜的原则,组织学校进行补充修订,亦可以自行编写教材。对于过去国务院或者教育部制定颁布的全国性的规章制度,各个地方可以根据自己的实际情况决定保存、废除、修订,或者是另行制定合适地方情况的标准和办法。各地的中等职业学校采取增、删、补等办法对通用教材进行修改,并纷纷开发校本教材。这种"通用"加"自编"的方式突破了之前"大一统"的课程制定模式,具有积极的时代意义,但由于受当时"大跃进"政治意识的影响,出现随意增减课程内容,随意变换课程结构,导致整个课程知识系统支离破碎,缺乏科学性与系统性。

3.课程政策制定权的重新集中

第一次课程政策制定权力下放,并没有带来各地中职课程教学工作的有序发展,各地教育部门和中职学校,没有经过科学合理的规划就匆忙搞课程教学试验改革,反而造成了混乱的局面。中共中央在1959年5月发布了《关于试验改革学制的规定》,针对1958年各地有不少学校未经上级批准自行搞学制改革试验的情况做出了规定:隶属于中央各部门的中等专业学校,如果改变课程教学的年限,要由主管的中央部门批准;隶属于地方的中等专业学校,如果改变课程教学的年限,要由省、市、自治区和中央有关部门协商决定。凡是没有经过批准的,都不许改变课程教学的年限。1961年3月21日,《解决高等学校和中等专业学校理、工、农、医各科教材的具体分工办法》提出:政治、语文、外语及工业专业适用的数学、物理、化学等课程教材由教育部负责;农业、林业、医药类专业适用的数学、物理、化学、生物等课程教材分别由农业部、林业部、卫生部负责。

4."文革"中课程政策决策权的分散

"文化大革命"开始后,中等职业教育课程政策的制定无统一的领导机构,教学大纲、课程计划和教材处于无政府状态。1967年5月4日,中共中央、国务院、中央军委、中央文革小组联合发文《关于半工半读学校复课闹革命和毕业生分配问题的通知》指出,为了促进生产,便于学生和工农群众结合,更好地进行"文化大革命",要求所有的中等职业学校,都要回到原生产单位或学校,积极恢复课程闹革命,同时参加劳动生产。当时,国家的通用教材被视为封建主义、资本主义、修正主义的大杂烩,受到强烈的批评。组织了"革命委员会"的各省、市自己制定课程、编写教材,中等职业教育课程政策的制定陷入一片混乱之中。

(二)"文革"以后中等职业教育课程政策决策权的新变化

1.中等职业教育课程制定权力的重新集中

中等职业教育课程的相关政策,统一由中央相关部门制定,保证了中等职业教育的有序发展,促进了职业教育事业的整体进步。1978年2月15日《关于高等学校教材编审出版工作若干问题的暂行规定》明确指出,中等专业学校的课程教材编审工作,原则上也按照该规定执行。该规定要求,各类专业的公共课教材、理科教材和工科各专业应用面较宽广的基础课教材,由教育部和所属出版社负责组织编审和出版。1978年4月22日,邓小平在全国教育工作会议的讲话明确指出,教育事业的发展计划中,应当考虑各级各类学校的发展比例,特别是需要扩大农业中学、各种中等专业学校和技工学校的比例,要研究怎样设置专业、进行课程和教材的改革。1979年8月13日,教育部发布《关于中等专业学校工科专业二年制教学计划安排的几点意见》,要求在制定有关教学计划时,要分别由国务院有关部委或省、市、自治区批准,并报教育部备案;各校在执行相关教学计划时,可以结合本地区和本校的实际情况,具有一定的灵活性,但如果有重大改变的,必须报主管部门批准。

2.中等职业教育课程多样化的开始

学界普遍认为,市场经济对课程的影响常常会伴随政治的因素,通过政治折射出来。在十一届三中全会之后,市场经济得到了大力发展,市场经济的竞争性和多样性决定了课程政策的制定不能搞"一刀切",各地的中等职业学校应根据当地经济发展的具体需求进行课程设置,反映在政治领域,就是中央要给地方一定的课程制定权。1986年11月11日颁布的《技工学校工作条例》要求,技工学校的教学必须根据国务院有关主管部门制定和颁发的教学计划、教学大纲进行,学校须按照要求编制相关课程的教学进度计划,学校亦可根据地区和企业的不同特点,对教育部有关部委制定的教学计划和大纲进行适度的调整,但课时的自主调整幅度不得超过总课时的15%。1988年4月11日颁布的《关于农业中等专业学校招收农村青年不包分配班的若干规定》提出,农业中专在培养这批学生时,教学和课程设置可以不受全日制中专统一要求的限制,在保证中专培养目标和教学质量的前提下,根据学生将来回到农村的不同需要,区别对待,加强针对性和适应性,办学形式可灵活多样。其间的"适度""幅度""保证"等关键词的出现,反映出我国下放了一部分课程政策的制定权,但下放的权力是有限的,各地要能保证培养目标的实现。课程政策最大特点就是多样化,无论是课程目标、内容、实施和评价等,都不同程度增加了弹性,以适应不同地区、不同职业学校、不同中职学生个性发展的需要。

3.中等职业教育课程制定权力多样化的发展

在20世纪末和21世纪初,随着改革开放的进一步深入,我国在政治领域也积极进行改革,各地的中职学校纷纷要求扩大办学自主权,以便更好地适应社会的需求。1993年5月13日,国家教委发布了《关于职业技术教育教材规划工作的意见》,提出在两级教材规划的基础上,地区和县两级还要因地制宜编写必要的、适合地方职业教育发展需要的乡土教材及补充教材,并将出版规划落到实处。1999年,全国第三次教育工作会议确定了"国家课程、地方课程与学校课程"三级课程管理模式。1999年6月13日,颁布了《中共中央、国务院关于深化教育改革全面推进素质教育的决定》,要求试行国家课程、地方课程和学校课程,增强课程与当地经济社会发展的适应性,增强职业教育的专业性,开发和编写体现新知识、新技术、新工艺和新方法的具有职业教育特色的课程及教材。2000年3月21日,教育部发布了《关于全面推进素质教育、深化中等职业教育教学改革的意见》的通知,要求建立健全课程开发和教材编写机制,实行国家和省(部)两级规划、两级审定制度,国家组织开发文化基础课标准和教材,开发有职业教育特色的重点专业课程及教学课件;地方、行业根据区域经济和行业发展的实际需要,可以组织开发编写具有地方与行业特色的课程和教材。其间"中央""地方""学校""行业"等关键词的出现,表明了中等职业教育课程政策制定过程中,教育行政部门、各类中等职业学校、科研机构、专家、教师等群体广泛参与了课程的开发,参与主体更多,课程的制定更趋向于民主,有利于保障不同利益群体的诉求,有利于中等职业教育的课程建设朝健康的方向发展。

第三节 中等职业教育课程政策的实施

公共政策是课程政策的上位概念,而课程政策的执行包含于公共政策执行的范围之内。美国学者艾利森认为:"政策对于政策目标的贡献率只占10%,其余90%取决于政策的有效执行。"[1]政策执行是一系列指向使一个项目生效的行动,其中以组织(资源、机构和使项目生效的方法的建立或重新安排)、解释(将项目语言转变成可接受和可行的计划和指示)和应用(服务、款项、工具等的日常供应)三种活动为主要形式。[2] 政策执行主体是为了实现教育政策目标,通过各种措施和手段作用于教育政策对象,使教育政策内容变为现实的行动过程。[3] 政策执行是政府执行系统通过其积极的行动使政策付诸实施的过程。[4] 公共政策的执行应当具有:选择性——政策执行既与执行者的能动性有关,也是基于利益的选择;组织性——政策实施必须有专门的组织来负责,政策执行必须有序进行;能动性——政策实施既是政策规范运用于实践的过程,也是一个精心操作的过程。[5] 政策执行是一个动态的过程,它是政策执行者通过建立组织机构,运用各种资源,采取解释、宣传、实验、执行与监控等各种手段,将政策观念形态的内容转化为实际效果,从而实现既定政策目标的活动过程。[6]

一、中等职业教育课程政策实施的特征

(一)对象的适用性

中等职业教育的课程政策,只适用于中等职业教育,如果扩大到高等职业教育或普通中等教育,显然会影响中等职业教育课程政策的有效性和权威性。以下面几项课程政策为例:2000年3月21日,《教育部关于印发〈关于制定中等职业学校教学计划的原则意见〉的通知》,要求根据实际需要设置课程和确定教学内容,根据地方和行

---

[1] Allison, Graham. T. *Essence of Decision* [M]. Peking University Press, 2008.
[2] Charles O. Jones. *An Introduction to Study of Public Policy* (3ed.)[M]. California: Brooks/Coles Publishing Company, 1984:166.
[3] 宁骚.公共政策学.[M].北京:高等教育出版社,2010.
[4] 桑玉成,刘百鸣.公共政策学导论[M].上海:复旦大学出版社,1991.
[5] 黄顺康.公共政策学[M].北京:北京大学出版社,2013.
[6] 陈振明.政策科学:公共政策分析导论[M].北京:中国人民大学出版社,2003.

业经济发展的实际需要组织开发具有地方特色的指导性教学计划。2006年11月16日,教育部发布了《关于全面提高高等职业教育教学质量的若干意见》,明确指出高等职业教育是高等教育的一个组成部分,为现代化建设培养高素质技能型专门人才,肩负着培养面向生产、建设、服务和管理第一线需要的高技能人才的使命。2009年1月6日,《教育部关于制定中等职业学校教学计划的原则意见》指出,中等职业教育培养的是具有综合职业能力,在生产、服务一线工作的高素质劳动者和技能型人才。通过这几项与课程有关的政策可以看出,我国中等职业教育与高等职业教育对于人才培养目标的要求,具有较大差异,这也决定了两者在课程目标的制定方面,也有明显的不同。中等职业教育的课程目标主要是培养基层生产一线的初级和中级技能人才,而高等职业教育的课程目标是培养生产和管理的高级技能人才。高等职业教育属于高等教育的范畴,公共基础课、专业理论课和实践课的开设,完全是按照高等教育的课程模式进行设置的,而中等职业教育的课程是按照中等教育的难度和水平进行设置的。如果将高等职业教育的课程政策用于中等职业教育,势必会引起中职教师和学生的不适应,从而影响课程政策的有效实施。

(二)范围的有限性

教育部发布的中等职业教育课程政策立足点是面向全国的,而各地方自己制定的课程改革政策具有各地自己的特征。1995年3月,上海实施的"10181"工程,即选择10门公共课程,18个专业和工种进行课程改革与建设,形成1个体系,用10年左右的时间完成中等职业教育课程改革。就当时的情况而言,这项课程改革的政策能在上海提出并得到有效执行,与上海经济的发达是分不开的。上海的高校为中职课程改革提供了充沛的智力资源,上海还为中职课程改革政策的有效执行提供了专门的资金支持。我国的职业教育专家学者主要集中在东部沿海地区,西部地区获得的智力支持非常有限,由于经济不发达,获得的资金支持也会非常有限,中等职业教育教师的整体学历和技能水平,也落后于东部沿海发达地区。因此,上海的"10181"中等职业教育课程改革政策在上海地区能够得到有效执行,但如果照搬到西部贫困地区,在当时的环境下,执行的效果必将会大打折扣,甚至会适得其反。因此,任何一项课程政策的执行实施范围是有限的,没有"放之四海而皆准"的中等职业教育课程政策。

(三)影响的广泛性

中等职业教育课程政策的执行范围是广大的中等职业学校,也涉及教育主管部门、企业等组织和个人,并会对相关参与者产生广泛影响。课程政策执行的广泛性,在一定程度上也可以理解为执行的深度性。2010年6月17日,《教育部、人力资源和社会保障部、财政部关于实施国家中等职业教育改革发展示范学校建设计划的意见》发布,要求改革以学校和课堂为中心的传统人才培养模式,加强与企业等用人单位的联系,实行工学结合、校企合作、顶岗实习。创新教学方式,深入开展项目教学、案例教学、场景教学、模拟教学和岗位教学,通过数字仿真、虚拟现实等信息化方式,在教学中普遍应用现代信息技术,多渠道系统优化教学过程,增强教学的实践性、针对性和实效性,提高教学质量。国家为了中等职业教育课程政策能够得到有效执行,特意在全国选择了285个中等职业教育学校作为示范校进行试点推广,在2011年10月20日又公布了第二批中职示范校的名单,选择377所中职学校作为第二批建设的示范学校,前后两批总共有662所中职学校参与了示范校的建设,每一个省、自治区和直辖市都有中职示范学校。

国家关于中职示范校建设的意见中,包含了大量的课程教学的改革政策,要想这些课程政策在全国662所中职示范校中得到执行,必须建立相应的课程政策执行组织,动员任课教师参与到课程政策的执行中来,给一线教师分配课程政策的执行任务。中职示范校课程政策的深入执行,会对教师的课程教学理念、校本课程和教材的开发等方面产生影响。而在中职示范校课程政策制定过程中没有注意到的问题,也会在课程政策的执行过程中反映出来。本书作者在对中职示范校进行调研时,部分老师就反映:"有的课程政策在制定时属于计划信息不灵,只能在忠于计划的同时,对计划的实施做出调整。"而这些隐藏的问题如果不通过课程政策的执行,是没法发现和找到解决措施的。因此,课程政策的执行,是课程政策产生广泛影响的根本途径。

(四)执行过程的动态性

中等职业教育课程政策的执行不是一蹴而就的,而是一个不断调整和完善的过程,是课程政策制定的专家学者和中职一线任课教师的理念和行为不断变化和调适的互动过程。中职课程政策制定的话语权更多地掌握在行政官员和专家学者手里,他们制定出来的课程政策无论经过了多少科学论证,有多少的理论支撑,也不可能和复杂的课程政策执行环境完全相适应。在不同的时期,经济、政治、文化、科技等环境因素的变化,使得中职课程政策的执行必然会面临新的问题,只有根据一定时期社会发展对中等职业教育人才技能水平的要求,及时调整中职课程政策的执行方案,才能促进中职课程政策的实施达到预期的效果。执行过程的动态性还体现在中职政策的执行是阶段性和连续性的统一,中职课程改革的政策目标要分阶段执行,而前一阶段的执行效果会影响后一阶段的执行方式和过程,整个中职课程政策执行的各阶段之间有一种内在的动态联系。

二、中等职业教育课程政策实施的过程

(一)中职课程政策执行的准备阶段

任何一项课程政策要想得到有效的执行,就必须先进行广泛的宣传,组织中职学校的全体教师进行学习。云南某中职学校在执行示范学校课程改革政策的过程中,首先将国家中职示范校的相关政策印成小册子,名为《示范校建设政策知多少》,学校的教师人手一册,使得大家能更好地理解中职示范校相关政策的指导思想、近期目标和长远目标,更好地把握中职示范校政策的内在规律,全面认识中职课程政策的范围、特点、实施主体、途径等,对中职示范校建设的政策有一个全面深入的了解。

而课程政策的执行是一个复杂的过程,为了保证在课程政策的执行过程中能面对和解决各种复杂的问题,就必须有计划和有步骤地执行中职课程政策。以云南某中职示范学校为例,为了更好地贯彻国家中职示范校政策,该学校制定了《云南省某学校国家示范校建设项目实施管理办法》《云南省某学校国家示范校建设项目经费管理实施细则》。这两项规定结合了该校的实际发展情况,有利于课程政策执行的循序渐进,结合本校的师资、经费、教学设施等现实条件,量力而行。在制定本校课程政策的执行措施时,将课程建设的长远目标和近期目标相结合,内部动力和外部动力相结合,在课程政策的执行过程中做到平衡统一,保证了其中与课程有关政策的执行过程的可行性。要想课程政策得到有效执行,还必须确定和建立相应的执行机构和机制。一般而言,普通的中职课程政策的执行,只需一个学校现有的组织机构就能实施。但是对于国家中职示范校的课程建设而言,学校内的组织机构无法为课程政策的有效执行提供充足的智力资源,因此就需要获得校外课程专家的智力支持。云南某学校在执行国家示范校课程政策的过程中,就成立了专门的组织机构,示范校建设领导小组和专家咨询委员会双向并立运行,专家咨询委员会邀请了天津某大学校长作为主任,山西某大学职教研究所所长作为副主任。领导小组和专家咨询委员会下设示范校建设办公室,由该中职学校副校长担任办公室主任,示范校建设办公室还从学校教务处抽调了专门的老师,组成示范校建设办公室的团队。中职课程改革政策的有效执行,需要有物质(设备和经费)作为保障,课程政策的执行过程中,必须对相应的经费和设备进行全面的预算与统筹。以云南某学校机电专业在示范校建设中的经费预算为例,中央财经投入了 300 万,地方财政投入了 100 万,行业企业投入了 100 万,学校投入了 50 万,合计投入了 550 万元人民币,这些经费有效保障了机电专业课程改革政策的执行。

(二)中职课程政策执行的实施阶段

1.课程政策执行的试验阶段

中等职业教育课程政策在全面推广之前,往往需要选择有代表性的地区和学校进行试验,从中检验相关课程政策实施的效果,以便在下一步的课程政策制定过程中进行完善。以国家中等职业教育示范校建设中的课程改革为例。2011年1月7日,国家公布了第一批中职示范校建设名单,首先在全国选择了285所中职学校进行试验;在进行了10个月的示范建设之后,在2011年11月20日,教育部又公布了第二批中职示范校建设的名单,在全国选择了377所中职学校作为第二批示范校建设。在中职示范校建设过程中,有大量关于课程建设的政策措施,而课程政策的执行不可能一步到位,需要一个过程。由于各地区中等职业教育发展不平衡,西部地区中职示范校的经费和课程设施与东部沿海地区还存在较大差异。如果缺乏经费和课程设施的保障,示范校课程政策的执行势必会成为"巧妇难为无米之炊"。因此在第一批示范校的建设过程中,上海的中职示范校有6所,而云南的中职示范校只有2所。任何一项政策的执行都是有一定风险的,因为课程政策的制定者不可能穷尽未来政策执行中所面临的全部问题,课程政策的执行不能搞一刀切,对相关课程政策的分批执行,有利于减少示范校课程政策执行的风险。先在示范校建设过程中执行有关课程政策,可以及时检验有关课程政策的有效性,如果发现在具体执行过程中并不可行,可以及时做出调整,并从课程政策的执行过程中获得第一手的经验和教训。

2.课程政策的全面推广

在课程政策执行的过程中,试验阶段是先小范围对课程政策的可行性和有效性进行检验,以总结经验和对课程政策进行完善。而课程政策的全面推广,是课程政策经历了试验阶段之后的必然,是体现课程政策最大化效益的阶段。任何一项课程政策的先期试验都是为了后面更大范围的推广。正如1999年上海市教委发布的《上海市职教课程和教材改革试验工作意见》所说,进行新课程教材试点,目的是在教学实践中发现不足,以改进和完善新课程教材以利于全面推广,为全面推广提供经验和配套措施的意见。中等职业教育课程改革政策的全面推广,需要考虑和注意学校管理能力、教师执行能力、学生接受能力等诸多因素。事实上,相比较高等教育和普通中等教育而言,中职学校获得的社会资源支持是非常有限的,要想课程政策得到全面推广和贯彻,就必须最大化利用有限的人力和物力。

3.课程政策执行的指挥协调

中职课程政策的全面执行是一个复杂而充满变数的过程,辩证唯物主义理论告诉我们,由于人的立场不同,对同一事物的看法和观点会有所不同。以国家中职示范校的课程改革政策为例,政府部门关注的是投入了课程改革经费能取得多大的课程改革成果;学校管理者关注的是通过示范校课程改革政策的全面执行整体上能促进学校多大的发展;而一线任课教师关注的是课程改革政策的全面执行在多大程度上能提高学生的技能水平和综合素质,同时任课教师还关注课程政策的改革能给自己带来多大的好处和实惠。课程改革政策执行过程中,由于立场的不同,必然会导致不同群体利益诉求的不同,而这又会导致冲突和矛盾,这样会给课程改革政策的有效执行带来极大的阻力。因此,要使中职课程改革的有关政策得到贯彻,就必须建立统一协调的机制和机构。各级行政主管部门对课程改革政策执行的指挥主要体现为意见、决定以及定期或不定期的检查、考核或评估;学校对中等职业教育课程改革政策执行的指挥,主要体现在建立相应的课程改革领导小组,制定适合于本校的课程改革具体措施;一线任课教师对课程改革政策的执行,主要体现为根据课程改革政策的精神和要求,对课程进行科学合理的设置,改进教学计划等。行政主管部门的指挥主要是通过召开会议、发布通知和意见、现场调研训话等方式展开,这些指挥方式往往以一种交叉的形式进行,如教育主管部门既可以通过公文发布通知和意见指挥中职课程政策的执行,也可以召开会议部署执行课程改革政策,还可以亲自到中职学校课程教学一线,指导课程政策的执行。而作为职业学校本身,可以通过制定课程政策执行的规章制度,召开各种课程执行会议,学校领导深入课堂听课等方式,具体指挥课程政策的执行。在中职课程政策的执行过程中,由于各个群体立场和利益取向的不同,使得课程政策的执行过程势必会有一定的冲突与矛盾,如何在各种矛盾冲突中找到一个利益的契合点,这就需要协调各群体之间的关系,将执行机构各部门之间的冲突和矛盾降低到最小,避免不必要的内耗,从而使课程执行更有效地达到预订的目标。

4.中职课程政策执行的监督调控机制

任何一项课程政策要得到有效的执行,必须有相应的监督机制。对于那些积极执行课程改革政策的教师及相关人员,应当有相应的物质和精神奖励;而对于那些拒不执行或消极执行的教师和相关工作人员,应当建立相应的惩戒机制。在这个过程中,监督机制发挥了非常重要的作用。例如国家中职示范校课程政策的执行,包含了许多课程改革需要达到的一级目标、二级目标等,各级部门在监督过程中,通过查看预期目标的完成情况,就能基本掌握课程政策的执行情况。

三、中等职业教育课程政策实施中存在的问题

(一)象征性地执行课程政策

中职课程政策的执行涉及各级教育主管部门、学校管理人员、一线教师等群体的参与,在执行过程中,基于自身利益及立场的考量,如果课程政策的执行会损害自己的利益,就会存在象征性执行课程政策的行为。就学校的管理层而言,如果各级政府

没有相应的物力和财力的支持,而中职学校又无法获得其他社会资源的支持,在这种情况下,要让中职学校严格执行课程改革的相关政策,势必会非常困难。就拿一线的任课教师而言,中职课程政策往往要求他们更新教学理念,提高教学技能,能全面使用现代教学手段,深入企业进行调研和实训,等等。而这些要求往往会加重任课教师的工作负担,如果没有相应的激励机制,一线任课教师往往会消极执行课程改革的政策。正如部分一线任课教师所抱怨的,"既要马儿跑,又要马儿不吃草"。在这种情况下,任课教师可能会在应付上级部门检查时积极执行课程改革的相关政策,而等到相应的检查工作一结束,又恢复到以前的"一本书、一支粉笔、一块黑板"的传统授课模式,这样课程改革政策的执行效率势必会大打折扣。

(二)断章取义地执行课程政策

在中职课程改革过程中,课程政策执行者根据自己的立场和利益取向,保留对自己有利的内容,而有意遮蔽或舍弃对自己不利的政策内容。如在中等职业教育课程改革的有关政策中,校企合作是其中的一项重要内容,而部分企业社会责任意识淡薄,往往把顶岗实习的学生安排到技能要求低、劳动强度高的岗位进行工作,许多顶岗实习的岗位与学生所学的专业根本沾不上边。如学汽车维修的学生被安排到微波炉生产线,学生并不能通过对微波炉的生产提高自己的汽车维修水平;学会计专业的学生,被安排到饭店和餐厅当服务员,学生亦无法通过实习提高自己对各种会计技能的掌握。很多时候,学校和企业合作过程中这种"牛头不对马嘴"的顶岗实习安排,看似是无意或随机的,其实里面亦有各群体利益的牵制。一些中职学校招收的学生太多,超出了教室和宿舍的容纳能力,这时候安排一定量的学生去企业进行实习,可以腾出一定的教室和宿舍,来满足多招收的那一部分学生的需求。而就企业而言,随着劳动力工资水平的不断提高,只有支付更多的薪水才能雇用一个正式的员工,企业的生产成本越来越大;但对于生产实习的学生则另当别论,可以支付较少的薪水,就能满足企业的正常生产需求。中职学校和企业基于各自的立场,找到了一个利益的契合点,那就是"把学生送到企业实习",这对双方都是有好处的。这样的做法虽然断章取义,但是表面上符合校企合作的基本要求。

(三)观望式地执行课程政策

中职学校的管理者和一线教师一方面要保证学校课程教学活动正常运转,另一方面又要根据上一级课程政策的精神,积极进行课程改革。在这个过程中,如果课程政策执行各方的利益没有得到有效的协调,就有可能会出现课程政策执行的观望行为。云南某中职学校作为国家级示范学校,经常接待来自省内外的中职学校参观学习,在参观的时候许多中职学校对该示范校的课程政策的执行表现出了极大的兴趣。如近年来国家积极倡导国学经典进课堂,某学校也在积极执行国学经典进课堂的课程政策,将"弟子规"印在精美纸板上,每一个班级的学生在晨读时都要留一定的时间来诵读"弟子规",全校学生站在操场上集体诵读。可以说该校积极贯彻了国学经典进课堂的课程政策,也引起了参观者的广泛兴趣。教育主管部门负责人在观看了该校的国学经典诵读后,感慨地说:"全国的中职学校,就此一家将国学经典进课堂政策执行得最彻底。"当然,其他中职学校在参观了该校"国学经典进课堂"的执行情况后,也表现出了浓厚的兴趣,但是许多中职学校并不情愿执行相应的课程政策,诚如一名县级职教中心的校长所说:"你们学校搞的是万人国学社,而我的学校学生总数都才有 500 多人,形成不了你们的规模,没规模也就出不了成绩。"一些中职学校管理者的心态就是这样,如果某一课程政策的执行,并不能给自己带来立竿见影的政绩,就算这一项课程政策的执行对学校未来的发展是有好处的,学校管理者也往往会采取观望的态度。他们会积极参加各种课程政策执行的会议,也会到处参观学习,但是回到自己的学校,还是按照老的一套课程政策运作。

（四）照搬照抄地执行中职课程政策

在课程政策的执行过程中,中职学校没有仔细考虑中职课程政策的核心思想和精髓,不考虑本校的实际情况,照搬照抄相应的课程政策,结果政策执行的效果并不理想。国家投入大量的人力物力,大力倡导中职学校的"双师型"教师队伍建设,主要是由于教师作为课程政策执行的最重要主体,直接决定了课程政策最终实施的效果,因此"双师型"教师队伍的建设,也可以视为课程政策的一部分。2000 年 3 月 21 日,教育部印发《关于全面推进素质教育、深化中等职业教育教学改革的意见》,其中就要求加快建设具有教师资格和专业技术能力的"双师型"教师队伍。后来国家颁布的中等职业教育相关政策中,也包含了许多关于"双师型"教师队伍建设的政策规定。个别学校在执行这一课程政策的过程中,不考虑本学校的实际情况,完全照搬照抄,让公共基础课的语文老师去学习电工电焊技术,这对于这些文科教师来说无疑是一个巨大的挑战,因为电工电焊技能需要全面学习焊接的基础知识,熟悉焊接材料的选择,精通焊接的操作技能等。让电工电焊专业的学生学好这个专业已经实属不易,现在让文科教师来考这样的职业技能资格证,表面上是执行了"双师型"教师队伍建设的政策,实际上是不负责任地照搬照抄。许多老师表面上不敢违抗学校的政策执行要求,但是在课程政策执行的过程中,以各种借口逃避去电工电焊实训现场,最后导致"双师型"教师队伍政策执行的效果大打折扣。

第四节　中等职业教育课程政策的评价

公共政策评估是依据一定的标准和程序,对公共政策的效益、效率及价值进行判断的政治行为,其目的在于取得这方面的信息,作为决定公共政策变化、公共政策改进和制定新公共政策的依据。①政策评价是系统地应用各种社会研究程序,搜集有关的资讯,然后,研制政策概念化与设计是否周全完整,知晓政策实际执行的情形和遭遇的困难,检验其有无偏离既定的政策方向,指出其社会干预政策的效用。国外学者戴伊认为,公共政策评估就是为了了解公共政策所产生效果的过程,就是试图判断这些效果是否是所预期的效果的过程,就是判断这些效果与公共政策的成本是否符合的过程。② 它主要关心的是解析和预测,依靠经验性证据和分析,强调建立和检验中期理论,关心是否对政策有用,特别强调的是把政策评价看成一种科学研究活动。③如果把政策过程看作某种有序的活动,那它的最后一个阶段便是政策评价。总体而言,政策评价与政策(包括它的内容、实施及后果)的估计和鉴定相关。作为某种功能活动,政策评价能够而且确定发生在整个政策过程中,而不能简单地将其作为最后阶段。④

结合公共政策评价的相关理论,本书认为,中等职业教育课程政策的评价是指利用合理的准则和规范的步骤,对中职课程政策的价值取向和效应进行判断,而这种判断的依据往往具有政治、经济和文化等方面的考虑,进行中职课程政策评价的最终目的是通过对相关信息的综合,以便在下一步的课程政策制定和实施过程中,有更多的经验可供参考和借鉴。

一、中等职业教育课程政策评价的环节

(一)确定评估对象

一项中等职业教育课程政策,如果没有经过一段时间的全面实施,很难看出这项

---

① 陈振明.政策科学:公共政策分析导证[M].北京:中国人民大学出版社,2003.
② [美]托马斯·R.戴伊.自上而下的政策制定[M].鞠方安,吴忧,译.北京:中国人民大学出版社,2002.
③ [美]斯图亚特·S.那格尔.政策研究百科全书[M].北京:科学技术文献出版社,1990.
④ [美]詹姆斯·E.安德森.公共决策[M].唐亮,译.北京:华夏出版社,1990.

政策存在的问题以及改进的对策。以国家中等职业教育示范校的课程政策为例，2010年《教育部、人力资源和社会保障部、财政部关于实施国家中等职业教育改革发展示范学校建设计划的意见》发布，在2011年先后确定了两批国家级中职示范校。随后，在两年的时间里，全国各地的示范校按照相关政策规定，结合自己学校的实际情况，积极执行相关的课程政策。从2013年下半年以来，各地的第一批中职示范校陆续进入了课程政策执行的中期评估阶段。如果不经过这两年时间的课程政策执行的检验，是无法看出一项中职课程政策的长处或者不足的；匆忙地进行评估，就无法对中职示范校的课程改革政策做出客观公正的评价。而通过两年的执行，中职示范校课程政策的一些不足也暴露出来，如一位中职一线教师所言："示范校课程改革政策的制定者并不完全了解中职课程实施的实际情况，中职课程改革政策的制定与实际执行情况是有一定差距的。"当然，选择的评估对象，其"政策的效果与实际状况的改变之间应当具有明显的因果关系。这种因果关系如果不明显，评估设计和对评估结论的解释就比较困难"。[①] 在这种情况下，选择那些具有示范性的中职学校的课程改革政策进行评估，有利于对执行相应课程改革政策的前后效果进行对比，这样能更好地评价课程改革政策的效果。而中职示范校对课程改革相关政策的执行，有利于对其他中职学校形成良好的示范效应，具有更好的推广价值。不同的课程政策需要确定不同的评估对象、指标和范围，仅就高等职业教育而言，其评估对象与中等职业教育课程政策的评估对象就完全不同，这也导致课程政策评估的重点和内容不一样。中等职业教育课程政策的评估对象，应当是课程政策执行中的课程模式、教学大纲、课程实施的主体和客体等内容。1993年5月13日，国家教委发布了《关于建立两级职业技术教育教材审定组织的意见》，该文件明确将本地职教教材质量作为评价的对象。2000年3月21日，教育部印发《关于全面推进素质教育，深化中等职业教育教学改革的意见》的通知，要求建立有利于培养学生全面素质和综合职业能力的教学质量评价体系。

（二）制定评估方案

一项完整的中职课程改革政策的评估方案，包含五个基本要素，即评估者是谁？评估对象是谁？评估的目的是什么？有什么样的评估标准？都需要采取什么样的评估方法？还是以云南某中等职业教育示范校课程改革政策执行情况的中期评估为例，评估者主要包括由云南省教育厅、省人力资源和社会保障厅、省财政厅组成的国家中职教育改革发展示范校建设的省级专家检查验收组担任，共7人；评估的对象包

[①] 冯静.公共政策学[M].北京：北京大学出版社，2007.

括该校课程设置、教学方法、实践性教学的开展情况等;包括深入教学一线,听老师讲理论课,看教师如何进行实训教学,查看课程改革资料、课程改革资金的台账等;评估的目的是检查其有没有达到预期的效果,在中职课程改革政策的执行过程中存在什么样的问题,有没有真正地促进中等职业教育的课程建设,中职学生是否从课程改革政策的执行过程中有所收获等。不同时期课程政策的评价标准会呈现不同的主题和特点,例如2004年发布的《教育部 财政部关于推进职业教育若干工作的意见》,要求整个职业教育的评价标准要向"以就业为导向"转变。而体现"以就业为导向"的一个重要方面就是是否很好地实施了工学交替,工学交替本身就是中职课程教学模式改革的一个重要方向。因此,从国家中职示范学校建设的相关课程政策的评估标准中可以看出,是否进行工学交替是评估的一项重要内容。云南某中职示范校机电专业的自我评估总结中就提到,其根据机电专业教育教学的内在规律,结合校企合作办学企业的相关生产实际情况,在教学计划中安排一定的课时,组织学生到相关企业顶岗实习,让学生真实体验企业生产一线的工作环境,全面熟悉企业各职业岗位的技能要求。例如,由某公司冠名的"某公司机电班"的学生,每年都由学校安排一定的学生到企业进行顶岗学习,由企业指定相关的技术人员带领学生实习,同时学校也派遣了顶岗实习教师,专门协助企业进行管理,建立了做中学和项目式学习的新型模式,有利于学生缄默知识的习得。与某某电力设备有限公司的合作,为机电专业的学生提供了注重"工作体验""做中学"、强调"零距离上岗"的教学培训实训基地,为今后进一步提高机电专业学生的就业竞争力打下了良好的基础。

(三)评估的实施阶段

首先,利用各种渠道广泛收集课程改革政策的决策信息。对中等职业教育课程改革的政策进行评估,以获得课程改革政策的执行情况、实施效果等方面的一手数据和信息。在进行中职课程改革政策的评估过程中,为了确保所收集信息的有效性、系统性和全面性,应当采用多种方法和手段来收集信息。中职课程改革政策的评估团队,应当定期或不定期地深入执行中职课程改革政策的学校,在课程教学的一线进行现场观察,实地查看教师和学生在课程改革政策实施中的表现;查阅学校课程科目设置的教学大纲、课程表、授课计划等,翻看教师的教案和对学生作业的批改记录和评语等,同时,应当查看学生的生产实训作品和成果。调查评估的方法应当多样化,如召开中职课程政策评估会,这个会议可以分多个级别(中央一级、省级、地区级、校级),这样有利于从多个层次对中职课程政策进行评估;而对学校管理者、教师和学生等课程改革政策的参与者进行个别的访谈,听取他们对课程改革政策最真实的意见和看法;对中职课程改革政策的参与者进行广泛的问卷调查,有利于降低课程改革政策评估的各种干扰因素,获取来自中职课程改革政策执行一线最真实的声音。在各个中职学校深入执行中职课程改革政策的过程中,可以选取其中一所或几所具有代表性的中职学校,对其进行个案分析。本书所选取的云南某中职示范校,就是一所非常具有代表性的中职学校,通过对其进行抽丝剥茧般的研究,有利于提高课程改革政策评估的深度。这些调查评估方法虽然各有特点,但是可以交互应用,这样更有利于广泛而全面地收集评估所需的各种信息,有利于提高中职课程改革政策评估的全面性、科学性和有效性。

其次,统计、分析和整理收集到的各种课程改革政策信息。中职课程改革政策的评估主体,通过对各种途径收集到的课程政策信息进行全面的分析,对收集的课程改革政策相关资料进行去粗取精、去伪存真的加工,在统计、分析和整理政策信息时,评估者要坚决排除来自政策制定者的干扰,也要避免自己的主观偏好影响评估活动的公正性。[1]

最后要交叉运用各种评估方法,对中职课程改革政策进行全面的评估。而这个过程往往又包含两个方面,一是撰写评估报告,包括课程改革政策制定者和执行者的自评报告和他评报告。以云南某中职示范校为例,该校会计专业、机电专业、计算机专业、汽修专业、数控专业各自撰写了关于示范校课程改革政策执行情况的报告。在各个示范专业自我总结评估报告的基础上,云南省教育厅、省人力资源和社会保障厅、省财政厅组成的国家中职教育改革发展示范校建设的省级专家检查验收组,于2013年9月2号对该校中职示范校的课程改革政策实施情况进行评估验收。该校校长又做了《改革创新、提高质量、办出特色》的自我总结评估报告,该报告是在总结学校各个专业的课程改革政策执行情况的基础上撰写的。省级专家检查验收组深入课堂教学一线进行评估,然后在通过阅读该校自我评估总结报告的基础上,做出了专家验收组的总结评估报告。在这个过程中,评估者和被评估者在很大程度上是"角色互换"的,而他们"角色互换"的交点是对政策本身的评估。某中职示范校的各个示范专业在对课程改革政策的执行情况进行自我总结评估时,往往对政策决策者进行了评估,如该校机电专业的总结报告里就说道:"有的项目属于计划时信息不灵,只能在忠于计划的同时对计划的实施做适当调整。"

---

[1] 陈刚.公共政策学[M].武汉:武汉大学出版社,2011.

二、中等职业教育课程政策评价中存在的问题

(一)评估方法单一

一是前后对比的评估方法单一。政策评估的方法主要有三种:简单的"前—后"对比分析、"投射—实施后"对比分析、"有—无"政策对比分析。[①] 在现阶段我国中等职业教育课程改革政策的评估中,更多采取简单的"前—后"对比的方法进行评估,即将课程改革政策实施前和实施后的效果进行对比,从而评估这一项政策是否有效。云南某中职示范校在执行与课程有关政策的自我评估中,就采取了简单的"前—后"对比的方法进行评估。多媒体教室的建设是实现现代教育教学手段的基础性条件,有利于提高课堂教学的有效性,也是课程改革政策中的一项重要内容。下面就是多媒体教室建设的评估对照表。

表 4-1　多媒体教室建设相关政策的"前—后"对比

专业名称	建设前(间)	建设目标(间)	建设后(间)	完成率(%)
会计	1	15	16	100
机电技术应用	4	29	33	100
汽车运用与维修	1	10	11	100
计算机网络技术	9	14	23	100
数控技术	2	9	11	100
合计	17	77	94	100

数据来源:根据相关专业的资料整理而成。

表 4-1虽然比较清晰地对课程改革政策的执行效果进行了评估,但是这样的评估方法忽略了一个重要的假设:如果没有国家中职示范校课程改革的相关政策支持,某学校是不是就不会建设多媒体教室?或者说多媒体教室本来就在该校的建设规划里,仅仅是因为碰巧有中职示范校课程政策的出台,将这项成绩也算进执行课程政策的成果里。在这种情况下,能说多媒体教室的建设是执行政策后取得的良好效果吗?而要回答这样的疑问,让课程政策的评估更加科学合理,就需要引入政策评估的另外三种方法,即"投射—实施后"对比分析、"有—无"政策对比分析、"控制对象—实验对象"对比分析。

[①] 冯静.公共政策学[M].北京:北京大学出版社,2007.

二是定性评估与定量评估没有很好地结合。在评估过程中,定性评估方法运用不足,选择的评估对象往往缺乏代表性,更多采取听汇报、现场"走马观花"式的评估,评估的时间极短,未能进行深入的定性评估。而且,对于中职学校课程政策评估的各种量表统计具有极大的随意性,确定量变之间关系的程度和方向缺乏严谨性与规范性。

(二)评估目标的模糊性与易变性

中等职业教育课程改革政策的评估,需要全面考察与检验政策的实施是否已经达到了预期目标。但是"因为我国公共政策的特点以及政策本身的性质,使得政策目标往往比较模糊,不够清晰"。[①] 而这一特点,在中等职业教育课程政策的评估中更为明显。普通中学课程改革政策的效果评估,可以通过学生的中考成绩或高考成绩的提高与否进行评估,尽管这样的评估方式不时受到批评,但是至少广大的学生家长是认可这样的评估方式的。而中等职业教育的课程改革政策的评估却很难用学生考试成绩的提高与否作为目标,因为现阶段的中职学生多是经过中考的分流,成绩不好的学生才会选择就读中职学校,这是不争的事实,对中职课程改革政策的评估显然不能以提高学生成绩作为标准。大部分中职学校的课程培养目标往往定位于培养实践性技能人才,而对于学生生产技能水平的高低,会涉及对学生"缄默知识"掌握程度的评估,事实上许多生产技能知识的掌握是"只可意会不可言传"的,只有在生产实践中反复训练才能掌握。

(三)政策评估的主体较为单一

我国中等职业教育课程改革政策的评估主体,以教育行政部门和教育督导部门为主,另外还有人大和政协的一些教科文卫机构,绝大多数以官方为主,即更多的是一种上级主管部门对下级学校的评估,缺乏第三方评估机构的参与。以官方为主的课程政策评估人员更多的是从官方立场来进行考量,而缺少职业教育的专业知识背景,因此做出的评估更多的是一种空洞的、套话式的总结,而非从职业教育课程客观规律的角度进行评估和总结。并且由于上级教育主管部门和下级学校之间有千丝万缕的利益联系,未必就会做出客观公正的评价。换句话说,如果对下级中职学校的评价太差,对上级教育主管部门也是不利的,这意味着上级部门的领导工作没有做好,而这不是上级评估部门所愿意见到的。因此在评估过程中,单一的评估主体往往会受"先入为主"价值观的影响,选择那些发展得好的中职学校进行评估,突出和扩大这

---

① 黄顺康.公共政策学[M].北京:北京大学出版社,2013.

些示范中职学校执行课程政策的效果,而减少和淡化其他普通中职学校对中职课程政策执行情况的评估。例如,云南某中职示范校课程改革政策在接受评估时,检查组的组长由教育厅某处的处长担任,由某学校所在地的教育局领导担任检查组成员。评估主体的单一性与利益相关性,直接导致了评估过程的象征性:上级主管部门提前通知被评估对象做好准备,在这个过程中被评估对象完全有可能临时地凑齐各种评估数据,调动一切资源来临时达到课程改革政策执行评估的标准。评估一过,还是恢复到以前的样子。

(四)评估结论未必能受到政府部门的重视

对中等职业教育课程政策进行评估的根本目的,就是总结已有经验和不足,为下一步的政策制定和执行提供有益的参考。但是,由于我国中等职业教育课程政策普遍采取的是政府制定一系列政策,然后逐层向下一级政府、中职学校、教师和学生推进,是一种自上而下的课程政策执行模式。加上中职课程政策评估主体的单一性、评估方法的单一性、评估目标的模糊性与易变性,课程政策评估的结论就未必客观科学。就算评估结论是客观公正的,各级教育主管部门基于各自利益的牵绊,在层层向上汇报评估结论的过程中,政策评估的结论有可能出现失真的情况。即使课程政策评估的结论百分百客观公正地层层向上传达,政策的制定者最终也有可能将评估的结论束之高阁,因为那些对课程政策的负面评估会损害政策制定者的政绩,正如托马斯·戴伊所言:"政府机构不会喜欢显示自己的政策没有发挥作用的研究结果,更不愿看到说明自己的政策成本超出了政策效益的研究结果。"[①]

---

① [美]托马斯·R.戴伊.自上而下的政策制定[M].鞠方安,吴忧,译.北京:中国人民大学出版社,2002.

第五章　生态之维:我国未来中等职业教育课程政策机制创新

> 现有的课程设计以分裂、孤立和原子化为基础——而不是基于经验的流动。学科、课表、年级、上课计划甚至教学策略都以粒子的形式出现。[1]
>
> ——[美]小威廉姆·E.多尔

---

[1] [美]小威廉姆·E.多尔.后现代课程观[M].王红宇,译.北京:教育科学出版社,2000.

中等职业教育课程政策具有非常丰富的内涵和外延,涉及公共政策学、教育学、历史学、经济学和社会学等方面的知识。在对这样一个动态而复杂的领域进行研究后,要想提出相应的对策和措施,必须有一种全面而动态的理论作为支撑。经过认真的研究与思考后,笔者认为生态主义的理论体系非常适合于本书,可以作为采取相应措施的理论支撑,同时,结合生态主义的相应理念,提出了解决问题的措施和方法。

第一节　生态主义课程政策的理论基础

一、生态主义的内涵

生态主义世界观倡导的是一种整体主义的观念,即认为整个世界都是有机联系在一起的,事物内部各组成部分之间、事物内部和外部之间,存在着一种和谐统一的联系。而生态主义的价值观认为:"所有系统都有价值和内在价值,它们都是自然界强烈追求秩序和调节的表现,是自然界目标定向、自我维持和自我创造的表现。"[1]生态主义价值观反对单一的价值取向,认为每一种价值取向都有其合理的部分,应当全面系统地综合利用,倡导的是一种"适度的、自我节制的和完整的价值观"[2]。

总体而言,生态主义坚持的是一种整体论,主要包括以下几点:每一样东西都和另外的东西相联系,如果把一样东西从生态系统中移走,必定会影响整个生态系统;整体大于部分之和,生态系统具有协同作用,子系统的效应不是简单的线性叠加;知识依赖于处境,在整体论中,每一部分的意义都依赖于它和整体的关系;过程优先于部分,生态系统是一个开放的、有物质和能量交换的系统,这个稳态的系统与其说是由部分构成的,不如说是由过程构成的;人与非人自然地统一,在整体论中,人和其他自然物都属于同一个有机的宇宙系统,不存在文化与自然的二元对立。[3]

---

[1] [美]E.拉兹洛.用系统论的观点看世界[M].闵家胤,译.北京:中国社会科学出版社,1985.
[2] [美]大卫·格里芬.后现代科学:科学魅力的再现[M].马季方,译.北京:中央编译出版社,1995.
[3] 苏贤贵.生态危机与西方文化的价值转变[J].北京大学学报(哲学社会科学版),1998(1).

二、中等职业教育课程政策的生态主义理念

生态主义课程政策的理念应当包含开放性、和谐性、整体性、联系性、发展性、适宜性等方面(见图 5-1)。具体阐释如下：

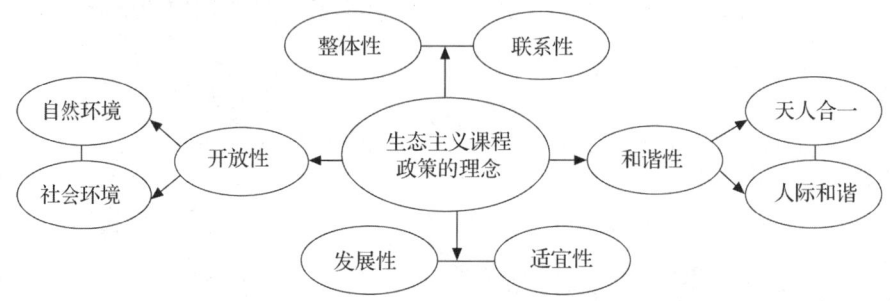

图 5-1 生态主义课程政策的理念

一是生态主义课程政策应具有整体性。这主要是指各要素相互联系共同构成一个有机整体，而整体与局部、局部与局部、内因与外因之间是相互联系、相互影响的，因此，生态主义的整体性理念内隐着联系性理念。平常生活中所说的"大局意识"，也是指事物内部各部分之间是存在广泛联系的，而这种广泛联系促使各组成部分之间构成一个整体。生态主义课程目标是促进学生在一个政治环境、经济环境和文化环境和谐统一的情况下有序发展。而课程目标、课程结构、课程执行、课程评价之间也是一个统一的有机整体，"整体性是生态主义的重要特征之一"[①]。

二是生态主义课程政策应具有开放性。如图 5-2 所示，中等职业教育课程政策的开放性主要包括人文环境的开放性、社会环境的开放性和自然环境的开放性。中等职业教育课程是建立在一定的自然环境、社会环境和人文环境之中的，自然资源的开发利用、社会产业的转型与升级、人文素质的变化等，都会为中等职业教育的课程发展、变化提供重要的动力。而这也说明，中等职业教育课程政策的制定、执行和评估，都应当积极反映自然环境、社会环境和人文环境的变化，回应时代的呼声和诉求，真正体现出职业教育是经济发展的"晴雨表"。同时，"生态化课程体现的是关注学生自然的、生命本质的和谐与终身发展，这就决定了生态化课程必须向所有的学生个体开放，关注到学生每个自然生命个体的差异性，促进每个学生的可持续发展"[②]。

---

① 王牧华,靳玉乐.生态主义课程思潮引论[J].辽宁师范大学学报,2000(4).
② 余嘉云.生态化教学的理论与实践研究[D].南京师范大学,2006.

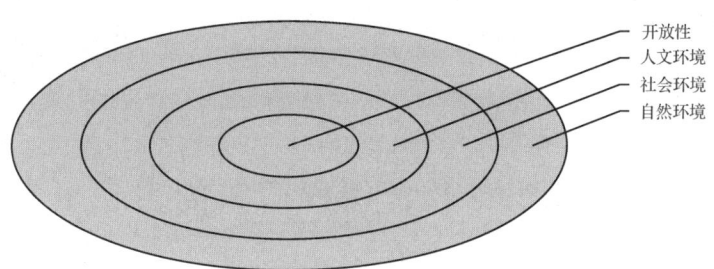

图 5-2 中等职业教育课程政策的开放性

　　三是生态主义课程政策应具有和谐性。和谐性包含了天人和谐、人际和谐与身心和谐,促进这三者的和谐,是我国中等职业教育课程改革的重要目标。天人和谐要求中等职业教育课程政策要顺应时代的发展,积极响应政治、经济和文化的发展需求,根据社会发展对人才的需求及时调整课程目标,双方之间产生一种良性的互动关系;人际和谐要求在中等职业教育课程政策制定、实施和评价过程中,应当协调好各方的利益关系,课程改革参与各方通过博弈,找到一个利益的契合点,促进各方关系的和谐;身心和谐要求中等职业教育课程改革要基于学生的身心发展规律,考虑学生的实际需求,所制定的中等职业教育课程改革政策,既要符合学生的知识文化水平,又要促进学生职业技能水平的提高,是一种符合中的超越。

　　四是生态主义课程政策应具有发展性。生态主义课程具有丰富的课程资源,它涵盖了自然环境、社会、文化和学生个体等各种要素,扩展了课程资源的范围。它将课程界定为教育性经验,使课程不局限于学科、教材以及学习计划,涵盖了显性课程和潜在课程两个方面,包括了学生的行为改变和内在感受两个层面。生态主义课程吸取了发展性教学思想的重要成果,在课程目标中凸显了学生一般性发展的重要性,在课程内容的选择、课程实施的方法等环节上也着力于促进学生多元化智力的发展、动作技能的掌握以及情感意志的培养等。[1]

---

[1] 王牧华.生态主义课程研究[D].西南师范大学,2001.

第二节 中等职业教育课程政策的生态主义取向

一、参与主体的广泛性

纵观我国中等职业教育课程改革的过程,可以看出政府在其中居于绝对的主导地位,从课程目标、课程内容、课程实施、课程评价、教科书的编写等方面考察,政府均在其中起主要作用。如 1961 年颁布《解决高等学校和中等专业学校理、工、农、医各科教材的具体分工办法》、1979 年颁发《关于中等专业学校工科专业二年制教学计划安排的几点意见》、1986 年颁发《关于制定和修订全日制普通中等专业学校(四年制)教学计划的意见(试行)》、1990 年颁发《关于制订职业高级中学(三年制)教学计划的意见》、1998 年印发《面向二十一世纪深化职业教育教学改革的原则意见》、2000 年印发《教育部关于制定中等职业学校教学计划的原则意见》、2008 年颁发《教育部关于进一步深化中等职业教育教学改革的若干意见》、2009 年颁布《教育部关于制定中等职业学校教学计划的原则意见》等。

政府在课程政策的制定中居于主导,有利于对中等职业教育课程进行改革,以便其更好地适应经济社会的发展。"政府—主导"的方式在保证中等职业教育课程改革的顺利开展方面是有必要的。但参与课程改革方案制定的人主要由行政人员、立法者、极少数专家学者组成,而在课程教学一线的教学人员参与的非常少。在课程改革方案的制定过程中,来自课程教学一线的教师被边缘化了,他们对课程改革的看法与见解并没有得到很好的尊重与体现。而教师的意见与想法要从基层教学一线传递到中央一级课程决策者手里,必须经过多层组织机构,各级机构基于自身的利益考量,未必会把基层一线教师对课程改革的想法,完全真实地层层上传。而课程政策的决策者对中等职业教育的认识往往是很有限的,即 H.A.西蒙提出的"有限理性"。他认为:"与真实世界中要求我们用客观的理性——哪怕是相当接近客观理性的行为加以解决的问题的复杂程度相比,我们的大脑解决这些的能力是非常有限的。"[1]主要由行政人员、立法者及少数专家学者组成的决策机构对课程改革的认识是非常有限的。

---

[1] 邓汉慧,张子刚.西蒙的有限理性研究综述[J].中国地质大学学报(社会科学版),2004(6).

在中等职业教育课程政策的制定过程中,应当广泛吸纳社会各界对中职课程改革的意见和建议,尤其是要重视课程教学一线教师的呼声。"如制定详尽而且不可变更的政策细则,从而限制教师自由解释的空间。这些举措存在的问题就在于将教育改革看作一种标准化的活动而无视学科和场景的差异。学生间有差异,社区间有差异,课程也有不同领域之分,教师教法也各有不同。"①从更高的层次来看,课程决策还要积极吸纳企业代表参与进来,以便掌握最新的职业技能标准,更好地规划课程内容。学生群体也是课程决策中不可忽视的因素,随着社会经济的发展,学生的个体需求更应当受到重视,因此,课程政策的制定过程中应该广泛听取中职学生的意见,获得政策制定的第一手鲜活的资料,甚至可以将学生代表吸引到课程政策制定的队伍中来。而学生家长作为课程政策的直接关注者,站在第三方的立场上,代表了社会上的广大群众,对课程政策的制定亦有自己的看法,是课程政策制定过程中不可忽视的力量,亦可作为课程政策制定的参与者。

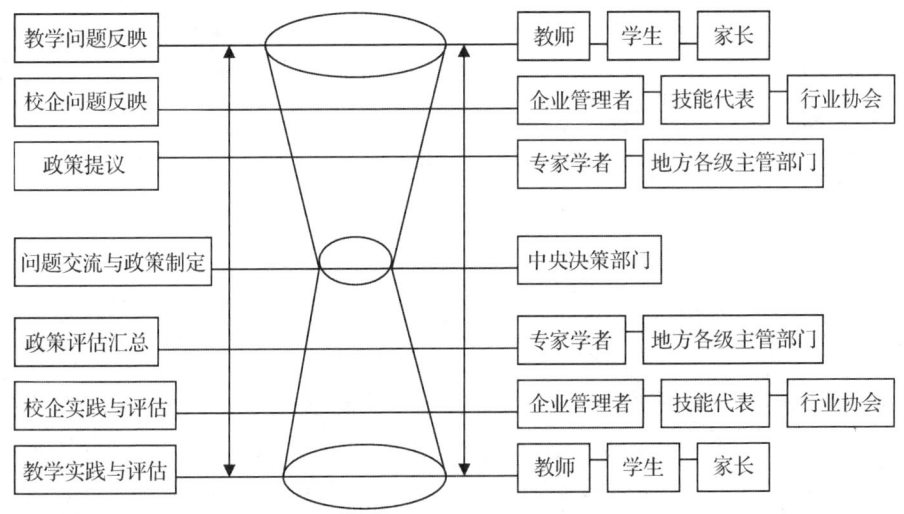

图 5-3　漏斗型中等职业教育课程政策参与模型

如图 5-3 所示,对于课程政策的制定而言,参与者的社会阶层代表性越广泛,制定出来的课程政策越能体现中等职业教育课程发展的真实需求,课程政策具有更强的科学性和合理性。在中等职业教育课程改革的过程中,要明确政府的管理权限,明确什么样的课程改革方案是政府应该管的,什么样的课程改革举措应该是由课程教学一线的教师提出来的。在管理层次上应该是由中央政府与地方政府共同参与,在成员构成上应该是由行政人员、专家学者、企业管理者、一线教师、学生及学生家长等共同构成。

---

① 陈荟.关于基础教育改革"政府推动模式"的几个问题[J].教育学报,2012(3).

企业、教师、学生及家长等参与课程政策制定的核心价值在于公众话语权的行使,即利益相关群体通过已有的途径积极地表达权利和意愿的自由,对课程政策的制定产生影响,从而使课程政策能广泛代表参与者的利益。课程政策的制订要由以前政府的单方面发布转为政策制定过程中的广泛咨询,再到互动的参与方式。利用网络广泛征求意见,召开课程改革听证会,进行民意调查,政策制定者民主投票等。[①] 健全课程政策信息的网络传输系统,使社会各界能及时了解课程政策的制定情况。

许多在课程专家看来很好的政策方案,在具体实施过程中效果并不理想,其中一个重要原因是改革方案并不符合教师的真实意愿,教师在实施过程中并没有完全执行甚至变相抵抗。如果教师的呼声在课程政策中得到表达,教师获得相应的课程决定权,那么更能调动他们参与课程改革的积极性,使课程改革能够扎实深入地开展。

学生作为课程政策的主要实施对象,在学校课程决策中的作用不容忽视。学校作为课程政策制定的基层主体,在课程目标、课程结构、课程内容、课程实施、课程评价等一系列环节中,要关注学生的身心发展特点,积极搜集相应的信息,作为课程开发的重要依据。而学生应当积极参与到课程政策实施的过程中,进行调查研究和政策评价,使课程政策能够反映学生的身心发展需求。

对学生家长而言,他们对学生的成长发展有强烈的关注,将家长吸纳到课程政策的制定、实施和评价中来,有利于学校和家长就学生发展的需求问题进行信息共享和交流。在教育多元化发展的时代,学生家长参与课程决策更显得有必要。教育主管部门和中职学校可以通过定期召开家长联席会议等方式,提高课程决策的科学性与合理性。

企业对技能人才的要求和标准,直接决定了中等职业学校培养出来的学生是否符合生产实践的需要。职业教育的特殊性决定了企业在课程政策的制定中具有重要作用,企业对文化课程与实践课程的设置、实践性教学的开展方式与课时等产生重要影响。我们应当完善企业在课程政策制定过程中的利益表达机制,提高企业参与中等职业教育课程政策制定的积极性,吸纳企业专家参与课程标准的制定,让企业专家积极进行授课、听课、评课,以利于课程政策的及时反馈与修改。

专家是指对某一个领域有专门研究和精于某项技术的人。本书所说的课程专家是指从事中等职业教育课程理论和实践研究的专家学者。由于他们长期从事课程研究,能更好地把握我国中等职业教育课程改革的精髓,对课程改革的理论和实践进行深入浅出的指导。在课程政策的制定过程中,课程专家既要下到课程教学实践一线,

---

① 周俊峰.公共政策制定的科学化民主机制[J].兰州学刊,2009(S1).

有计划、有目的地进行调研,在调研过程中以平等的身份与教师、学生及家长、企业、政府等影响课程政策制定的群体进行深入接触,与广大中等职业教育利益相关者展开诚恳的对话;也要在浩瀚的理论知识中寻找思路,从横向和纵向的维度,广泛研究国内外中等职业教育课程政策的内涵和外延,提出自己的理论研究成果,从而对课程政策的制定、实施和评价产生积极影响。

从国际上看,德国非常注重课程改革政策制定的民主性。德国职业教育重视咨询机构和专家的作用以及社会各界人士的广泛参与,联邦教育和科学部及各州教育部都设有咨询委员会,多数成员来自社会各界,为了扩大民主基础,许多州还规定学生、家长与教师都有参与校务管理的权利。[1] 政府决策部门能及时回应课程改革领域的专家学者积极提出的策略和建议,德国课程改革一方面力求各州步伐的统一,同时也积极鼓励各个学校新的教育实验。引领德国教育改革的哲学思想是"把建立在现存体制一切合理元素基础上的渐进性改良作为社会变革的最佳途径,因此在一致性的教育制度规划中会保留因地制宜的各种多元模式"[2]。例如,各州文教部长联席会议和联邦与州教育计划委员会原来都是统一教育决策、协调教育发展的机构,但根据规定其效力仅限于投赞成票的州,持反对意见的州依然可以自行决定政策与计划。[3] 州政府可以自主确定课程目标、教学计划、课程表、教材等。[4]

日本非常重视学校与企业共同设置课程。1969 年,日本颁布了新的《职业训练法》。该法案规定,职业培训必须与学校建立紧密的合作关系;同时,对培训的教材、课程时间等方面也做了规定。1978 年 5 月,日本政府对《职业训练法》做了第二次修改,颁布了《部分修改职业教育法的法律》,确定了公共职业技能训练与企业内部职业训练的职责划分。1985 年,日本政府正式颁布了《职业能力开发促进法》以及相关实施细则,更加强调企业内部职业训练的重要性,将职业训练划分为养成、进修、能力再开发三个阶段。日本职业学校在教学过程中融入了企业文化,将诚信、创新、集体协作、严格守纪等理念贯彻到职业教育课程讲授过程中。2004 年以后,日本实施了"实习并用职业训练制度",要求企业及用人单位招收以中等或高等职业教育为主的应届毕业生,将其培养成为实践性技能型人才,培训时间有课时数的要求,同时交叉在其他职业教育机构进行一定课时数的学习,培训企业会对学生的课程学习进行评价。[5]

---

[1] 赖秀龙.德国教育政策的制定及启示[J].现代教育管理,2009(11).
[2] 庄西真.德国教育改革的思想及其对我们的启示[J].常州技术师范学院学报,2002(1).
[3] 戴本博.外国教育史(下)[M].北京:人民教育出版社,1990.
[4] 孙进.德国教育过程层面的均衡发展政策[J].课程教材教学研究:小教研究,2012(Z4).
[5] 李庆成.日本职业教育质量推进因素探析[J].南昌教育学院学报,2010(12).

通过前面对职业教育政策颁布机构的研究可以看出,日本职业教育政策的制定机构非常广泛,这意味着政策制定的参与渠道也非常宽广。

二、规章制度的适宜性

(一)课程政策的制定要符合时代需求

回顾我国中等职业教育课程政策的变迁,可以看出课程政策的制定具有非常大的随意性,这在改革开放之前表现得特别显著。如从1952年至1955年间,关于课程设置的权限,陆续颁布的与课程有关的政策都是要求加强课程设置的中央集权。1952年3月发布的《关于整顿和发展中等技术教育的指示》要求,教育部门主要负责普通课教材的编审工作,各有关业务部门主要负责技术课教材的编审工作。1954年9月,中央人民政府政务院发布了《关于改进中等专业教育的决定》,要求高等教育部应限期颁发有关新教学计划进行教学工作的各项必要的指示,以及有关进行计划和统计教学工作的各项指示。1955年3月,高等教育部颁布了《关于发布中等技术学校课程设计规程的指示》,要求对基础技术课及专业课进行课程设计,其进行的期间和在课内进行的时数,均按高等教育部所批准的教学计划确定。而到了1958年,中共中央、国务院发布了《关于教育事业管理权下放问题的规定》,允许各地方对教育部和中央部门颁发的各级各类学校的指导性教学计划、教学大纲和通用的教材、教科书进行修订补充,也可以自编教材和教科书。仅仅过了一年,在1959年,中央政府又改变了课程设置权的分配。1959年5月,中央政府发布了《关于试验改革学制的规定》,要求中央及各省市所属中等专业学校,如改变修业年限,需由中央及地方主管部门批准。短短七年的时间里,课程设置的权限就经历了一个中央集权—地方分权—中央集权的循环过程,呈现出极大的任意性。

到目前为止,直接提到课程设置的法律法规,是1996年颁布的《中华人民共和国职业教育法》,其中第十六条规定:普通中学可以因地制宜地开设职业教育的课程,或者根据实际需要适当增加职业教育的教学内容。这一条文中的"可以""因地制宜""根据实际需要"等表述,缺乏强制性和明确性。[①] 正是因为其可操作性并不强,因而并没有解决普通教育与职业教育相融合的问题。中等职业教育课程改革不仅要有完善的法律保障,而且相关的法律规定要具体,具有可操作性。

相对于职业教育发达的国家,德国职业教育立法起步早,法律制度完善。早在

---

① 张惠梅.我国与发达国家职业教育立法的差异性研究[J].职教论坛,2007(45).

1869年,德国联邦政府就颁布了《强迫职业补习教育法》。到1972年,在一百多年时间里,德国制定颁布了二十多部国家级或州级的重要职业教育法律法规。随着社会的发展,德国联邦政府多次对职业教育法做修订和补充。最近的一次修订是在2009年,在所颁布的法律文件中,包含了大量与课程有关的条文。而在美国,与课程改革有关的法规制定具有稳定的延续性。1990年,布什总统签署了《卡尔·D.帕金斯法案I》。该法案非常强调学术基础与技能培训在职业教育中的结合,指出校企合作对提高职业教育课程质量的重要性。《卡尔·D.帕金斯法案II》在继续强调整合职业技能与学术能力的基础上,强调教师对技能与学术指导的重要性,目的是促使学生在职业技能的教育环境里,能取得更高的学术技能。《卡尔·D.帕金斯法案III》添加了职业教育的第三个主题,即职业教育的普通性,标志着美国的职业教育范式在进行深刻的转换。[①]

(二)明确政策制定者和参与者的法律责任

"从法理上讲,法律责任是指行为人由于违法行为、违约行为或者由于法律规定而依法应承受的某种不利后果,它的履行由国家强制力保障。"[②]在中等职业教育课程政策的制定、实施和评价中,经费是课程改革顺利开展的重要保障。在1993年印发的《关于职业技术教育教材规划工作的意见》、2000年下发的《关于全面推进素质教育、深化中等职业教育教学改革的意见》、2002年颁布的《教育部关于确定和实施中等专业学校通用教材五年制规划的几点意见》等一系列文件中,要求在课程改革中,增加对教材的规划、师资的培训等的相关经费。《中华人民共和国职业教育法》第二十七条明确规定:"各级人民政府、国务院有关部门用于举办职业学校和职业培训机构的财政性经费应当逐步增长。任何组织和个人不得挪用、克扣职业教育的经费。"但是对于职业教育经费增长的比例是多少,各级组织和个人在违反了相关规定之后应当承担怎样的法律责任,并没有一个明确的说明与界定,实践中往往只能从其他政策文件中寻找依据。如果找不到,那么按照责任法定原则,就难以进行法律上的处理,影响义务的履行,损害法律的权威性。

在日本,政府积极制定、完善法规来保障课程改革顺利开展。日本的职业教育体系比较复杂,在不同的发展时期都面临着很多问题需要解决,这时候就需要政府部门出面协调解决,对职业教育情况进行整理分析和宏观调控,积极制定相应的法律法规。日本在明治维新之后就制定了大力发展职业教育的《国库拨款法》,在日本职业

---

① 徐国庆.美国职业教育范式的转换及启示[J].教育发展研究,2008(7).
② 黄玉芬.论我国职业教育法律制度的完善[J].教育与职业,2011(8).

教育发展中具有里程碑意义。1951年,日本国会模仿美国的《史密斯·休斯法》,颁布了《产业教育振兴法》,这是第二次世界大战后,日本较为全面的职业教育法案。该法案要求各地公共团体应积极参与制定课程教学计划,提升课程实施方法。《学校教育法》对中等职业教育的学习年限、开设课程、学科设置等做出了明确规定,形成了多元化的职业教育课程层次。

三、课程政策的协调性

古希腊哲学家赫拉克利特在他的著作《残篇》中说:"结合物既是整个的,又不是整个的;既是协调的,又不是协调的;既是和谐的,又不是和谐的。"[①]用"协调"一词,可以更确切地概括自然、社会和思维等各个领域有关平衡协调的本质,可以更确切地概括系统的和谐适应关系。[②]事物发展的协调性是生态主义的基本追求和信念,人与自然的协调、人际关系的协调和个人身心的协调,成为一个生态主义完整的协调整体。而不符合生态主义理念的中职课程政策的失衡,主要体现在课程目标、课程结构、课程内容等方面的失衡,而要符合生态主义课程设置的理念,就必须促进中职课程的协调。

如图5-4所示,中等职业教育课程政策的协调性主要包括课程目标协调、课程结构协调、课程内容协调、课程过程协调等方面。而形式结构的协调包括国家、地方和校本课程的协调,实质结构的协调包括文化基础课和生产实践课的协调。

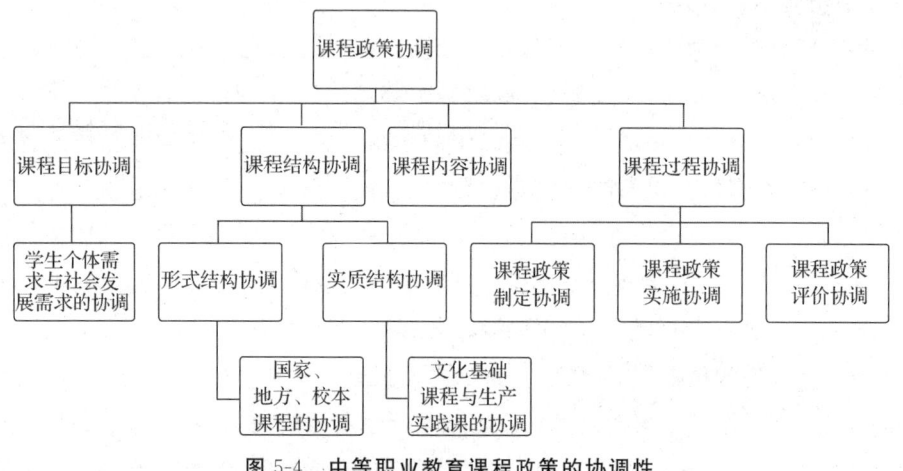

图5-4 中等职业教育课程政策的协调性

[①] 北京大学哲学系外国哲学史教研室编译.古希腊罗马哲学[M].北京:生活·读书·新知三联书店,1957.
[②] 王之璋.稳态·平衡·协调——平衡的内涵与形式新探[J].哲学研究,1988(1).

(一)课程目标的协调

在各种教育领域中,课程目标的平衡与否一直是一个令人关注的热点,而在中等职业教育课程领域,课程目标是否平衡的问题体现得更加突出和急迫。在保证文理之间、学术性与非学术性之间、民族性与国际性之间、博与专之间、知识与经验之间、课内与课外之间、校内与校外之间等均需取得一定的平衡。[①] 一般而言,课程目标的平衡性主要体现为社会发展需求和个体发展需求之间的平衡。在前面"价值之维"一章中,我们曾经讲过,在我国现阶段中等职业教育课程政策的制定、实施和评价中,过于重视中等职业教育的社会需求,而忽视了中等职业教育学生的个体需求。当然,中等职业教育课程的社会需求与个体需求的平衡,不是一种绝对的平衡,而是一种相对的平衡,以一种动态的形式呈现,这要与课程政策的适宜性联系起来。

一是要处理好社会需求与个体需求的关系。职业教育作为经济发展的"晴雨表",课程目标受到一定历史条件下社会需求的极大影响,也受到学生个人需求发展的制约。纵观我国中等职业教育课程政策发展的历程,这两种力量一直在相互竞争,由于职业教育的特殊性,社会各界更关注课程改革是否能满足社会需求,但呼吁关注学生个体需求的呼声并没有停止。在新中国成立的三十年间,中等职业教育的课程设置完全以国家社会的需求为主,从 1952 年《关于整顿与发展中等技术教育的指示》、1954 年《中等专业学校章程》、1959 年《关于技工学校工作中几个主要问题的意见》等政策文本中,都强调中等职业教育课程须以社会需求为主导。而改革开放以后,随着经济的进一步发展,中职学生的个体需求得到越来越多的重视,如 2000 年《关于全面推进素质教育、深化中等职业教育教学改革的意见》、2009 年《教育部关于制定中等职业学校教学计划的原则意见》中,就明确提出要关注学生的身心健康发展,重视对学生可持续发展能力的培养。但是与强调课程的社会需求相比,对学生个体成长需求的关注还远远不够,个体需求与社会需求的关系严重失衡。追本溯源,中等职业教育课程改革中社会需求与个人需求的矛盾来源于对效率主义的不同认识。"效率主义最本质的特征,就是视效率为一个社会或组织的最重要价值标准,并认为人的一切行为都必须服从这一价值标准。"[②] 由于职业教育与社会生产实践的联系最为紧密,"职业教育就是就业教育"的观点依然得到许多人的认可和支持。在下一步中等职业教育课程政策的制定、实施和评价中,应在社会需求与个体需求之间取得平衡,既要重视社会需求,根据社会经济的发展对学生的职业技能提出要求,与企业、行

---

① 靳玉乐.现代课程论[M].重庆:西南师范大学出版社,1995.
② 王一多,孟昭勤.效率主义的谬误与危害[J].西南民族大学学报(人文社科版),2007(12).

业开展广泛合作,共同制定课程目标,提出相应的课程开发标准;也要根据不同时期、不同阶段学生的身心发展特点,积极促进学生个体的发展,课程设置要满足学生的身心健康发展需要,有利于学生的可持续发展。

二是要正确处理好公平和效率的关系。本书同意阿瑟·奥肯的观念,即认为"公平与效率应当并重"。阿瑟·奥肯认为:"如果平等和效率双方都有价值,而其中一方对另外一方没有绝对的优先权,那么在它们冲突的方面,就应该达成妥协。这时,为了效率就要牺牲某些平等,并且为了平等就要牺牲某些效率。然而,作为更多地获得另一方的必要手段(或者是获得某些其他价值的社会成果的可能性),无论哪一方的牺牲都必须是公正的。尤其是那些允许经济不平等的社会决策,必须是公正的,是促进经济效率的。"[1]公平是效率的前提条件,没有公平的社会,会压抑人们的创造性与积极性,人们付出了努力却得不到应有的回报,效率自然不会提高;而仅仅只强调效率的社会,会加大社会各阶层之间的差距,弱势群体和边缘人群难以获得发展机会,无法体现公平的理念。只有每一个社会成员都有向上一个阶层流动的机会,才会调动全社会成员的积极性与创造性,取得更高的效率。中等职业教育课程政策应当兼顾公平与效率,就效率而言,应当积极改善课程模式,吸收国外先进的课程模式发展经验,提高课程实施的有效性,建立客观公正的课程评价机制,而所有这一切的目的,都是为了提高中等职业教育课程的效率,使中职学生能够学到更多的专业知识,熟练掌握操作技能,满足产业升级和技能更新的需要;而另一方面,应该注重中等职业教育课程的公平性,课程的设置应当关注中职学生基础知识的普遍薄弱性,公共基础知识、专业知识的讲授和实践性教学一定要根据中职学生的实际接受能力循序渐进,力求使得每一个中职学生都能够掌握相应的技能,真正做到黄炎培先生所倡导的"使无业者有业,使有业者乐业"。

(二)课程结构的协调

课程结构是课程模式的基础,"一种课程模式必须规定课程的内部构成并设定其相互关系,没有无结构的模式"[2]。在中等职业教育课程模式的发展变迁中,存在着多种课程模式,主要有三段论课程模式、双元制课程模式、能力本位课程模式。每一种课程模式都有自己的优势和不足:三段论课程模式注重知识理论的逻辑性与完整性,有助于知识传授的循序渐进,但忽略了理论联系实际,不利于培养学生的动手能力。双元制课程模式"以职业实践活动为中心,着重学生整体能力的培养,而不强调学科

---

[1] [美]阿瑟·奥肯.平等与效率——重大的抉择[M].王奔洲,等,译.北京:华夏出版社,1999.
[2] 甄卫京.简析技工教育课程模式与课程结构的改革[J].职业教育研究,2006(12).

知识的系统性和完整性"①。然而,这种课程模式对于课程教学的硬件和软件都有较高的要求,在许多欠发达地区,难以保证教学实施效果。能力本位课程模式根据工作岗位所需要的职业技能,按能力要求来构建课程内容,有利于培养学生的工作技能,但由于淡化了各种课程的界限,不利于培养学生的可持续发展能力。在中等职业教育课程政策的制定、实施和评价过程中,应该积极促进课程结构的协调发展。

一是国家课程、地方课程、校本课程决策的协调。在我国的中等职业教育课程发展过程中,关于三级课程决策的文件非常少,仅有1999年颁发的《关于深化教育改革全面推进素质教育的决定》中,要求试行国家课程、地方课程、学校课程,要开发和编写体现新知识、新技术、新工艺和新方法的具有职业教育特色的课程及教材。国家课程的主导价值是通过课程体现国家的教育意志,地方课程的主导价值是通过课程满足地方的经济发展需要,学校课程的价值在于通过课程展示学校的办学宗旨和特色。②缩小国家层次的课程决策职责与权力,达到国家只是在宏观上、基本的方面进行调控;全范围地(而不是在部分省、市、自治区)加强地方层次的课程决策职责与权力,适当重视学校层次的课程决策职责与权力。③ 在课程计划上,中央一级政府组织负责制定、修改中等职业教育的课程教学总计划,确定课程目标,拟定思想品德课、基础文化课的课程标准,编制地方和学校的课程管理指南;地方政府组织根据国家课程计划要求,结合各地实践情况,制定本地区的课程计划,开发地方性课程;而各学校再根据中央和地方政府制定的课程教学计划,结合学校的发展特点,制定本校的课程计划,进行校本教材的开发,制定学校内部的课程大纲即教学计划。④ 各级课程都服从于我国中等职业教育的总体目标,具有递进性和互补性,体现了我国不同时期职业教育的方针和目标。

二是必修课与选修课的协调。关于必修课与选修课的内涵,我国出台的与中职课程有关的政策中进行过阐释,以2001年印发的《关于在职业学校进行学分制试点工作的意见》为例,其中说道:"必修课是指为保证专业人才培养的基本规格和质量,学生必须修习的课程,包括文化基础课程、主干专业课程;限定选修课是指学生在专业业务范围内,按照规定要求选修的深化、拓宽与专业相关的知识和技能的课程;任意选修课是指学生根据个人兴趣和实际需要选择的扩大知识面、提高适应能力的课程。"由于我们国家地域辽阔,东西部之间、城乡之间的中等职业教育发展差距巨大,

---

① 伍建桥.高职课程改革与课程模式的构建[J].中国高教研究,2006(2).
② 刘希丙,同炳兴.三级课优化组合的探索[J].教育实践与研究(B),2011(14).
③ 丁念金.校本课程发展与课决策机制的转变[J].教育理论与实践,2000(8).
④ 雷正光.职业教育三级课程管理的权责分工配置研究[J].中国职业技术教育,2010(27).

因此不同地区的中等职业教育必修课与选修课的设置,既要有一定的统一规范性,又要有一定的灵活性,以适应不同地区、不同中职学校的发展需求。在这个过程中,应当促进必修课、选修课与学分制的结合,"必修课与选修课结合制的一个很大的优越性是可以打破分科的界限,使学生在宽广的领域选修自己所需要学习的课程"①。中等职业教育应当完善必修课与选修课相结合的政策机制,促进结合形式的多样化,以适应我国东西部和城乡发展的巨大差异性导致的中职学生的不同需求。而就中等职业教育的必修课本身而言,应当根据中职学生基础理论水平的实际情况,合理降低必修课的理论难度,增强其技能实践性,扩大实践性课程的比例,但也不能用实践性教学完全替代所有的必修课程。在中等职业教育必修课和选修课的设置过程中,还会涉及课程目标的公平取向,即必修课的制定标准和选择内容,必须以所有中职学生的共同需求为标准,但是这个"共同的需求"是建立在"不同需求"基础之上的,中职学生不同的需求是指有的学生希望继续接受高等教育,而有的学生希望毕业后能马上就业等。中等职业教育必修课和选修课的"共同需求",应当是既能满足升学学生的需要,又能满足就业学生的需要,在这个过程中就要考虑各种不同需求之间的折中与平衡,而这本身就体现了生态主义平衡与协调的特点。

三是实质结构的协调。中等职业教育课程结构的平衡主要包括基础理论课与实践课的平衡、选修课与必修课的平衡、校内实训课与校外实习课的平衡等。在我国中等职业教育的课程改革中,课程结构的平衡一直是一个突出的问题。1959年下发的《学校必须以教学为主》反映出了政治课程过多的问题,而在"文化大革命"过程中,生产实习课程在课程结构中占据了绝大部分。改革开放后的三十年里,随着经济的发展,课程结构更加强调培养学生的生产实践技能,尤其是近年在职业教育界强调"校企合作"的大背景下,许多学校加重了学生生产实训课程的比例。但有的学校对"校企合作"的理解过于片面,极大地缩短基础文化课的比重,在对学生进行简短培训后,直接将学生送到企业实习。这种基础文化课与实训实习课极端不平衡的做法,不利于培养学生的可持续发展能力。

中等职业教育应当深刻理解相应课程目标的内涵,以对课程目标的分析为前提,积极调整国家课程、地方课程和校本课程的比例关系,合理优化学科课程与活动课程之间的比例结构,规划好正式课程与非正式课程之间的比例;要结合学生未来的工作过程,对课程门类进行划分和排序,以未来工作任务的复杂程度进行课时分配。②

---

① 江山野.关于必修课与选修课相结合的课程制度(上)[J].课程·教材·教法,1995(9).
② 徐国庆.工作结构与职业教育课程结构[J].教育发展研究,2005,(15).

(三)课程内容的协调

"课程内容的平衡包括间接经验与直接经验之间的平衡。以间接经验为课程内容,强调的是对外在知识的被动接受;而直接经验强调的是学生积极主动的学习。"[1] 中等职业教育课程应该以生产实践中的技能和经验的学习掌握为主,而对概念和原理的掌握,亦是为了更好地理解和掌握技能。在对中等职业教育课程内容进行具体选择的过程中,应当遵循三个原则。

一是科学性原则。课程内容的设置应当以学科专业自身的发展规律为基础,如汽修专业就应当以汽车维修的相关知识为基础,对相关课程内容进行选择。云南某中职示范校在汽修专业的课程内容选择中,就根据汽修专业知识自身的规律,将其划分为专业认知项目、维修基础项目、发动机项目、底盘项目、电器项目、整车性能检测维护项目、岗位技能项目(在机修、汽车维修电工、汽车钣金和涂装、汽车美容与装饰、汽车保险与理赔、前台业务接待等六个项目中选择一个学习)、学业总结与职业规划项目和顶岗就业实习项目等九个项目。

二是情境性原则。"生态心理学家通过研究发现,了解儿童所处的情境对于预测儿童的行为有重要意义。生态主义摒弃知识的纯粹客观说,认为知识依赖于情境,只有将其放入一定的背景中它才能获得意义。"[2] 对于中等职业教育而言,课程和教学的情境性具有更加重要的意义。在中等职业教育知识、技能的传授过程中,有许多"缄默知识",这种知识只有在具体的工作场景中,通过反复的实践操作才能掌握。"情境性原则强调的是,课程内容置于实践情境建构的以过程逻辑为中心的框架——行动体系之中,它以获得自我建构的主观知识——过程性知识即经验为目的。"[3] 情境性原则要求中等职业教育的课程设置应突出课程的情境化,开展实践性教学、校企合作等,让中职学生通过校内实训、校外生产实习等一系列活动,全面掌握生产技能。而贯彻课程情境性原则的最好途径就是开展工学结合,探索在校外企业内建立"工学结合的学习岗位"和"理实一体化教室",保证"校企融合"人才培养模式的有效性,为区域企业培养中高级技能人才,建设多功能、开放式的校内实训基地,引进企业资源,为基于工作过程开发的课程创设教学实境,建设集理论学习、实践操作、技能训练等多功能于一体的学习环境。

三是人本性原则。此处的人本性原则,主要是指生态主义和谐思想中的身心和谐,即在中等职业教育课程内容的设置过程中,要考虑中职学生的知识接受能力,基

---

[1] 杨燕燕.国外课程改革政策及其价值取向[M].杭州:浙江大学出版社,2010.
[2] 王牧华.课程研究的生态主义向度[D].西南师范大学,2004.
[3] 姜大源.学科体系的解构与行动体系的重构——职业教育课程内容序化的教育学解读[J].中国职业技术教育,2006(7).

于中职学生的身心发展特点来进行课程内容的设置。随着时代的发展,各用人单位对人才的需求,从以前的完全重视学历,到更加重视能力、职业道德和身心健康。"人的能力与人同在,而人是有血有肉、有思想、有情感、有个性的主体,其思想、情感、职业意识、态度和价值观,必将对他掌握和发挥能力产生重要影响。"[1]中等职业教育课程内容的选择,应当既能满足中职学生身心发展的需要,又能满足社会发展对中职学生提出的职业技能和道德的需求。云南某中职示范校机电系在课程内容的选择过程中,就积极坚持了人本性原则,根据中职学生的身心发展规律,突出基础理论知识在学生生产实践中的有效性和充足性,对与学生技能养成关系不大的课程内容进行了简化,同时全面整合相关的专业基础课和专业课的内容,以利于突出重点,提高课程教学的针对性和有效性。

---

[1] 杨洁.培养核心能力:职业教育能本性与人本性的契合点[J].中国电力教育,2011(10).

第三节　中等职业教育课程政策生态主义取向的意义

　　生态主义取向有利于中等职业教育课程政策有效面对知识的多样性。随着时代的进步与生产力的发展，中等职业教育知识多样性的特征更加明显，如通用性与行业性、公平性与效率性、思想性与技能性、外显性与缄默性、中立性与价值性等。而生态主义本身就倡导万物发展的多样性，诚如《国语·郑语》中史伯对郑桓公所言："夫和实生物，同则不继。以它平它谓之和，故能丰长而物归之……故先王以土与金木水火杂，以成百物。"[1]中等职业教育课程改革坚持生态主义的取向，能更好地面对知识的多样性、中等职业教育课程目标的多样性，有利于满足不同学生的需求，无论是想要继续深造的学生，还是准备马上就业的学生，都能在多样化的课程目标中找到自己的需求；中等职业教育课程模式的多样化，有利于各地中职学校根据本地经济社会和学校的发展水平，找到适合于自己发展的课程模式，而同一所中职学校，根据自身发展的多样性，亦可以同时采用不同的课程模式。

　　生态主义取向有利于中等职业教育课程政策共有局面的实现。一方面是指中央—地方—学校共同参与课程政策的制定、实施和评价；另一方面是指行政人员、课程专家、教师、企业人员、学生及家长对中等职业教育课程改革的参与。概括起来看，无论是从横向上还是纵向上，中等职业教育课程改革的共有性都强调参与主体的广泛性。当然，这种广泛性是建立在求同存异的基础上的，是一种"和而不同"的广泛性，而"和而不同"正是生态主义所积极倡导的。生态主义所倡导的理念和课程共有的理念是相契合的，在中等职业教育课程改革中倡导生态主义理念，能够"强化教师、学生及家长课程权力的表达，加强地方和学校课程权力的表达，优化课程专家课程权力的表达"[2]。在课程政策的制定过程中，可以选择的决策模式很多，有理性模式、渐进模式、团体协调模式、精英模式、政治系统模式等，每一种模式都有其优势和不足。坚持生态主义取向，有利于吸收多种决策模式的优点，多种模式并用，促进中等职业教育课程政策的科学化和合理化。

---

[1] 缘中源.哲学家讲故事大全集[M].北京：新世界出版社，2011.
[2] 胡东芳.课程政策研究——对"课程共有"的理论探索[D].华东师范大学，2001.

生态主义取向有利于中等职业教育课程政策价值多元化的实现。生态主义倡导用一种整体性的思维来看待和处理自然界和人类社会中的事情。在中等职业教育课程政策的制定、执行和评估的过程中,涉及政府、企业、学校、教师、学生及家长等群体的利益,各种利益集团对中等职业教育课程政策的利益诉求既有相同点,又有差异性。在中等职业教育课程改革中坚持生态主义的理念,能够将公平与效率、个人本位与社会本位、学科本位与实用本位等不同的价值取向有机结合起来,选取每一种价值取向中的合理部分,求同存异,各种价值取向之间通过博弈达到一种相对的平衡。中等职业教育课程政策的公平性有利于从中等职业教育学生的实际出发来面向每一个中职学生进行课程目标、结构、内容等方面的设置;而中等职业教育课程政策的效率性有利于提高课程教学质量,培养更加适合于社会发展的中职人才。个人本位取向关注学生身心的健康发展,社会本位取向关注学生生产实践技能的养成,将两者结合,能够使学生身心得到健康的发展,同时生产实践技能亦得到有效的提高。

中等职业教育课程政策的生态主义取向,有利于"超越课程政策价值取向的'钟摆式'运动,使课程政策价值取向的平衡趋向不再建立于其'钟摆式'的运动之中,从而使课程决策更加全面、合理。只有实现课程政策的生态主义价值取向,才有可能实现课程的生态主义价值"[①]。

---

① 杨燕燕.国外课程改革政策及其价值取向[M].杭州:浙江大学出版社,2010.

结　语

> 老是警告人们推论不成熟和归纳模糊，除非经过适当修正，可能会对一切思考活动产生禁忌，如果每个思考必须暂时搁置，直至它得到完全确证，那就没有什么基本的思路看上去可行，我们将自己局限于单纯的抽象水平之上。①
>
> ——[德]马克斯·霍克海默

斯蒂芬·鲍尔(Stephen J.Ball)指出，对于课程政策的分析，不能仅仅停留于"说了些什么"的事实层面，关键是要揭示出"还有什么没有说"的价值层面。② 事实上，在课程政策文本的背后涌动着的是利益的角逐、权力的博弈。

新中国中等职业教育课程政策的变迁，主要经历了两个时期：新中国成立到改革开放之前，改革开放至今。中等职业教育课程政策在这两个时期呈现出不同的发展特点，而之所以呈现出不同的发展特点，主要是受不同时期政治、经济、文化和科技等因素的影响：由计划经济向市场经济的转变，极大地释放了中等职业教育课程改革发展的动力，促使职业教育真正成为经济发展的"晴雨表"，而课程政策也在不同经济发展时期呈现出不同的特点；随着我国政治体制改革的不断深化，中等职业教育课程朝三级课程管理模式方向发展；随着我国文化的不断发展，对中职学生的综合素质发展提出了更高的要求；随着我国科技的迅速发展，中等职业教育课程政策要素也在不断更新。

政策的制定普遍包含着制定者的价值取向，不管这种价值取向是外显的还是内隐的，都是客观存在的。新中国中等职业教育课程政策的价值取向，主要是指课程政策的制定者为了维护现行经济体制和政治体制的有效运行而坚持的立场、目标和方向。从根本上来说，任何一个国家的任何一项课程政策的价值取向，都是为了维护统治阶级的有效统治。由于中等职业教育的特殊性和复杂性，其课程政策的价值取向是多元的，既包含了对社会的有效控制，也包含了对公平和效率的取舍，还有对学科本位和社会本位的权衡。通过对中等职业教育课程政策价值取向的研究可以发现，

---

① [美]C.赖特·米尔斯.社会学的想象力[M].陈强,张永强,译.北京:生活·读书·新知三联书店,2016.
② Stephen J.Ball.*Education Reform: A Critical and Post-structural Approach*[M].Buckingham:Open University Press,1994.

其价值取向存在一定的路径依赖,其间有着利益相关者在课程政策制定、实施和评估过程中的利益博弈。任何一项政策都离不开制定、实施和评价三个环节,这是一个有机统一的整体。就中等职业教育课程政策而言,内部包含了课程政策的制定主体、决策模型、实施途径和方法等。

通过对我国中等职业教育课程政策进行历史维度、动力维度、价值维度和过程维度的研究,本书认为,在我国中等职业教育课程政策的制定、实施和评价过程中,应当坚持生态主义的理念。生态主义倡导的全局性、联系性、和谐性和动态性等理念,有利于我国中等职业教育课程政策的良性发展,从而促使中等职业教育更好地适应我国政治、经济和文化等方面的发展,促使中等职业教育在日趋激烈的竞争中保持自己的优势。就中等职业教育课程政策而言,从生态主义的视角来提出相应的发展思路和理念,既是一种创新,也是一种冒险,因为生态主义的理论体系是从西方的研究成果中借鉴而来的,而从生态主义的视角对中等职业教育课程政策进行的研究成果,更是极度匮乏。

现已取得的课程政策研究成果,都无法逃脱公共政策学的理论窠臼,这一方面给课程政策的研究带来了规范的理论支撑与范式选择,但另一方面又限制了课程政策研究的独立性,使得课程政策的研究逃不出一些基本的研究步骤——主要通过回顾以往的课程改革政策,探寻这些课程政策变迁的动因,分析这些课程政策的价值取向,探究课程政策制定、实施、评价的过程,最后提出促使课程政策科学化和合理化的方法和策略。而生态主义的相关理论研究成果,又是从西方借鉴而来的,因此,本书的创新性是有限的,但同时又有成熟的学科理论作为支撑,这也是本人感到欣慰的地方。

由于目前我国中等职业教育课程政策的研究还处于起步阶段,多是从宏观着手,具体政策文本的研究极少,加之中等职业教育课程政策文本的时间跨度长达六十多年,有关政策文本较为繁杂,颁布主体多、主题范围广、目标分散等诸多客观因素的限制,以致政策文本的收集非常有难度,这也阻碍了对课程政策研究的深入程度;同时,限于所掌握资料的有限性,对于国外中等职业教育课程政策的研究亦有待进一步深入。

附 录

（一）关于中等职业教育课程政策的调查问卷

尊敬的老师：

您好！

本问卷希望了解您对我国中等职业教育课程改革相关政策的看法和建议，这些政策主要指中共中央、国务院相关部门颁发的，与中等职业教育课程改革有关的政策法规、文件条例和办法等。请您根据工作中的实际情况填表，您的积极配合对我们的研究具有极大的价值。请勾出您所选择的答案，感谢您的全力配合。

年龄：　　　性别：　　　岗位：　　　职称：

您在学校主要承担的工作是：

☐公共基础课教学　☐专业课教学　☐实践性教学

1.您主要通过什么渠道了解课程改革政策？

☐新闻媒介　☐会议传达　☐专题培训　☐自主学习

2.您认为课程改革政策对您的工作

☐很重要　☐重要　☐不重要　☐说不清

3.您对课程改革政策所持的态度是

☐全力配合　☐配合　☐不关心　☐抵制

4.您认为课程改革政策在实际工作中能得到贯彻执行吗

☐全部能　☐部分能　☐不能　☐说不清

5.您认为课程改革政策执行过程中哪个环节最重要？

☐领导的决策　☐教师的支持　☐学生的配合　☐社会的支持

6.您是否了解国家中等职业教育示范校课程改革的政策文件？
☐非常了解　☐比较了解　☐不了解

7.您认为学校在中等职业教育示范校课程改革中的工作
☐卓有成效　☐成效一般　☐成效甚微　☐没有效果

8.您认为国家在制定课程改革政策时需要征求基层学校的意见吗
☐非常需要　☐需要　☐不需要　☐无所谓

9.您认为教师在课程改革政策的制定、实施和评价过程中应当扮演什么角色？
☐制定者　☐实施者　☐评价者　☐以上全部

10.您认为课程改革过程中最大的阻力来自
☐行政机构　☐学校管理层　☐任课教师　☐学生

11.您认为课程改革中存在的最大问题是
☐教师积极性不高　☐学生基础差　☐经费不足　☐以上全部

12.您如何看待现阶段我国中等职业教育课程的改革目标？
☐目标太高　☐目标适中　☐目标很低　☐说不清

13.您认为现阶段课程改革中最需要改革的是什么内容？
☐公共基础课　☐专业理论课　☐生产实践课　☐以上全部

14.您是否了解课程改革政策的制定过程？
☐非常了解　☐了解　☐不了解　☐说不清

15.您认为课程改革评价过程中谁的意见最重要？
☐管理部门　☐教师　☐学生　☐用人单位

16.您认为现行课程改革的评价方式是否合理？
☐非常合理　☐一般　☐不合理　☐说不清

17.您印象最深的课程改革政策是哪一项？

（二）中职学生对课程改革认识的问卷调查

同学：

你好！

本调查问卷希望了解你对课程改革的认识和建议，请你根据自己的真实情况填写。请勾出代表你真实想法的选项，谢谢你的配合。

1.你来自什么地方？

☐城镇 ☐农村

2.你就的读年级？

☐一年级 ☐二年级 ☐三年级 ☐其他

3.你就读的专业？

☐机电 ☐数控 ☐汽修 ☐财经 ☐建筑

4.你最喜欢哪一种类型的课程？

☐公共基础课 ☐专业理论课 ☐生产实践课

5.你对课程改革有多少了解？

☐非常了解 ☐一般 ☐不了解 ☐无所谓

6.你认为学校开设的哪一类课程最重要？

☐公共基础课 ☐专业理论课 ☐生产实训课 ☐以上全部

7.通过生产实训课，你的生产实践能力是否得到提高？

☐是 ☐否 ☐说不清

8.你认为学校开设的课程对你将来的就业有没有帮助？

☐有 ☐没有 ☐说不清

9.你的理论课教师都采取了哪些授课方式？你觉得实施效果怎么样？

10.你在理论课的课堂上都做些什么？

11.你的实训课教师都采取了哪些授课方式？你觉得实施效果怎么样？

12.你在实训课的课堂上都做些什么？

13.你最喜欢哪门课程？为什么？在这门课程中能学到什么？

(三)参与课程改革的学校管理层访谈提纲

尊敬的老师:

您好!

本问卷希望了解您对我国中等职业教育课程改革相关政策的看法和建议,这些政策主要指中共中央、国务院相关部门颁发的,与中等职业教育课程改革有关的政策法规、文件条例和办法等。请您根据工作中的实际情况填表,您的积极配合对我们的研究具有极大的价值。请写出您的答案,感谢您的全力配合。

年龄:　　　性别:　　　岗位:　　　职务:

1.您是如何参加中等职业教育课程改革的?在课程改革中主要承担什么任务?

2.在课程改革政策的执行过程中,您是否能充分领会相关政策文件的精神?如果能,请问您是怎么理解的?如果不能,又主要是哪些方面理解不到位?

3.学校是否成立了专门的课程改革机构?如果成立了,这些机构都由哪些人员构成?

4.学校都采取了什么措施来宣传课程改革的相关政策?您觉得这些措施的成效如何?

5.在课程改革政策的贯彻执行过程中,学校各个专业有没有采取具体的改革措施?如果有,都包含了什么?

6.企业有没有参与到学校课程改革中来?如果参与了,都做了些什么事情?

7.学校都构建了什么样的课程改革激励机制?

8.您认为学校管理层在课程改革过程中遇到的最大困难是什么?学校都采取了什么办法克服这些困难?如果没有解决,是什么原因导致的?

9.学校层面有没有建立科学有效的课程改革监督评价机制?如果有,请谈谈具体的操作流程?如果没有,下一步准备在这个环节上采取什么措施?

10.作为学校管理层,如何处理来自上级部门的改革要求和一线教师呼声之间的关系?您觉得学校在这方面做得怎么样?

11.作为学校主要领导,您是如何组织教师领会课程改革相关政策的?在这一过程中,都遇到了哪些困难?您是怎样解决的?

后 记

行文至此,心中不免万分感慨,激动之情源自对职业教育的深深热爱。作为一名来自职业学校的一线教师,在职业学校上过理论课,带过学生顶岗实习,长期从事学生管理工作,深知职业教育的不容易。我也发现许多从事职业教育的专家学者也曾经有过在基层职业学校任教的经历,大家其实有更多的研究领域可以选择,但都对职业教育不离不弃。也许只有真正深入基层职业教育一线从事教学与管理,才能真正体会那些被社会舆论认为是"坏孩子"的职校生的真诚与善良,才能体会那一双双渴望求知与上进的眼神。

感谢我的恩师谢长法教授。老师学识渊博、人格高尚、学风严谨、生活简朴但爱书如命,在购书上花费颇巨,却乐此不疲。老师的这一"嗜好"也深深感染了我,使我亦购置了许多书籍,放在柜台、床头翻阅。阅读自己购买的书,有一番别样的愉悦。老师还常常教导我们,要尊重学术、敬畏学术。

感谢云南师范大学职业技术教育学院的谢笑天院长,他对我著作的顺利出版提供了大力支持,甘做年轻人发展的"铺路石",他的大局观和奉献精神永远值得我学习。最后,还要感谢永远支持我的家人!

由于本书是本人的第一部个人专著,行文论述过程中难免有不足之处,还请广大读者及专家不吝赐教,以帮助我更好地完善此书!

王坤
2016年11月于云南师范大学